无限相信教育的力量

——特级教师翟运胜经典课例实录

翟运胜 著

中国矿业大学出版社

图书在版编目(CIP)数据

无限相信教育的力量:特级教师翟运胜经典课例实录/翟运胜著.—徐州:中国矿业大学出版社,2018.12

ISBN 978-7-5646 4224-2

Ⅰ.①无… Ⅱ.①翟… Ⅲ.①小学数学课—课堂教学—教案(教育) Ⅳ.①G623.502

中国版本图书馆CIP数据核字(2018)第253554号

书　　名　无限相信教育的力量
——特级教师翟运胜经典课例实录

著　　者　翟运胜

责任编辑　侯　明

出版发行　中国矿业大学出版社有限责任公司
(江苏省徐州市解放南路　邮编221008)

营销热线　(0516)83884103　83885105

出版服务　(0516)83995789　83884920

网　　址　http://www.cumtp.com　**E-mail**:cumtpvip@cumtp.com

印　　刷　虎彩印艺股份有限公司

开　　本　787×960　1/16　**印张**19.5　**字数**340千字

版次印次　2018年12月第1版　2018年12月第1次印刷

定　　价　36.00元

序一:无限相信的力量

很多年前,我在编写《推敲新课程课堂》《另类课堂》这两本书时,收录了翟运胜老师的两篇文章,知道了在江苏邳州有这么一位年轻老师,喜欢写写教学方面的文章,但从未谋面。在一次"教海探航"颁奖活动中数学观摩课后的提问环节,有一位操着苏北口音的年轻老师提出了几个很尖锐的问题,直指教科书中画图解决问题策略的编写问题,所提问题虽有些稚嫩但也确有自己的独特思考,后来才知道他就是翟运胜。真正认识他,是2015年9月他调来苏州工业园区后,在几次的数学教研活动中听了他执教《钉子板上的多边形》《神奇的"黄金比"》两节课。课堂上他充分相信学生,放手让学生自己探索,教风灵动睿智,大气洒脱。他对于教材有自己的独到理解,课程设计富有创造性,教学实践有自己的特色。这些都给听过他课的老师留下了深刻的印象。

运胜在偏僻的农村小学工作了近20年,信息闭塞,学习的机会少,个人的专业发展多靠自己的摸索。经过了漫长的自我成长,他从自己的经历及教学实践中总结出"无限相信"的数学教育主张,即"无限相信学生的潜能、无限相信师者的智慧、无限相信教育的力量"。这种主张是他个人专业化成长的总结,也是他多年教学实践中所形成的"无限相信"的学生观。他认为"无限相信"的课堂教学形态,表现为"体验式学习、研究性对话、生成性学习、少教多学、先研后学"。"无限相信"的课堂上,翟老师舍得等待,敢于等待。这种学生观看似有些"极端",但也正是这种无限相信的学生观才能引导学生树立自信心,充分发挥出个人潜能。树立这种学生观,教师在工作中对学生具有无比的信心,不抱怨不放弃,对任何一名孩子不轻言放弃,从而真正促进每一个孩子潜能的发挥,让每一个孩子都能演绎出不一样的精彩。

运胜是一位扎根一线的教育人,他放弃了在老家学校成为一名教育管理者的角色,再一次从零出发,来到苏州做一名普普通通的小学数学老师,这种精神着实让人感佩。他把自己近年来所上过的课堂实录整理成书,内容涉及数学概念、解决问题的策略、图形与几何、综合实践活动等多个领域,这些知识均是每个学习领域中的核心内容。这些课例是运胜在长期教学实践中精心打磨而成的，经过了家常课与公开课的检验，能够对一线教师起到比较直接的启发与借鉴作用。在本书中，他还着重叙述了“无限相信”教育主张形成的过程，让读者从更深的层面理解这种数学教育主张，理解每节课设计的理由，从而助力教师课堂教学实践能力的提高。

后来才知道运胜早年命运多舛，屡遭生活磨难，来苏州后不到一年的时间里妻子与父亲先后病逝，深感他的不易，更感佩他在如此困境下坚持教学研究的教育情怀，也更让我感受到了“无限相信”的力量。一个人，当他能够无限相信自己，他在遇到任何困难时都会不灰心、不懈怠，能够跨过艰难险阻。而这些也正是我们想向孩子们传达的，希望每个孩子都能具有这种必备品格。“无限相信”必将激励每一个孩子此生都能绽放生命的光彩，发挥潜质，成就精彩人生。我相信“无限相信”的数学教育主张之路必将越走越宽广。

徐　斌[①]

2018年6月

① 作者系江苏省人民教育家培养对象，著名数学特级教师，现任苏州大学实验学校副校长。

序二:一朵花的美丽赛过千万句对它的赞美

每当听到有人攻击公开课是一些名优教师追求表演效应的名利场,建议取消公开课的观摩与研讨时,我便有点不以为然。为何呢?因为说这些话的人很可能没有真正在一线“摸爬滚打”过,没有相应的体验,可能是看到极少数名师因公开课名利双收而心生妒意,于是就推断公开课可能会把教师的专业化成长引向歧路。这种武断偏激的方式显然不是分析讨论问题的应有态度。有人可能会认为我个人是公开课的既得利益者才会为公开课正名,我还真不是!我在农村乡镇学校一线工作了19年,能有机会上一节区县级的公开课就相当不容易了,至今还没有机会上过正规的省级观摩课,也没有资格参加省级课堂教学评比活动。但我对公开课的教学研究却情有独钟。为何呢?因为通过公开课来促进个人的专业化成长,我深有体会。我个人喜欢上公开课,不管是什么级别的。虽然上不好,但即便到了不惑之年,自己还是主动地要求执教校级公开课,自加压力,以提高教学设计能力,提升课堂教学的实践水平。之所以喜欢,是因为上完公开课后,师生全身心投入所带来的满足感与愉悦感一直强烈地吸引着我。2016年11月23日,苏州市第二轮名师发展共同体小学数学(Ⅱ组)第九次例会活动中,我执教了“认识黄金比”这节课,这节课得到了听课专家与老师们的好评,他们认为这节课有意思,有深度,有创新。这节课也让我感受到持续思考的快乐,感觉到教学真的是很有意思,这真是一个宏大的世界。即使再枯燥的内容,钻研进去都会有精彩的发现,能够让我体验到上课时师生思维碰撞的快乐,酣畅淋漓的快乐,持续思考的快乐。这种快乐是持续思考带来的快感,这种快感会吸引你在下一次磨课中更加深情地投入,更加忘我地思考,只为再快乐一把,只为再痛快一次。

当然,公开课也会给自己带来压力,会让自己无路可退,但公开课也让自己有了借助于外力来打退内心的懈怠的机会。精心打磨后的课堂,能够助力孩子们的生命成长,帮助儿童演绎属于自己的精彩人生,同时也为自己的专业成长带来发展的契机。

“量的积累”点燃爱的火焰

引导教师研究课堂是点燃教师职业热爱火焰的方式之一。师德的核心是喜欢儿童，而体现师德的地方是神圣的课堂。我是一名小学数学教师，在长期的课堂教学浸润中，我把一些教学内容不断地优化设计，反复上、年年上，使得一节课常上常新。我喜欢不断优化一篇教学设计的那种感觉，那种感觉就好像在把玩一件玉器，反复摩挲，越把玩越感觉有意思，越把玩越感觉其意味无穷，再枯燥的学习内容只要设计好、调控好也会生成精彩的课堂，师生都能从中获得成长的满足感；又似在品茶，看似平常浅显的教学内容也会品出味道来，品出感觉来，品出意思来。至今，我已经录制了60余节公开课的课例，以及30余节“快乐奥数”的微视频，共享给学生们，丰富并拓宽了孩子们的学习方式与学习时空。做这些事情，没有领导要求，也不是学校的规定，更不是为了参加什么评选，而是自己喜欢做这些事情，发自内心地倾力付出，由此带来的不是负担，反而很有成就感，个人身心愉快，这也许就叫到职业幸福感吧。产生这种情感的原因，主要是在不断上公开课的过程中，慢慢积累起喜欢之情。一定量的公开课教学研究能够让教师真正地喜欢上课堂，能使数学展现美妙的一面，从而吸引住儿童。从来就没有无缘无故的爱，慢慢地喜欢上教育，需要自己努力去经营。一定量的公开课积累，能让自己的专业技能快速提升，更为重要的是在这个过程中能让自己对教育产生热爱，使研究课堂教学成为兴趣，奉献教育成为自觉自愿。

“公开课”锤打后的教师会举重若轻

公开课可以使教师在一个时间段内对某一教学内容集中进行透彻思考，反复研究，可以有效地提高教师课堂教学设计、组织能力与实践能力，以及个人信息化水平，促进教师对于课堂研究深度的挖掘。公开课的前期“磨课”是一个非常痛苦的过程。反复设计、推倒重来、调整课件、演课试讲……还要承受失败的挫折，这个折磨人的过程会让不少人对此望而却步，或者是浅尝辄止。平时教师由于个人精力、心态等多方面的原因，并没有把学习到的教学手段与技能、信息技术真正地运用到课堂教学实践中去，而公开课为体现某一种理念，为了展示的需要，要突出这方面的应用，因此无形中是对教师这些能力的最有效训练。

一线教师本身就是一个实践性很强的职业,需要一个人具有特别强的综合能力。每一位教师都要迈过这个"坎"。公开课给家常课制造营养,家常课为公开课提供能量。经过公开课磨炼的教师会快速地成长起来,会明显感觉到自己在设计理念、语言表达、课件制作、课堂调控等诸多方面有了飞速提升。"台上一分钟,台下十年功",公开课锤炼后的教师在课堂上会变得十分敏感,对学生的课堂表现能够敏锐地捕捉,灵活地应对,智慧地生成。一些著名特级教师的课堂之所以精彩纷呈,看似是教师信手拈来,其实这些精彩的背后是一节节公开课的锤打。经常上公开课的教师都会有这样的感受,公开课教学完成以后再去上同类型内容的家常课,在家常课上能游刃有余,有驾轻就熟的感受,会有一种"登泰山而小天下"的感觉。这种组织驾驭课堂的能力在小学阶段的课堂尤为重要,有这种能力的老师能够较好地激起学生的学习兴趣,唤起学生的学习欲望,集中学生的注意力,培养学生良好的学习习惯。

课堂教学是主阵地,再怎么强调都不为过

成尚荣先生在《课改必须改课:课程改革十年断想》一文中说:"课堂,是一块凹地,所有的课程都在课堂里汇聚并得以整合;课堂,又是一块高地,所有的课程都在课堂里提升并得以实现。"郑毓信在《做具有哲学思维的数学教师》一文中说:"要通过一节课一节课地教学体现出自己的专业水平,学生主要通过一节一节数学课的学习成长。可见,对一节一节课进行研究的重要性再怎么强调都不过分。"我在农村小学、县城重点小学、现代化的苏南学校分别工作过若干年,不论是在什么类型的学校工作,课堂教学始终是学校的中心工作,而只有把课例研究作为教学研究的重点,研究起来才感觉有底气、有收获,这也是一线工作的教师们的同感。我目前所在的学校,在教师培训方面,非常重视运用公开课研磨的方式来促进教师的专业成长。为促进不同年龄阶段教师的成长,学校教师发展中心设置了见习教师过关课、青年教师评优课、潜质教师汇报课、成熟教师研究课、骨干教师展示课、名优教师引领课,注重教师对教育实践活动过程的亲历和体验,通过"六课制"的不断磨炼,促进教师在教学实践能力方面的反思、觉醒与提升,有效地提高了各个年龄段教师的教育教学实践能力。我校注重课堂教学的研磨,在教师专业化提升与教学质量方面取得了明显的成效,成为苏州工业园区"五 A"级学校,各项发展指标名列前茅。

教育理论变成教学现实才美丽

再先进再漂亮的教育理念,如果仅仅停留在口头与纸面上,对于学生的进步、教育事业的发展也是无益的。一朵真实盛开的鲜花赛过千万句赞美它的语言。一堂真实的课堂胜过千万句描述它的理论。现在我们的教育改革不缺少理念与口号,最大的问题是口号喊得震天响,但是课堂却依然"涛声依旧"。从理念到教育现实,这之间有很大的跨度,理念的转变不代表实践的到位,并且教学理念的转变也不是教育行政部门文件要求或是几场培训就能做到的事情,而是需要教师在课堂教学中辛勤实践,逐步改变的。在实践中转变过来的理念不会随意转变过去。之所以多数教师的教学观念像"墙头草"一样摇摆不定,主要是缺乏坚实的实践支撑。

诚然,有些公开课确实功利性过强,教师上课的动机有些不纯,表演的痕迹过重,但我们不能因噎废食,应当从更高的层面来看待问题。多年来,这种公开课观摩的形式在转变教师的教学理念,促进教学改革方面发挥出了巨大的作用,这是我国教师在教学研究上的特色,也是我国这几十年来教育取得飞速发展的重要经验。我们应当有这样的理论自信与实践自信,坚持下去,继续发挥出它的重要作用,开放老师的课堂,让教学研究更加有底气。如果没有什么意外情况,这一教学研究形式也必将继续下去。教学改革在课堂,以课例作为切入点展开研究无疑是切实的通道。在过去的 10 年里,课例研究在许多国家和地区获得了广泛推广,以课例研究为载体,实现"教学与研究一体化"成为学校变革的重要使命之一。当然,对于课堂教学的研究,也不能仅仅停留于课堂,陷入具体的细节,而要注重理论与实践相结合,注意总结提升。

公开的课堂是美丽的,美丽的课堂是有温度有情感的,它让学习真正发生。公开课连接理论和教育现实,是真实发生,业已存在的,是教育理论的"代言人"。除此之外,我们找不到在促进教师专业化成长方面能够完全代替它的方式。课堂教学的能力是一名教师赖以生存的技能,课堂是师生智慧碰撞的地方,更是师生生命相遇的地方,愿在这生命相遇之地绽放出一朵又一朵的鲜花。

翟运胜

2018 年 6 月

目　录

第三部分
“无限相信”教育主张的形成过程

第一部分
“无限相信”的教育主张

“无限相信”

——我的教育主张

在所有的学科中，如果要问哪门学科最易引起儿童的反感，恐怕非数学莫属了。数学是研究数量关系和空间形式的科学，它具有抽象性、严谨性与应用的广泛性，而小学阶段的儿童正处于由具体形象思维向抽象逻辑思维过渡的阶段，数学学科的特点与儿童思维的特点是一对矛盾，这也是不少孩子感觉数学枯燥没意思，不愿意学习的重要原因。教育的本质是一种“焕发生命活力”的过程。面对鲜活的、有自主发展需要的生命，作为一名小学数学教师，如何在数学教育中影响生命，让学生感受到数学的美妙、学习数学的快乐，从而发展数学思维能力，提升数学核心素养，一直以来是我持续不断思考的课题。我在教学一线“摸爬滚打”了近 30 年，不断地思考与实践，逐渐形成了“无限相信”的数学教育主张，具体来讲就是“无限相信儿童的潜能，无限相信师者的智慧，无限相信教育的力量。”

无限相信儿童的潜能

1. 为什么可以无限相信儿童的潜能呢

（1）探索未知的欲望是孩子的天性。“探索未知的欲望是孩子的天性”，这是长期进化的结果。达尔文在《物种起源》一书阐述道：能够生存了下来的生物不一定是最高级的，也不一定是最强壮的，而是那些最能适应生存环境的。对于有大脑的动物，为了生命的延续，亲代必须教育子代适应生存环境，教授子代生活的技能；为了生存，子代也必须主动学习未来生活的本领。子代有好奇心，是为了更快更好地了解周围的世界，是为了更好地生存繁衍下来。因此，人类对自然的探索、对于真理的追求是出于一种本能。正是这种本能，可以让教育者无限相信儿童的潜能。

（2）学习可以提高智力，练习能够提高能力。最新研究表明小白鼠的智力是可以改变的。智力的生理基础是神经元连接的密度，通过监测小白鼠在学习时大脑的活动情况，人们发现通过丰富的活动学习可以使它的大脑中神经元的连接与突触变得更加丰富。下面是这个实验的示意图。（图 1）

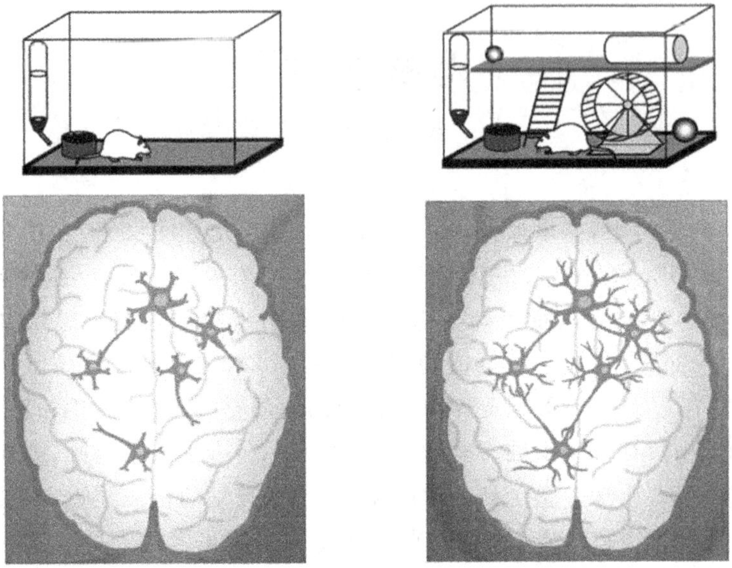

(a)　　　　(b)

图 1

(a)未进行学习的小白鼠的大脑；(b) 进行大量学习活动后的小白鼠的大脑

研究表明人的脑部中的海马体具备主管认路与辨别方向、记忆等功能，老司机脑部的海马体一般都比普通人发达，人类大脑海马体中神经元越用生长得越快了，大脑会发生器质性的变化。经常练习钢琴的人手指比起其他人就更加灵活，相关脑部组织也较常人发达。这些事实都表明能力通过练习是可以提高的，是可能引发相关的脑部区域产生器质性改变的。学习可以改变大脑，训练可以提高智力，这也就是为什么人脑会越用越聪明的原因。因此教育者可以无限地相信孩子的潜能。

2. 为什么要无限地相信儿童的潜能呢

(1) 尊重儿童的主体地位是一种常识。无限相信是相信的“升级版”，儿童有无限的潜能，但是这种能量毕竟“潜”在人的大脑深处。选择了相信，也就选择了信任、决心与希望。“无限相信儿童的潜能”其实质是承认并尊重儿童的主体地位，相信儿童具有无穷的潜能，相信儿童发展的无限可能性，并选择在教育教学中激发儿童的潜能，引导儿童在思维的天空中自由翱翔，使每一个孩子都能在求真、求善、求美的路上自由奔驰。作家胡廷楣曾这样说过：人生最本质的财富是你自己，你自己就是一座巨大的矿藏，只要开发，就能有无穷的潜力。也只有开发，你的一切才能得以显现出来，才能得以熊熊地燃烧起来，闪出光彩来。被誉为20世纪最伟大的心灵导师和成功学大师的戴尔·卡耐基曾说过：多数人都拥有自己不了解的能力和机会，都有可能做到未曾梦想的事情。

每一个人都是天才，儿童是正处于发展中的人，具有无限的潜能，拥有无限的发展可能性，这是一个常识。苏霍姆林斯基特别寄语未来教师：“要记住，人的潜能和力量是无穷无尽的。”[①]世界上没有一朵鲜花是不美丽的，也没有一个孩子是不行的，每一个正常人，他自身都拥有无限的潜能。但是，这种常识却在复杂的现实背景中却常常被忽视与掩盖。承认并遵循这一常识，会让数学教师在工作中具有无比的信心，从而不抱怨，对任何一名孩子都不轻言放弃。

(2) 以发展的眼光看待儿童是一种自觉。许多家长与老师因为缺乏必要的耐心而过早地认为“此孩子是不可教化的”，以一种静止的观点来看待发展中的人。这种观点成了一种缄默知识，在不知不觉中影响着我们对于孩子的态度，影响着我们的一言一行，影响着家长与教师的教育决策。要引导儿童认识到自己是一个无尽的矿藏，可以不断地去开发，每一个人都能在原有的基础上获得成功。要相信儿童自我探索的力量。在具体的教学过程中相信儿童能够自我探索、成功探究，不要让儿童对数学产生惧怕与厌恶感，保护并培养他们对学习的信心，引导儿童积极主动地学习。

一个无限相信儿童潜能的老师能够民主地对待儿童的质疑，乐于等待儿童的暂时落后，尊重儿童的奇思妙想，注重对儿童批判精神与独立思考能力的培养。孩子是天生的学习者，学习是一辈子的事情。一个无限相信儿童潜能的老师不会用儿童的暂时表现而否定他的未来发展。当一位老师秉持着“无限相信”的理念，那么他的眼神自然而然会洋溢着对儿童无限的期待与希冀的爱意。一个无限相信儿童的老师会真正停下来，注重倾听儿童的心声，并且也能够真正听得懂儿童的心声。一个无限相信儿童的潜能、无限相信自己教育力量的老师会用“儿童的眼光”去看待问题，会用“儿童的大脑”去思考问题，会用“儿童的情感”去体验问题。教学“平行”时，老师组织儿童用两根小棒代替直线，摆出不

---

① 蔡汀、王义高、祖晶：《苏霍姆林斯基选集》（第5卷），教育科学出版社2001年版，第412～413页。

同位置的两条“直线”。教师及时拍照采集儿童的摆法并展示,引导儿童把这些摆法进行分类。一个孩子说:我分成了两类,一类摆放得比较整齐,一类摆放得比较乱。无限相信儿童潜能的老师能听得懂这里的“整齐”与“乱”的真正含义,引导儿童说一说怎样的小棒是“整齐”的,怎样的小棒是“乱”的。无限相信儿童的潜能成为老师的自觉自发,这样教师在与儿童日常接触时就会始终心平气和、气定神闲,对儿童的发展充满希望。

每一个孩子从出生到成人成才,大自然赋予了他无穷的生长机缘和力量。孩子最重要的特性就是他蓬勃的“生长性”,作为老师要相信每一个孩子都具有这种无穷的生长性,使课堂变成一个苗圃,让参与其中的生命体都能自然生长,不断舒展、蓬勃向上。

无限相信师者的智慧

1. 无限相信自己才可能相信儿童具备无限潜能

选择无限相信儿童的潜能,其实质是无限相信自己的智慧,无限相信自己才会相信儿童具有无穷的潜能。一个连自己都不相信的老师,他也很难相信孩子。相信自己的教育智慧,其实就是让自己具备成长的心态,相信通过自己的努力,孩子会发生变化。而这种教师的成长心态,比任何级别的研修培训都更为重要。

2. 无限相信自己才可能调动师者的教育智慧

无限相信自己,无限相信师者的智慧,其实质就是掌握专业发展的主动权,获得专业自信和职业幸福。在具体的教育教学方面,相信一定有我们还没有找到的方式方法,对任何一名儿童都不轻言放弃。每一位师者都有无穷的潜能与力量,只要善于学习、思考与总结,相信一定可以给儿童以正面的影响、有效的引导。每位教师都充满着无限的可能性,发展永无极限。没有达不到的目标,只有想不到的方法。方法总比困难多,要相信教师自身的智慧与力量。作为一名小学数学教师,在对学情进行充分调查研究的基础上,要尊重并信任儿童的主体地位,寻求最优化的教学设计,在实施中充分焕发出儿童的思维热情,使儿童的发展可能性得到充分体现,提升儿童的数学核心素养。教学实践表明,儿童在学习中能够绽放出令人惊奇的潜力。

3. 无限相信自己才可能发挥教师团队的力量

无限相信师者个体的智慧,更应当无限相信教师团队的智慧,相信教师团队在合作与接力中所产生的教育力量。教育引导儿童不是一位教师单独能完成的事情，而是教师合作接力的过程。要通过教师团队的力量教育人、引导人。开发潜能要靠团队合作与接力，并在具体的教育课程实施与开发方面将这种团队力量体现出来。教师之间的团队合作能够迸发出无穷的智慧。

无限相信教育的力量

1. 没有教不“好”的孩子

“只有不会教的老师，没有教不好的孩子。”这句话经常为很多人所诟病。“没有教不好的学生”是洋思中学 1985 年就提出的口号，蔡林森校长对于这个口号是这样论述的：我们学校这样提的出发点就是关心困难学生，不放弃他们。有人说这句话太绝对、不科学。教师要向农民学习，农民看见庄稼生虫了，他不会怪庄稼不好，他会想我为什么没有除虫呢；看见庄稼瘦了，他想，我为什么没有施肥呢；看见庄稼枯了，他会说我为什么不浇水呢？一句话，他相信每一棵小苗本来都可以长好，如果出了问题，是农民自己的责任，而不会把没有长好的责任推卸给庄稼。一样的道理，学生没有学好，肯定不是这个学生不可教，而是我们的老师没有本领或者失职，只能说是教育的失败。

“只有不会教的老师，没有教不好的孩子”，这里的“好”与“不好”是相对而言的。这里的“好”是指儿童在思想道德、身心修养、学识素养、习惯行为等方面只要比原来的状态有一点点的进步就可称之为“好”，从这个意义上讲，可以说没有教不好的孩子。“无限相信教育的力量”可以使教育者放弃抱怨与不作为，树立为孩子终生发展服务的意识。任何一名正常的孩子都可以在同伴、教师和学校的力量影响下，树立正确的人生观与价值观。

2. 无限相信的“宗教情怀”

无限相信儿童的潜能，无限相信师者的智慧，其实质就是无限相信教育的力量。生活即教育，在生活中每一个人都是教育者与被教育者。而教师作为一种专业教育者，承担着立德树人的职责。作为一名教育人，自然应当相信教育的力量，并且是无限地相信这种力量，对这种力量有宗教般虔诚的情怀。事实上，每一个人都可以在师者、他人或社会的帮助下，向前向美向善迈进一小步，哪怕只是一小步。无限相信教育的力量，需要教师有宗教般虔诚的教育情怀，也只有选择无限相信教育的力量，这种期待与相信的力量才会在不知不觉中渗透到教学设计与实施中，真正催发出儿童的潜能，把深藏的潜能变成可见的能量。当一所学校的教师与孩子都相信自身存在着巨大的“沉睡力量”，形成一种无限相信的校园文化时，这所学校的内驱力就会被充分地激发起来，这种相信会变成热情，成为信仰，使身处其中的每一个体都能成就灿烂与辉煌。

“无限相信”教育主张的策略

“无限相信”的数学教育主张在具体的教学操作上，没有固定不变的模式可循，以下是实施教学的基本原则与策略。

1. 形成三种意识

(1) 成长心态。学生能够认识到智力是可以通过学习改变的，能力是可以通过练习提高的，这是一种成长心态，成长心态比智商更为重要。斯坦福大学心理学教授卡罗尔·德韦克教授曾经做过一个试验，她走进一所中学，只给学生们提了一个问题：你是否相信智力是可以改变的？答案只有两种，“是”和“否”。问完这个问题后，研究者不再对孩子进行任何干预，而是观察他们的学习成绩。后来发现，当初答“是”的孩子成绩越来越好，而答“否”的孩子成绩却越来越差。卡罗尔·德韦克教授曾对智利共和国所有的公立学校十年级的学生、大约 17 万人进行过成长心态的测试，发现不论家庭背景如何，在同样收入水平的家庭中具备成长心态的孩子，其学习成绩远远高于具有固定心态的孩子。中科院心理研究所儿童发展与教育心理学博士后、儿童非智力因素教育项目负责人黄臻博士也做过类似的试验，结论表明，家长的学历越高，孩子的成绩越好。但是如果一个孩子具备成长心态，相对于拥有固定心态的孩子，成长心态影响力的优势堪比研究生爸爸之于中专生爸爸的学历优势。

学生相信自己的智力是可以改变的，他就会认定自己具有无穷的潜能，这种成长心态需要一个人不断地调整，不被失败、困难所捆绑，始终能够用乐观的心态去工作学习，从而形成良性循环，越是相信自己就越有自信，越有自信也就越是相信自己，越能发挥出自身的潜能。

无限相信的成长心态是一种性格品质力。一个相信自己经过努力智力是可以提升的儿童，就具备了一种成长的性格品质力。这种品质力的魅力在于使学生看到希望，不用停留在原地证明自己聪明，不必担心犯错被耻笑愚钝，而是关注成长，这种品质力会影响孩子的一生。

(2) 错误是“宝”。错误给人带来的是挫败感，很少有孩子会认为错误就是提高自己能力的资源，很少有学生会有“错误就是宝贝”的意识。我们要引导学生逐步树立起这种观念，让学生逐步认识到错误并不是对自己的否定，而是前进道路上一个汲取力量的“动力之源”。树立这种意识后，孩子就不会被暂时的错误所击垮。特级教师华应龙提出的“化错”其实质就是把错误与失败当成资源去开发，而不是看作对自己的消极否定。

(3) 兴趣是先把事情做好才会形成的。原新东方名师李笑来先生写过这样一本书——《把时间当作朋友》。书中他对“兴趣”提出了一个新定义：人并不是对正在做的事没兴趣，而是没能力把正在做的事情做好，大多数人声称没兴趣，都只是为自己的畏难情绪寻找一个合理化的借口。人的兴趣需要尝试才能被发现，并且是需要深度尝试才能被发现的。天生对某件事情就有浓厚兴趣的人毕竟很少，大多数人形成兴趣的过程一般是先能够把某件事情做好并在“精神与物质”方面获得奖赏，从而形成兴趣。不断地发掘学生的数学潜能，彰显学生的数学潜能，让学生在数学学习中获得成功，成功的愉悦感会促使孩子对这件事情产生浓厚的兴趣。兴趣会像滚雪球一样，越滚越大，从而不断地激励学生。

2. 学有挑战，考有成绩

正常的做法应当是在学习过程用一个个数学问题引发学生的自我挑战欲望，而考试时却要注意考题的难度，适应降低，让尽可能多的孩子都有一个“体面”的考试成绩。现实教学中却恰恰相反，课本教材不难，考试中的偏题怪题却让学生灰头土脸。不少孩子学习也是挺认真，回答问题踊跃，可就是考不出成绩来。一次次的失败让他们逐渐怀疑自己，“相信”自己不是学习数学的“料”儿。学生是非常相信自己的学习感受的。数学学困生对待数学学习消极应付，很多情况下不是智力水平的问题，而是过多的失败经历，使他们逐渐丧失对这门学科的兴趣。在这种整体应试氛围的影响之下，数学考试越考越难却是不争的事实。作为数学老师要在自己的“职权”范围内降低考核的难度，以保护学生学习的自信心与兴趣。把考核的难度控制在合理的范围内，并不是一味地降低学习的难度。学习难度的降低有时会引发学生对所学内容的“轻视”，反而不利于学生学习兴趣的激发和自信的树立。当每一个学生都能在数学学习中享受到快乐，而又都能获得自我满意的成绩的时候，他们也就会逐渐相信自己。

3. 外部动机转化为内部动机

(1) 巧妙设计，游戏与学习完美融合。数学学习中可以运用游戏化的策略，在教学中添加游戏化的元素，提高学生的学习兴趣，将学生学习的外部动机转化成为内部动机。例如某实验小学在低年级淡化纸笔测试，以“情境任务解决”为载体，将知识、能力的检测融入游戏、实践、探究等活动中，开发出学生喜欢的学习质量测评活动，并且还把游戏中的闯关制、复活制等机制运用到学习活动中，从注重甄别到关注激励，以游戏来促进学习，以发展的眼光来评价学生。

(2) 引导互助与竞争，激发内在潜能。开发潜能靠儿童团队互助，儿童在合作学习中会相互感染、相互激励、相互帮助，会迸发出创造的活力与热情。一个孩子在家里面自主学习时多数感觉没有意思，而把他们集中在一起时，则会呈现出奋发学习的状态。可以组织学生进行适度的竞争。争强好胜是人的本性之一，也是人类进化过程中逐渐形成的本能。适度的竞争从来都是激发学生潜能的有效方式之一，也是对孩子意志锻炼的较好方式。即便是在强调素质教育的今天，也不应回避竞争，而是应当正大光明地去讨论如何通过竞争来激发每个人的潜能。课堂教学中采用儿童竞争的方式，如抢答比赛的方式效果一般都很好。同样对于教师潜能的开发，每个地区都在开展学科优质课评选，虽然也有人不断抨击这种公开课评选的竞争方式，但是目前在促进青年教师专业化成长方面还能找到更加有效的方式吗？许多有创意的设计、教育教学技术的运用与创新，大多是通过比赛而实现的。

无限相信教育的力量，其内涵也包括无限相信教育团队的力量。要发挥团队激励人、唤醒人的功能，培养人的竞争合作意识，提升儿童的综合素养。要相信儿童自我学习的力量，相信教师本身的力量，相信教师团队的力量。

(3) 树立远大目标，提供不竭动力。要引导学生树立远大的目标。“无限相信”需要正面管教，要通过引导、熏染的方式帮助儿童树立高尚远大的人生目标。一个精致的利己主义者在获得了一定地位与财富之后，他会停下成长的步伐，甚至会倒退。只有一个人最终到达利他的境界，产生回报社会的崇高使命感，他才能够产生源源不断的动力，将潜能尽可能地发挥出来。无数让人尊敬的成功人士的成长经历都印证了这一点。

为何多数人的巨量潜能没能展现出来

为什么人类的潜力如此巨大，通过练习可以提高多种能力，通过学习可以提高智力，但在日常生活中大多数人并没有发挥出相应的潜能，最终平庸地度过一生呢？

1. 潜能的挖掘需要漫长的苦苦探寻

非智力的因素决定人类潜能的发挥，例如态度、情感、意志、心态等诸多因素。比如长时间地集中注意力就是一件很痛苦的事情，很多孩子很难做到，导致学习总是三心二意，效率低下。比如勤奋是潜能发挥的必备条件，但是嬉戏与懒散让众多人的潜能终生埋没。没有相应的意志力，再多的潜能也会被带入棺材。发挥出自己的潜能，每个人都应当体验到实现自我的那种酣畅淋漓的快感，这是一种学习与成长的“高峰体验”。这种“高峰体验”人们是不会轻易感受到的。严歌苓说：能不能过上那把瘾，取决于你认不认真，是否全身心地投入。只有彻底投入，才能进入佳境，出神入化。而投入的过程，往往不无痛苦。涅槃后的极致快乐就在认真单纯的求索后面，就在那必不可缺的苦头后面。莎士比亚曾说过：脑袋里的智慧，就像打火石里的火花一样，不去打它是不肯出来的。这个击打的过程就是一个人潜能绽放的必经过程。

2. 懒惰与逃避的人性

人性的本质多是懒惰与逃避的，人们多愿意做自己熟悉的事情，做自己目前能力范围内的事情，做自己舒适区内的事情。殊不知人的舒适区是可以变化的。不断地挑战自己，挑战比自己能力稍高的这一区域，也就是最近发展区，就可以使自己的舒适区不断扩大，从而使能力越来越强，潜能得到越来越多的发挥。当然这个过程应当循序渐进，不适合一上来挑战对自己来说完全做不到的部分，那样会引发恐慌，使人对自己的智力与能力产生怀疑。

3. 错过成长的窗口期

一个人的能力形成是有成长窗口期的，过了这个窗口期，很难再有建树，例如语言、音乐、美术、体育、计算机等技能的学习。因此长期脱离人类社会环境的幼童，就不会产生人所具有的脑的功能，也不可能产生与语言相联系的抽象思维和人的意识。“狼孩”的表现就说明了语言的发展有一个关键期，错过这个关键期，会给人的心理发展带来无法挽回的损失。成人如果由于某种原因长期离开人类社会后又重新返回时，则不会出现上述情况。因此这就需要在最恰当的年龄施以最适当的教育，这样才会真正促进儿童的发展。

4. 错过关键的人物、事件与读物

一个人的成长需要遇到关键人物、关键事件、关键读物，这个“关键”其实质虽然只是外部因素，但这个“关键”恰恰是一个人改变思想轨迹的催化剂。每位老师都要能够给孩子推荐关键读物，学会“制造”关键事件，力争成为学生成长过程中的关键人物。

5. 难以到达的利他的崇高境界

“每一个受教育者都应有登上高尚道德精神高峰的决心，应有自己的飞腾、自己的高度激情，应有一颗像丹柯那样火热的心。使每个人拥有这一切，便是教育的意义所在。”[①]只有激起团队集体中每一个成员的崇高社会责任感、利他的高尚情怀，才能充分激起每个人的无限潜能。但是，这种利他的思想境界却需要一个人、一个团队、一个集体漫长的学习与成长历练以及自省才有可能达到。这种思想境界的形成与人的天生自私本性是有冲突的，因此很少人能够达到这一境界，这也是多数人的无限潜能没有能够充分发挥出来的重要原因。

“无限相信”为何会成为我的教育主张

摔倒了就要赶紧爬起来。“无限相信”教育主张的形成与我的个人经历、教学历程是分不开的。我在 16 岁上师范学校时的一次体育锻炼中，不小心把右脚的脚趾骨摔裂了，由于少年的好强与无知，没有及时治疗，再加之又参加了比较艰苦的军训，导致病情恶化成了骨结核。家境贫困，在求治无门，也无钱医治的两难情境中，17 岁时我万般无奈地做了右脚的截肢手术。18 岁的我拄着拐杖走上讲台，在苏北一所偏僻的农村小学工作，一待就是近 20 年。此后的生活一直不顺，家境贫困，工资低得可怜，每 5 年换一次假肢；妻子没有稳定的工作；儿子体弱多病，还出过两次意外；父亲患上了大病；调至苏州时，在来的路途中，妻子突发脑部动脉血管瘤破裂出血，花去巨额医药费，医治无效去世；父亲也在 4 个月后离世；2018 年 3 月儿子在骑自行车回家途中把锁骨摔成粉碎性骨折，住院治疗，影响了当年的高考。妻子在世时总对我说：你与别人不一样，我相信你。我不断地告诉我自己，我的身上具有无穷的能量，具有无穷的智慧，想做就去做。正是这种“无限相信”的力量让我成功地挣脱了身上沉重的“自卑壳”，成为了邳州市农村成长起来的第一位数学特级教师，带领邳州市一所薄弱学校成为名校，我也被评为苏州市紧缺人才、青年拔尖人才。其实反过来看，这些事件又成为我个人成长过程中的“关键事件”，促进我个人潜能的激发。沈从文曾对他的弟子这样说：摔倒了就要赶紧爬起来，不要欣赏你砸出来的那个坑，充满了爱去对待一切；死死抱住自己的业务，不要放松。我虽屡遭打击磨难，但始终生活得阳光快乐，逐渐形成了“灵动洒脱，睿智大气”的教学风格，逐渐明晰了“**无限相信儿童的潜能，无限相信教师的能量，无限相信教育的力量**”的教育主张，这一教育主张将继续不断激励我更加自信地工作与生活，不断向利他、服务他

① 蔡汀、王义高、祖晶：《苏霍姆林斯基选集》(第 2 卷)，教育科学出版社 2001 年版，第 173 页。

人的生命境界靠近，唤醒自己的潜能，唤醒每一个孩子身上的潜能，完成一个人来到世间的使命，实现自我的人生价值，成就精彩人生。

“无限相信”的教育主张是“以人为本”的教育主张，把参与教育教学活动的所有人的潜能激发调动起来，开拓个人的无限可能性。“无限相信”的教育主张在数学教育实践中必将转化成巨大的教育力量，我将继续丰盈自己的教育主张，实现“适合每一位儿童”的数学教育，使每一个孩子都能演绎不一样的精彩，成就自己的幸福人生。

无限相信学生，触发学习的“高峰体验”

一、什么是数学学习的“高峰体验”

《桃花源记》：林尽水源，便得一山，山有小口，仿佛若有光。便舍船，从口入。初极狭，才通人。复行数十步，豁然开朗。土地平旷，屋舍俨然，有良田美池桑竹之属。其实学习数学的过程也犹如陶渊明的游记一样，积蓄了“冥思苦想的痛苦、石破天惊的震撼、豁然开朗的兴奋”等一系列情感体验，这是一种学习的“高峰体验”。“高峰体验”(peak experience)是美国心理学家马斯洛“自我实现论”中的重要概念，他发现人偶尔会出现“高峰体验”，即感受到一种发自心灵的战栗、欢欣、满足、超然的情绪体验，或出现顿悟，长时间冥思苦想的问题瞬间得到解决，或心灵得到升华，能够达到最大限度的自我认同或天人合一，更具有创造性、更果断、更富有幻想、更加独立。

“坐在电视机前看电视的被动式的休闲所带给人的满足感远远不如从事一项自己的业余爱好所带来的满足感。看电视时我们可以同时嗑瓜子，玩手机，跟人聊天。我们并没有倾情投入。而在进行写作、绘画等一些创造性的活动时，则可以完全沉浸其中甚至进行‘心流状态’。‘高峰体验’是一种短暂、迅速的幸福心理体验，是一种精神快感，是人体在得到满足后，产生幸福瞬间的心理，得到了极大的宣泄与排遣，产生学习的兴趣，树立学习信心，形成健康良好的人格。”[①]数学是人类智力的“皇冠”，很容易吸引人沉醉其中，享受智力冲浪的“高峰体验”。学生在数学学习中哪怕是一次这样的“高峰体验”，都有可能让学生一辈子对思考“上瘾”，对探求未知产生兴趣。一名数学教师应琢磨如何让学生向往数学、追随数学。“高峰体验”可以促进学生健康人格的形成，培养学生的主体意识，激发浓厚兴趣，促进学生创造力的培养，激发学生产生更高的学习热情，使学生摆脱对数学学习枯燥繁难的认识，产

① 采铜：《精进：如何成为一个很厉害的人》，江苏文艺出版社2016年版，第15页。

生对数学的美好情感，从而对数学的未知世界产生好奇心，形成创造性的人格特质，发展创造力。

数学学习中的“高峰体验”是一种沉浸式的学习体验，使学生摆脱了功利性的学习目的，为探求新知“有意思”、攻克难题的成功喜悦而愿意付出更多的辛劳与努力。数学学习的“高峰体验”满足了学生自我实现的心理需求，使学生的学习意志更加趋于稳定。

二、引发学生高峰体验的教学策略

1. 树立自信，让孩子无限相信自己

通过对学习积极主动、对未知充满兴趣、数学成绩优秀学生的观察，我们会发现他们身上出现学习“高峰体验”的次数较多，频率较高。是不是只有成绩优秀的学生身上才会出现这种学习的“高峰体验”呢？不是的，各种学习水平的学生身上都有可能出现，只是有出现次数与频率的差别而已。任何学力水平的学生都可能产生学习的“高峰体验”，因为对于每一个人来讲，“在他的内心深处，都有一种根深蒂固的需要，就是希望自己成为一个开发者、研究者、探索者”。无限相信学生的潜能，不断地唤醒与激励，引导孩子向内自省，无限相信自己的潜能，就能奠定产生“高峰体验”的基石。

2. 引发认知冲突，激发“高峰体验”

认知冲突是指学生已有的认知结构与当前的学习情境之间存在的暂时性矛盾，通常表现为学生已有的知识经验与新知之间存在某种差距而导致的心理失衡。学生的数学学习过程是一个不断产生、化解和发展内心冲突的过程。认知冲突可以使学生处于愤悱的心理状态，促进知识的重组与优化。在这种状态下教师再去引导、点拨与教授学生，使学生经历思维冲浪的过程，可以激活学生的数学思维，激发学生的生命活力，引发豁然开朗的“高峰体验”。

教师在讲授教学苏教版五年级上册《钉子板上的多边形》时，可以设计如下方式激发学生的“高峰体验”。

师：请同学们拿出自主学习单(1)。

师：请同学们用算与数的方法把这四个多边形(图1)的面积求出来，并把它们边上的钉子数也数出来，并填在下面的表格中。看一看，你有什么发现呢？

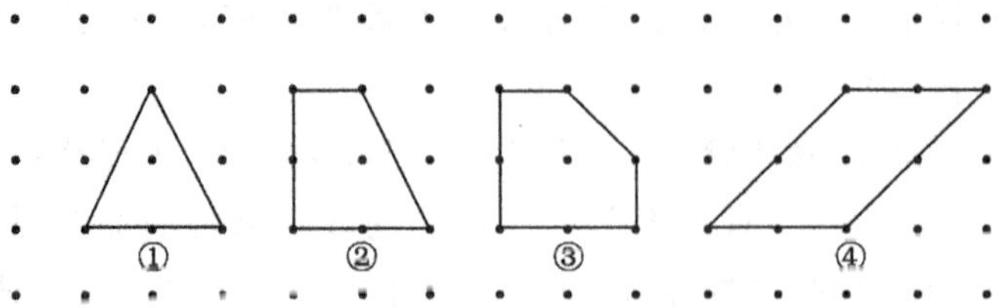

图 1

学生独立填后，然后汇报，教师出示结果(表 1)。

表 1 **学生填表结果**

图形编号	多边形的面积	多边形边上的钉子数
①	2	4
②	3	6
③	3.5	7
④	4	8

师：观察这四组数据，你们有什么发现呢？

生：多边形的面积是多边形边上钉子数的一半。

师：如果我用 S 表示多边形的面积，n 表示边上的钉子数。S 等于什么呢？

生：$S=n\div 2$

师：这四幅图都是老师给你提供的，得出这个结论对不对呢？我们还要来验证一下，请你在钉子板上任意画一个多边形，验证一下这个结论对不对。

有一部分学生在画出下面的多边形后议论纷纷。(图 2)

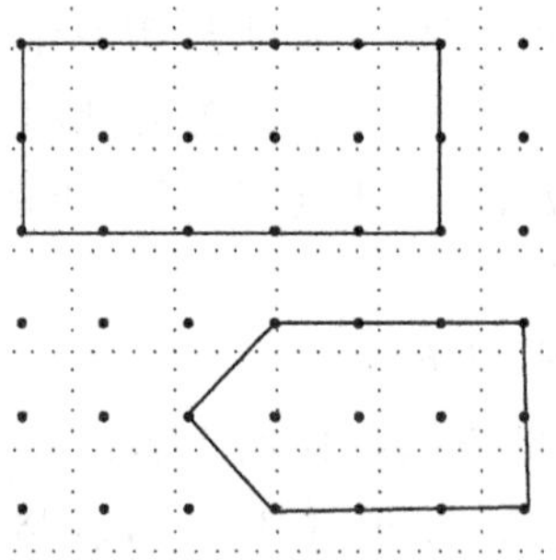

图 2

生：这个四边形的面积是 10，而它边上的钉子数是 14，边上的钉子数不是它面积的2倍。

生：第二个图形的面积是7，而它边上的钉子数是10，边上的钉子数也不是它面积的2倍。

师：这是什么原因呢？难道是我们发现的规律有问题吗？观察这两个图形，它们与前面四个图形有什么不同呢？

生：前面四幅图中多边形的内部都只有一枚钉子。

学生发现了规律，教师引导学生利用这个规律预测自己画出的长方形面积，学生发现规律在此处失效了，学生本能地会思考：为什么规律不对了呢？这是一个培养学生观察与分析能力的最好时机。在教学中教师不能越位，应当舍得等待，等待学生自己发现“这两个图形与前面的四个图形有什么不同”，对于找到问题答案的学生要给予表扬与激励。当学生暂时不能发现时，也不要忙于点拨引导、包办代替。教学实践表明，此处只要教师退一步慢一步，一般情况下学生都能发现自己画出的平面图形内部有两个及两个以上的钉子数，而当学生自己发现问题所在，其喜悦之情溢于言表。从发现规律到否定规律再到重建规律，教师引导学生经历冲突不断、思维激荡的过程，引发思维的高峰体验，体会峰回路转的美妙之感。

3. “学术形态”转换成“学习形态”，引发“高峰体验”

孩子是天生的学习者，没有学生会拒绝数学思考，但是数学不断抽象的外表让许多孩子不愿意去接近，没有兴趣思考。数学教师要善于对教材进行二次开发，教师的创造性劳动体现在把静态的、“学术形态”的数学转化为动态的、学习形态的数学，把“冰冷的美丽”转变为“火热的思考”。

教学五年级下册《因数与倍数》时，有一个《你知道吗》学习素材（图3）：

你知道吗

6的因数有1，2，3，6，这几个因数之间的关系是：1 + 2 + 3 = 6。像6这样的数叫作完全数（也叫作完美数）。

公元前6世纪，古希腊的毕达哥拉斯已经知道6和28是完全数。公元1世纪，尼克马修斯发现第3、4个完全数是496、8128。而第5个完全数直到1000多年后的15世纪才被发现。

随着计算机的问世，寻找完全数的工作有了较大进展。目前一共发现的47个完全数都是偶数，个位上都是6或8。

图3

学习了求一个数的因数与倍数后，教学时我们会发现如果把完美数仅当成一个材料提供给学生，让学生读一读，是不会激起学生太多兴趣的。

师：6的因数有哪些呢？6的因数有1、2、3、6。我们观察这四个因数，你会有什么发现呢？

生：是的，1+2+3=6。

师：一个数的因数，去掉它的本身后加在一起，就等于这个数，这样的数是十分完美的，我们称之为完美数。在我们的学号里，有一位同学的学号，也是完美数，这个完美数你能找到吗？

生(兴趣盎然地开始尝试寻找)：我找到了！28是完美数！

师：还有吗？请大家继续找。

教学中的目的不在于学生能否找到，而在于学生主动愿意去找。找的过程其实是训练找一个数因数的过程，但这训练的过程却是学生主动参加的，是有可能激发起学生的学习"高峰体验"的。教师通过把这个材料进行二度开发，变材料阅读为尝试找一个完美数，使这个材料由"学术形态"变成一种"学习形态"，学生的思维量增大，产生了"高峰体验"。

4. 组织学生深度思考，激发"高峰体验"

(1) 深度理解所学内容。深度学习基于学生需要，触及学生心灵，能使孩子保持强烈的学习欲望和学习能力。在深度学习的教学设计中，重点体现的是对学科内容的深刻理解，对学生学习的切实把握，对教学活动的精心设计，使有意义的学习活动真实发生。

对于教材的研读，除了要从知识内容的本身展开，还要深入到学生思维的深处，利用教材中的可延伸之处，将学生的思维引向更深处，使他们能积极思考、触及问题的本质，积极表达与展示自己的思维过程，让深度思考促发儿童的主动生长，使学生走向充满思维挑战的数学学习。

教学《2、5和3的倍数特征》时，不要在总结出它们的倍数特征后就进入相应的判断练习，而要组织学生对比思考：2的倍数特征为什么个位是0、2、4、6、8呢？5的倍数特征为什么个位是0、5呢？为什么只要看他的个位就可以了？十位、百位、千位为什么可以不看吗？对比3的倍数的特征与2、5的倍数特征，你们有什么问题吗？为什么3的倍数要看数位上的数字之和呢？儿童思维的亢奋感与表现欲被唤醒，引导学生进行深度思考，2的倍数与5的倍数是累加过程，学生加一加或者乘一乘就会发现2的倍数与5的倍数的个位只可能是这些数字，他们通过推理能够得出几个十、几个百、几个千一定是2和5的倍数，所以十位、百位、千位等数位上的数字不需要去看。而几个十、几个百、几个千去除以 3 以后,不能正好除尽,余下来的数要合在一起继续再除以 3,所以 3 的倍数特征要看各位上的数字之和。

再例如教学量角,应当让学生理解量角的本质是“数角里面有多少个 1?”在量角器上就是求两条边线重合的刻度线的度数差,因此与边线重合的刻度线不一定非得是零刻度线。深度教学能够让学生经历创造性解决问题的过程,引发学生的“高峰体验”。

(2) 彰显儿童数学的趣味性。教学要向纵深发展,引导学生深度思考,但小学数学毕竟是“儿童的数学”,应当遵循儿童的身心发展规律,充分彰显学习的趣味性。《因数与倍数》一课比较抽象枯燥,教师应巧妙设计,凸显数学学习的趣味性。在练习阶段,可以引导学生练习找一个数的因数练习,请学生写出自己学号的所有因数,数一数有多少个,学生兴趣盎然;再让学生想一想自己好朋友学号的因数,组织学生依次按因数 1 个、2 个、3 个……站起来。

师:你有什么发现呢?

生:我发现 1 号赵忻悦的因数最少,48 号谭钰筱的因数最多是 10 个。

生;我发现除了 1 以外,每个数的因数至少都有 2 个。

生:我发现因数有两个的学号都不是 2 的倍数。比如 3、5、7、13 等(2 除外)。

生:每个学号都至少有一个因数 1,最大的因数是它本身。

生:每个学号因数的个数都是有限的。

5. 静下来长时间地思考,引发“高峰体验”

现在小学数学课堂中缺少的是一种静谧的长时间思考,少一种课题式的项目式学习。这当然主要是学生年龄特点所决定的,但是不代表教师要在教学中放弃这方面的尝试。教师可以结合一些教学内容,让学生能够屁股坐下来、教室静下来,避免思维浅层化,让学生想好再回答,避免片面追求速度快、效率高,让学生专注地学习。

专注是学习力中最具有凝聚效力、整合效力的品质。让学生废寝忘食地学习数学,首先要从容易的内容入手,不复杂,学生就能很快地思考起来。其次要有点小难度。随着思考的深入,不断有新的挑战吸引学生欲罢不能。要让学生经历静思默想,产生“原来如此”“我知道了!”的顿悟与豁然。深度学习,创造“高峰体验”的重要策略就是要保持专注。专注是学习中最具有凝聚效力、整合效力的品质。千万不要去幻想学习中的捷径,让学生知道他所要做的,就是将身体与心智的能量锲而不舍地运用在同一个问题上而不厌倦。学生能够入迷了，距离产生“高峰体验”也就不远了。

6. 曲折的学习过程，是“高峰体验”的前奏

数学学习的“高峰体验”是“风雨之后的彩虹”。尼采有这样一句名言：谁终将声震人间，必长久深自缄默，谁终将点燃闪电，必长久去漂泊。学习中“高峰体验”的出现常常是艰辛学习之后的瞬间情绪体验，是学生在苦苦思索而不得后的豁然开朗，学习的“高峰体验”是对一个人艰苦智力劳动的奖赏。换句话说，谁拒绝苦苦的思索，谁也就不会享受到“高峰体验”所带来的幸福感。任何学习都伴随着劳作，艰辛甚至痛苦，虽然痛苦不是学习的本源，学习未必就一定是痛苦的，但是崎岖曲折的道路却是学习中“高峰体验”产生的必要条件，跨过这条壕沟，后面就会是康庄大道。“高峰体验”是对学生无限潜能的唤醒，无限地相信每一个孩子的潜能，是开启学生积极思考、主动探索、快乐学习的钥匙。

不断探寻学生真实的数学思维过程

由于各种原因，许多学校没有对教师任教年级进行循环安排，加之教师不能有意识地梳理各册教材，因此不少教师不能从宏观上来看待教材，对教材的来龙去脉茫然无知，实施教学时很容易把学生想得“高”了，或想得“低”了，找不准阻滞学生思考的“症结”。在这种状态下教师所组织的教学预设很难对学生的学习起到有效的指导帮助作用。在探寻学生的真实思维过程方面，特级教师华应龙给我们做了很好的示范。他在教学《角的度量》这一课时，进行了深入的课前反思：“这节课到底要认识量角器的什么？我回忆起学生拿着量角器手足无措的样子，往往是用量角器的直边与圆弧夹的角比在要量的角上，原来学生找不到量角器上的角！因此，我让学生讨论这是不是角，能在量角器上找到角吗？我大胆地想：能让学生先在量角器上画角再量角吗？”① 正是华老师在课前能够不断探寻学生的真实思维过程，这一节看似平淡无奇的技能学习课才显得如此大气而厚重，呈现出了令人意想不到的开阔景象。

一、设想学生可能会怎么想，分别制定应对策略

学生在学习新知前对于相关的知识技能应当有的水平是学生学习新知前的逻辑状态。课程规划与教材的编排进程，其依据就是学生的逻辑状态。但学生的逻辑状态是受学生的学力水平、学习基础、家庭背景以及多元媒体等因素影响的，他们的现实状态绝不等同于他们的逻辑状态。有时学生对于要学的新知已有所了解，有时对于学习新知应当具备的基础掌握得又不是很牢固，为制定出有针对性、有操作价值的教学设计，教师应当对学生的“逻辑状态”与“现实状态”等相关信息准确地占有。在占有相关信息的前提下，教师在教学预演中时刻想着如此设计本班的学生可能会怎么想，会遇到什么困难。这其实是在猜测学生的“可能状态”，并根据学生的“可能状态”分别制定有针对性的教学预

① 华应龙：《让学习像呼吸一样自然》，载《人民教育》2007 年第 2 期，第 46 页。

案。直白地说，就是学生出现情况 1，教师就采用策略 A；学生出现情况 2，教师就采用策略 B；学生出现情况 3，教师就采用策略 C；等等。这样教师就能针对课堂中出现的具体情况选择最有效的预案，就不会因学生的“节外生枝”而手忙脚乱，使精彩成为“预约”。同时，猜测学生的“可能状态”并制定相应的教学对策的过程是一位教师教学经验积累的过程，这样做能促使教师的教学经验快速地“丰满”起来，从而快速提升自身的专业化成长。

【案例】 教学苏教版小学数学三年级下册《平均数》。

师用多媒体演示“套圈比赛”的场景，形成条形统计图(图 1)。

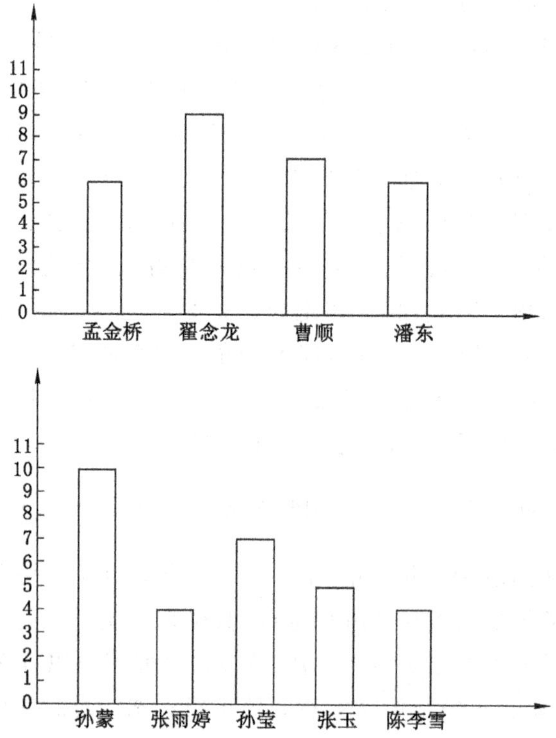

图 1

师：这是三(3)班第一小组正在进行的套圈比赛，一队是男生，另一队是女生。比赛规则是每人套 15 个圈，统计表中分别是他们套中的结果，比一比哪一队套得准。下面就请同学们给他们做裁判，好不好？

师：你认为男生套得准一些还是女生套得准一些呢？先独立想一想，再在小组内交流一下。

预设与应对策略：

(1) 因为女生队中孙蒙套中的个数最多，所以女生队套得准。

师：用一个人的成绩代表整个队的成绩，这样做科学吗？

(2) 先求出每个队一共套中了多少个，再比较哪一队套得多。

师：大家对这种方法有什么意见吗？（如果学生发现不了其中的不公平处，点拨学生观察两个队之间的人数。）

(3) 男生四个人比女生的后面四人套住的都要多，所以男生套得准一些。

师：大家对于这种想法有什么意见吗？是否公平呢？

生：女生队中孙蒙是套得最多的，会提高女生的整体成绩，这样比也不能让人服气。

(4) 先求出两个队中平均每人套中了多少个，再比较哪个队套得准。

师：也就是在总成绩不变的情况下，把男队与女队套圈的成绩变得一样多，大家对这种想法有什么意见？公平吗？

生：求平均数的方法比较公平。

猜测学生的“可能状态”会使教学设计细致而有效，这样做虽不可能穷尽学生的所有“可能状态”，但至少对学生的“可能”会有一个较清晰的方向判断。有了这些，教师在课堂上会把更多的精力用在与学生的互动交流上，游刃有余地面对精彩纷呈的课堂生成。

虽然教师在课前进行了精心的预设，但实际上这节课时还是出现了教师没有预料到的一幕。由于两个队伍是分为男女两队，创设这个情境后，班级里的学生迅速地分为男女生两派，争论不休，一时出现了难以控制的局面。幸而老师能够驾驭课堂：同学们，这样争论有意义吗？到底哪一个队套得比较准呢？

学生出现了比总数、比人数、比最多的在哪一个组的想法，但都被其他学生一一否定了，可是仍然没有学生想到用平均数去比较这两个队伍的成绩。

生1：把女生套得最少的去掉一个，这样两个队伍中的人数就相等了，然后再加起来，比较这两个队伍的总数就可以了。

女生们也同意了，但是这与本节课要学习的平均数无关啊。怎么办呢？

师：我想被去掉成绩的这名女生一定很伤心，不把她包括在内，大家说这样合理吗？

学生们有所感触，纷纷说不合理。

师：想一想，一定可以找到公平合理的方法。

最后终于有学生想到用两个队伍的成绩平均数进行比较。教师之所以面对没有预料到的学生思维方法心中不慌，处理得恰到好处，主要原因在于教师对学生可能的思维过程有了较充分的“设想”，即使实际情况超出了教师的预料，教师也能从容智慧地即兴生成教学对策。

二、深究学生为何会这么想，深入修改教学预案

学生在学习时处于某种问题情境中出现情况 A，而不出现情况 B，一定有其内在原因，教师应当进行深入的思考，找到其中本质原因所在。一位有经验的教师不仅要能判断出学生可能会怎么想，还要判断出学生为什么会这么想，而不那么想。在探寻学生的真实思维过程时，应当把自己退到初学者的位置猜想学生会怎么想。如果不把自己退到初学者的位置，教师很容易会产生这样的困惑：如此简单的道理学生为什么不明白？不要想当然地认为自己能理解的，学生就一定会理解。换位思考来进行教学设计，把自己“假设”为学生来对待问题信息，能促使自身准确地判断出学生为什么会这样想的原因，为调整教学预设选取到最佳角度，争取到最佳时间。

【案例】 教学苏教版三年级下册《认识分数》的第一课时。

创设孙悟空给四只小猴子分一袋桃子的情境(图 2)。

图 2

师：每只小猴子分到这袋桃子的几分之几呢？

生：$\frac{1}{4}$。

师：看来，这个神秘口袋还没有打开，我们已经知道了每只小猴子可以分到这袋桃子的 $\frac{1}{4}$ 了。

师：口袋里到底有多少个桃子呢？老师告诉你们，孙悟空带来了 12 个桃子（随机摆放，图 3），就在你的手里，你能帮助孙悟空给这四只小猴子分一分吗？

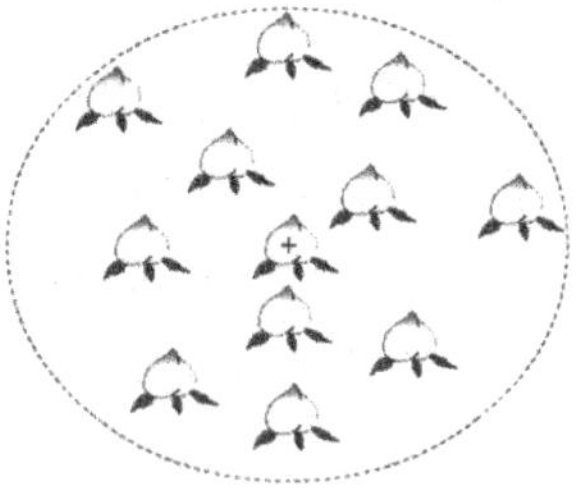

图 3

学生动手分，师巡视。

学生展示自己平均分的过程，课件同时演示。

师：每一份是几个桃子，占这袋桃子的几分之几呢？

生：每人分 3 个，占这袋桃子的 $\frac{3}{12}$。

师：袋子没有打开前，同学们认为每只小猴子分得 $\frac{1}{4}$，袋子打开后，同学们却认为每只小猴子分得了这袋桃子的 $\frac{3}{12}$，你们怎么变卦了？

组织学生联系自己平均分的过程说自己的想法，然后小组交流。

生：把一袋桃子平均分成 4 份，分母应当是 4，每只小猴子得到这样的 1 份，所以是 $\frac{1}{4}$。

创设这个情境时，教师是把这个 12 个桃子随机摆放着的。学生在进行操作时，脑中思考的是“12 除以 4 等于 3”这个过程，然后再每一份分 3 个。素材这样呈现显然不利于学生学习把一些物体看成一个整体进行平均并把每份用分数来表示，因此出现了“每人分 3 个，占这袋桃子的 $\frac{3}{12}$”的现象，尽管学生在袋子没有打开前就能认识到每只小猴子分到这袋子的 $\frac{1}{4}$ 了。如何让学生是通过动手分的方式而不是利用计算的方式来思考把一些物体看成一个整体来平均分呢？如果把这 12 个桃子整齐地排列着印在纸上，学生首先想到的是通过动手画来进行平均分。通过这样一个操作活动，学生会更深刻地理解把一个整体进行平均分后部分与整体之间的关系。第二次成功的教学实践完全证明了这一点。

三、跟踪学生实际怎样想，即时生成应对策略

在课堂上，教师观察学生不能仅仅止于学生所表现出来的表面现象，而应对学生的思维进行跟踪，找寻到学生如此表现背后的真实想法到底是什么，即时生成应对策略，不断把学生的思维向更深处推进。

【案例】 教学苏教版小学数学三年级下册《面积的含义》。

师出示例题：怎样比较下面两个图形面积的大小呢？（图 4）

图 4

师：你能自己想出办法比较它们面积的大小吗？

教师在巡视中发现一名学生用直尺量这两个图形的边长，然后加起来。师小声点拨：老师让大家比较这两个图形的面积，你这样测量比较的是什么呀？

生：这样比较的是周长。

师：我们现在比较的是这两个图形的面积，你为什么要测量这两个图形的边长呢？

生：测量边长，计算出周长能比较出它们的面积，因为周长越长，面积就越大。

教师本来认为是学生把周长与面积混淆了，但在跟踪学生思维的过程中发现学生并没有把周长与面积搞混，而是感性地认为周长越长，面积就越大。这两个图形完全符合学生的推想。下面还有很多的教学任务，怎么办呢？教师决定采取缓一缓的教学策略：同学们认为比较两个图形的面积，只要比较周长就可以了，认为周长越长，面积就大，到底这个推想对不对呢？我们暂且放在这里。谁还有什么方法来比较这两个图形的面积？学生依次也有了重叠法、折叠法、方格比较法等。

师：上面这两个图形右边的面积大于左边的面积，右边图形的周长也大于左边图形的周长，于是同学们认为周长越长，面积越大，那么是不是所有的图形

都合乎你们所发现的这个规律呢？大家看下面这两个图形的周长是相等的，它们的面积呢？（出示图 5）

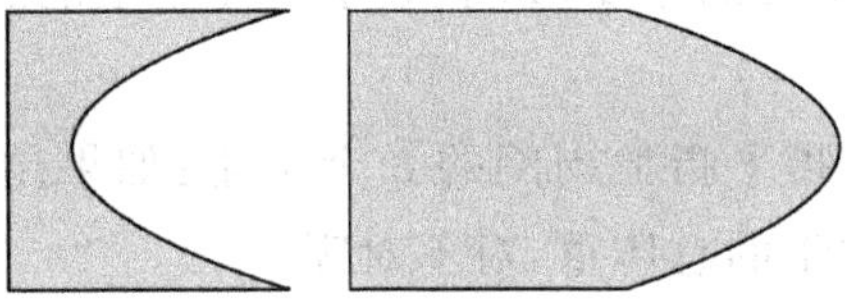

图 5

生：周长相等，面积不相等

师：是不是周长越长，面积就越大呢？

生：不一定。

四、寻找学生的思维“症结”，设计后续应对预案

“症结”指问题难以解决的关键，也就是影响学生思维流畅的关节，打通了这个“症结”，就会出现一通百通的效果。很多时候学生距真理就差一步，但这最关键的一步却很难跨越，教师就是要找到缠绕学生思维的“症结点”，引导学生自主破开它，捅破这层“窗户纸”，到达成功的彼岸。

（1）首先是给予学生思维受阻的机会，暴露出学生的思维“症结”。教学中，一些教师用貌似引导实则灌输的方法，让学生沿着教师设计的“便道”到达彼岸，用牺牲学生的思维强度来追求所谓的教学效率。其实学生思维的发展，就是在思考的过程中，从“想不出”到“想出来”的过程中实现的。试想如果每一次的“想不出”都是由教师“导出来”的，都是由几个脑筋灵活的学生包办代替的，全体学生思维锻炼的机会何存？其思维能力的发展怎能不大打折扣呢？学生对遇到的问题越是百思而不得其解时，其思维的活动就越是积极，一旦问题得以解决，他们的思维就会得到令人惊喜的发展，他们会真正体验到思考的快乐，成功的愉悦。

（2）教师要能准确判断学生的思维症结，通过提问等方式进行点拨，使学生获得豁然开朗的学习高峰体验。

【案例】 教学苏教版小学数学四年级上册《用字母表示数》。案例来源于《人民教育》2008 年 12 期 21 页。

屏幕出现 4 本同样的书。

师：在这里 a 和 4a 可以表示什么？

生:a 可以表示一本书的单价,4a 就表示这 4 本书的总价。

生:a 可以表示一本书的页数,4a 就表示这 4 本书的总页数。

生:c 可以表示一本书的厚度,4a 就表示这 4 本书的总厚度。

……

师指一个学生,又指了指他周围的 3 个学生:如果用 a 表示一个同学的体重,4a 就表示这 4 个同学的总体重,对不对呢?

生齐答:对!

这就暴露出了学生的思维盲点,在一个特定的情境中,a 只能表示同一个量,这也是学生的“思维软肋”。

很快有学生反应过来:不对,如果 4 个同学的体重不相等,就不能用 4a 来表示。

(3) 从学生的作业错误中找寻学生的思维“症结”。很多教师只是笼统地关注学生所做的题目是否正确,而对学生的错误不加分析,没有意识去找寻学生思维中的错误原因,因此练习的效率不高。教师应当仔细分析学生所出现的错误,迅速准确地判断出学生的思维“症结”,直指学生的思维盲点。

【案例】 批改学生关于长方形与正方形的面积计算练习题(图 6)。

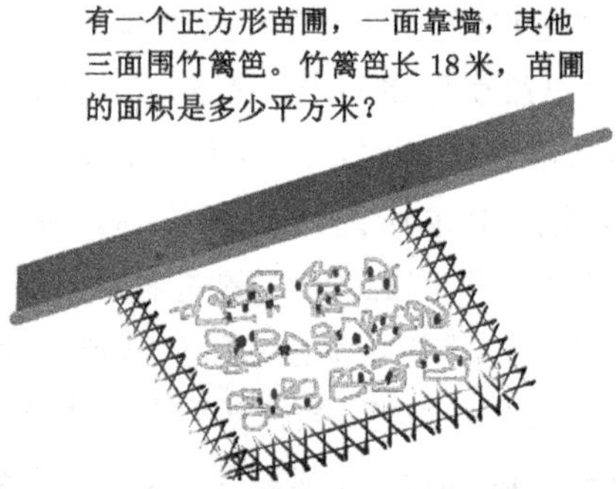

图 6

教师发现学生多错误地解答为 18×18=324 平方米,学生之所以这样错,主要是没有理解 18 米是哪一段的长度。教师组织学生反复阅读题目中的文字,通过课件把上面图形转化为下面的图形(图 7):

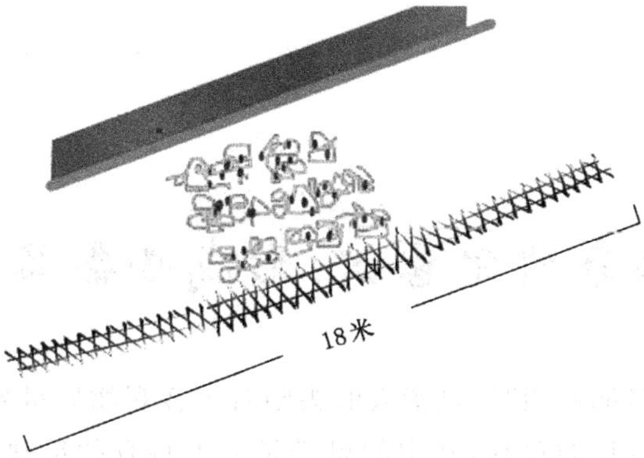

图 7

学生在理解了 18 米究竟指的是哪一段后，结合正方形的特点，很快就确定这个正方形苗圃的边长，顺利地解决了问题。

培养研究意识，形成必备品格

意识在作为名词使用时，是指人的头脑对于客观物质世界的反映，是感觉、思维等各种心理过程的总和，其中的思维是人类特有的反映现实的高级形式。在本文中，意识指的是一种具有自觉性的思维。现今的数学教育正从听课、阅读、演题，到提倡实验、讨论和探索的学习方式进行转变。学生感觉自己像“科学家”一样在做研究，这其实就是一种研究意识。研究意识指的是为了发现未知、解决或验证某一问题，自主运用各种学习方式进行活动的内心倾向。研究过程中的成就感所带来的欣喜是任何物质奖励都替代不了的，这是激励学生喜欢数学乐于探究的根本力量。

我国将核心素养界定为“必备品格和关键能力”，那什么是数学的必备品格呢？如果说数学的概念、公式、定律（知识性成分）包括所形成的各种数学能力是数学素养的物质实体，那么经纬其间的数学思想、理性精神、信念品质、价值判断、审美追求、思维品质等深层次的因素，则是数学素养结构中的精神实体，这种蕴藏在知识性、能力性成分背后的观念性成分应是数学品格的应有之意。① 学生学习数学的根本目的不仅仅是得到这些“概念、公式、定律（知识性成分）包括所形成的各种数学能力”，更重要的是形成数学的必备品格，提升核心素养。数学的必备品格属于情感纬度，是学科素养中不可或缺的组成部分。一个孩子即便在数学考试中能获得非常优异的成绩，但也很可能不具备相应的信念品质、理性精神与价值追求等必备品格，那么他的数学核心素养也是不完善的。

一、研究意识的萌芽——“问题引领”激发探索的需求

所谓问题，是指没有现成方法可以解决的情境状态。问题解决就是发现问题的答案和结论。问题解决其实质是人类与环境的一种基本的交流方式。目

① 周卫东：《关注数学必备品格》，载《江苏教育》（小学教学）2017 年第 5 期，第 1 页。

前“问题解决”在实际教学中已然成为一种教与学的重要方法而被用来促进学生认知策略、思维方法和创新能力等方面的发展。这里的问题指的不是琐碎的问答填空式的“小问题”，而是能引发探究需要的、具有挑战性的、有探究价值的“大问题”。

在数学学习中，为考试而做题、争强好胜的意识占主导地位，还是研究意识占主导地位，带给学生的学习体验是完全不同的，学生获得的发展也是有巨大差异的。具有研究意识的学生，对未知世界抱有强烈的好奇心，能够主动地处理学习信息，主动地提出问题、分析问题，想方设法地解决问题。研究意识是研究性学习的起始状态，是成功开展研究性学习的保证。研究意识的形成是培养学生必备品格、提升核心素养的重要途径。研究意识的萌芽则是从问题开始的，大问题才能引发大智慧，不断地提出问题才能获得持续发展的动力，激发探索的需求。学生没有问题，实质上是数学课堂教学中的最大“问题”。如何让学生主动地发现问题、思考问题，掌握思考问题的方法，养成主动发现问题的习惯，这些都是数学教师需要深入研究的课题。问题是研究意识萌芽最好的催化剂。

二、研究意识的巩固——“微探究”习得学习方法

问题是研究意识的萌芽，对学生来讲，解决问题的过程就是微型课题研究的过程，更是巩固学生研究意识的过程。

1. 课堂微探究

课例一：教学苏教版小学数学五年级下册《圆的周长》，学生经过动手操作、列表观察，探究出圆周率这一知识以后，教师组织学生进行了基本的巩固练习后，进行下面的课堂微探究。

师：老师与儿子一起到方形广场上去锻炼，方形广场里面有一个最大的圆，老师沿着圆形路线走一圈，儿子想偷个懒，他沿着里面的两个小圆不重复地走一圈(图 1)。儿子走的路程会比我走的少吗？少多少呢？

学生经过计算思辨得出 $\pi d_1+\pi d_2=\pi(d_1+d_2)$。

生：您儿子偷懒没成，走里面与走外面的长度都是一样的！

师继续提问，刚才大圆里面的这两个小圆一样大，如果里面的两个圆不一样大呢？如果里面有多个小圆呢？(图 2)

最后学生们经过小组合作学习探索得出：像图 2 这样无论大圆里有多少个小圆，小圆的周长总和总等于大圆的周长。

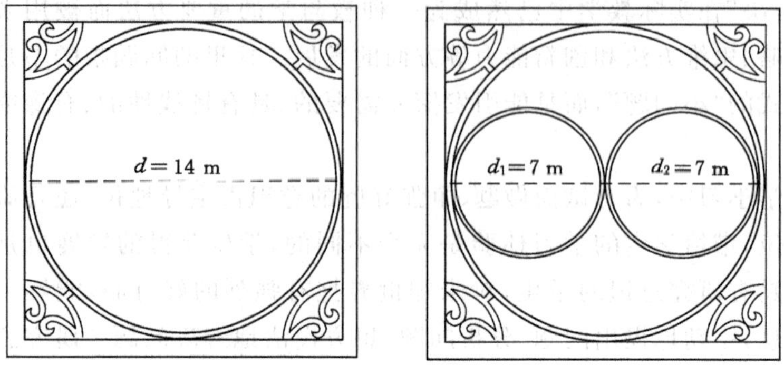

图 1

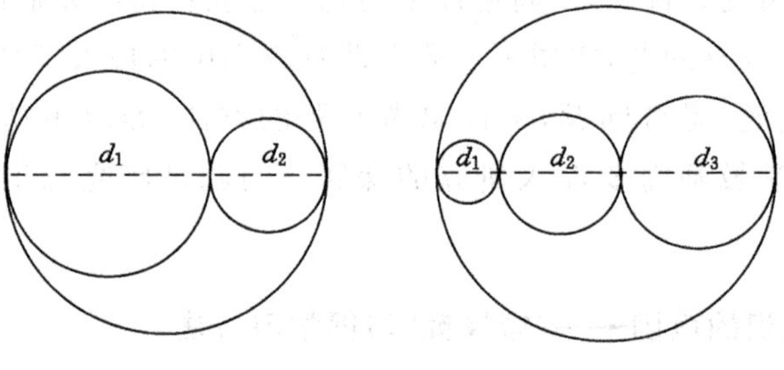

图 2

这个课堂微探究是在教学圆的周长以后开展的活动，生动有趣，既有利于巩固学生对于圆的周长计算的掌握，又有利于学生在探索规律的过程中不断强化研究的意识。

2. 课堂微操作

对大脑皮层的研究表明，在精细运动过程中，与认识发展有密切关系的前额叶血流量增加，这说明精细运动过程还可能通过直接激活大脑皮层认知部位进而促进认知发展。[①] 通俗地来讲，就是在学生身心发展的易塑时期，可以通过带有任务驱动的动手操作来促进脑部的发展。在这个过程中，数学教学中的动手操作不是为了操作而操作，而是带着问题去操作，有具体的研究目标任务，带着研究方案去操作。这时的操作才是有价值的，有利于研究意识的形成，核心

① 吉智深：《数学实验在小学数学中存在的理由及价值》，载《教育探索》2016 年第 1 期，第 35 页。

素养的提升。

即便知道结论也要组织学生经历操作的过程。教学五年级下册《圆的周长》，学生在上此课前，班级里有一多半的学生已知道了圆的周长的计算公式，学生的学习起点已经高于教材的逻辑起点了，那么，动手操作帮助探究还有必要吗？在学习过程中，他人的操作、老师的演示、课件的展示能代替学生自己的操作吗？实践证明个体操作是十分必要的。学生不经过自己的动手尝试操作，他就无法从内心深处真正确认这个结论。教师应让每一个学生都有机会动手操作，获得切身体验，从而使研究意识慢慢开始萌芽，研究能力逐步得以提高。

结合具体学习内容与学情将实物操作改为表象操作，将探索性操作调整为理解性、验证性操作，这需要教师创造性地设计，智慧地引领，让学生动手操作尝试去验证，渗透转化的数学思想，培养数学的理性精神。例如教学苏教版小学数学五年级下册《因数与倍数》，教材是借助操作 12 个小正方形，把其摆成长方形找出 3 种摆法，从而引出 3 道乘法算式，引出两个数的因数与倍数关系。对于五年级的学生来讲，这个实际动手操作的过程其实没有多少必要，但在教学中还是要组织学生在头脑中进行表象操作，从而让学生感受因数与倍数之间的互相依存性。

3. 拓展微写作

写数学小论文有利于学生沉下心来反思，梳理自己的思考学习过程。对于学生来讲，做到这一点可能难度有点大，不过把数学小论文的写作作为课堂的延伸，加强课外指导，无限相信儿童的潜能，一些学生完全能够写出不错的数学小论文。通过数学小论文的微写作，学生可以继续巩固研究的意识，使研究意识在内心深处不断地生根发芽，实现不同的人在数学上得到不同的发展，提升自身的数学核心素养。

教学苏教版小学数学六年级下册《确定位置》，教师可以通过课外延伸的方式组织学生去探究。教师可以先组织学生梳理已探得的知识，提问：学习了本节课的内容以后，还有什么问题要提出吗？一般情况下，学生都能提出问题：怎样在立体空间里确定位置呢？师：请你写一篇怎样确定立体空间中物体位置的小论文。

学生通过查阅资料，自己思考整理，纷纷写出自己的数学小论文。下面是班级里一位叫张睿华同学写的数学小论文：

我们对于生活中的图形可并不陌生，然而你是否知道图形与确定位置之间还有不容小视的关系呢?

在确定位置的学习中,我知道了在线上确定位置只要一个条件,用序数就可以确定位置。如下图中小女孩子就用第5个来确定她的位置(图3)。

图3

在平面中确定一个位置需两个条件,比如用数对表示A点的位置需要用到列与行,A点的位置是(3,5)。在大海上确定位置需要用方向和距离来描述位置:A号船在灯塔北偏东30°方向15千米处(图4)。

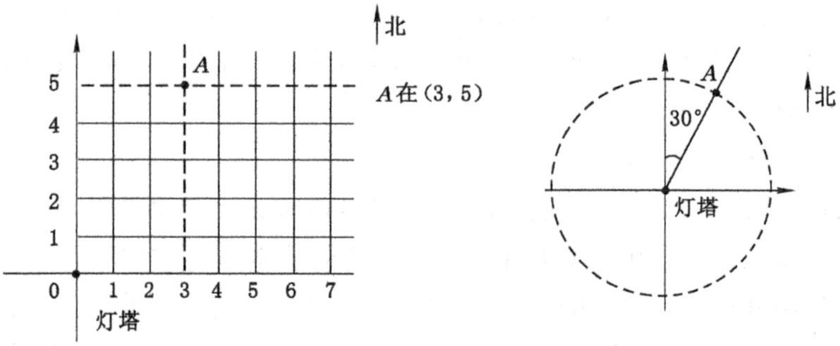

图4

在学习《确定位置》这节课时,老师以一个问题结束了课堂:"我们已学会了用两个条件来确定平面图上的距离,怎样来确定三维空间中一个物体的位置呢?"这个问题引起了全班的深思。此时,老师的一句话好似点睛之笔,使我恍然大悟:"其实,我们之前学过的长方体,就可以给你们很大的帮助。我们设三个量:x、y、z……"

我的脑海中立刻浮现出了下面的这样一幅图(图5)。我按老师所说将长方形的长、宽、高设为x、y和z。在立体空间确定位置,我们也需先确定一个观测点,确定一个立体空间中的位置,就需知x、y、z三个量。

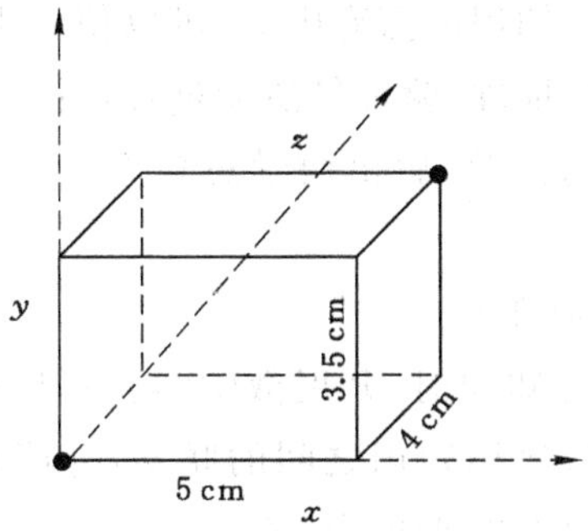

图 5

确定一个物体的位置真的很有意思，我之前没有想到长方体与确定位置之间还有关联，看来数学知识之间是互联互通的。

（此日记发表于 2017 年 5 月《小学数学学习报》）

三、研究意识的强化——数学实验熏陶素养形成

当中国家长去和美国老师交流为什么不让孩子背记一些重要的东西时，美国老师的回答是对人的未来成长而言，最重要的是他要知道到哪里去寻找所需要的知识以及综合使用这些知识进行新的创造的能力，这些比死记硬背更重要。[①] 数学实验就是让学生知道到哪里去寻找所需要的知识，以及怎样获取知识。在这个过程中，学生的数学核心素养得以生长。

数学实验可以界定为：在数学思想和数学教学理论的指导下，学生借助实物和工具，通过对实验素材进行"数学化"的操作来建构数学概念、验证数学结论、探索数学规律、解决数学问题的一种数学学习方式。[②] 动手操作与数学实验的区别在于动手操作是以学生自主参与为主，学生综合运用数学知识和方法解决问题，侧重于"用"；数学实验则是在数学思想与数学理论的指导下，学生通过对实验素材进行数学化的操作来解决问题，侧重于"学"。数学实验需要让学生根据预定的实验方案，自己去动手操作，进行抽象概括、推理论证、模型建构等思维活动，最后获得理解与内化。数学实验的意义就是在问题的引领下，使学

① 朱开群：《基于深度学习的"深度教学"》，载《上海教育科研》2017 年第 5 期，第53 页。

② 郭庆松：《数学实验：从研究方式到学习方式》，载《江苏教育》（小学教学）2017 年第 3 期，第 52 页。

生积极主动地参与到数学知识的探究中去，可以使学生有足够的时间和空间经历观察、实验、猜测、计算、推理、验证等活动过程，有利于强化自主研究的意识，有助于学生积累数学活动经验，感悟数学思想方法，实现课程目标。数学实验的意义主要有以下三个。

1. 深化对知识本质的理解

在数学教学中的核心知识时，开展数学实验可以引导学生积极探索、反思和创造，把握知识的本质，建构知识之间的联系，并能将知识迁移、应用到新的问题情境中，做出决策和解决问题，能够充分调动起学生的主动性与创造性。在教学中，我们应当创造尽可能多的机会，让全体学生参与到数学实验中来。实践表明，数学实验能够有效调动起学生学习的积极性与主动性，形成研究的意识，提高感知未知世界的灵敏度，深化学生对于数学知识本质的理解。

2. 激发对数学的积极情感

现实教学情况表明，越到高年级，会有越多的孩子对数学逐渐丧失学习的兴趣。一个原因是知识技能的难度增加让孩子不能适应；另一个重要原因是学生对于数学的学习方式停留于模仿、练习、刷题等方式，在不少孩子眼里，数学就是做题目，就是为了应付考试，这些低效的学习方式使孩子产生枯燥、厌烦、恐惧的心理。而数学实验所带来的内心触动恰恰是其他任何学习形式都不能代替的。通过这样带有“数学味”的动手做一做，学生获得的不仅仅是动手操作能力得以提高如此简单，他所获得的是成为一名研究者的内心喜悦，这种内心喜悦可以很大程度上抵消在数学学习中产生的挫败感与枯燥感。学生可从“学数学”到“做数学”，再到“玩数学”，从被动学习到主动学习，再到创造性地学习，从而培养积极的数学情感。

在《圆柱与圆锥》综合练习中一般会出现这样的题目：有一瓶水，瓶底的半径是 5 厘米，将瓶子正放，水面高 16 厘米；将瓶倒放，水面离瓶底还有 4 厘米，求瓶子的容积(图 6)。

不经过动手，通过看图思考也会有一部分孩子能解决这个问题。让学生亲自动手去做一做，测量计算一番，与实际容积相对比，他们会从中体悟到更加深刻的东西。其实就是瓶中空气由不规则的形状转化成了规则的圆柱体，便于计算出它的体积。

在动手实验的过程中，组织学生在 QQ 群里展示自已操作的过程，网络与手机的普及让展示动手操作的过程变得方便可行，更能激发起学生的动手实验热情，这种内心深刻的体验是仅做题目获得不了的。弗莱登塔尔认为“数学化

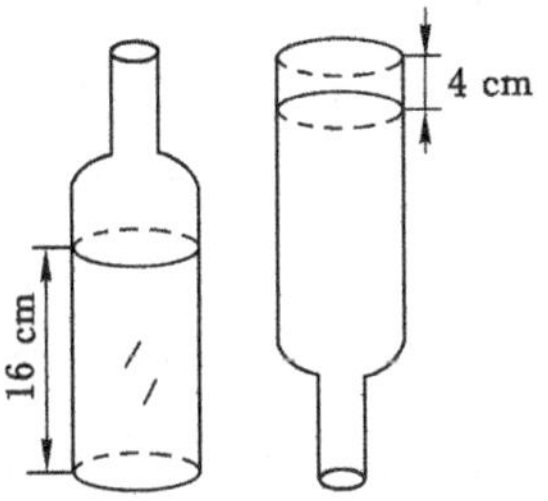

图 6

是数学教育的目标，学生通过自身努力得到的结论和创造是教育内容的一部分。”通过动手操作实验，体会其中的内涵，这其实是一种数学的再创造。教师在教学中不可图方便，让学生仅是通过文字叙述的考题来理解其中所内含的思想，还是要鼓励并且督促孩子做这样的数学实验。

教学中，课外的微实验，长线的课外研究性学习，更有利于研究意识的萌芽，综合素养的提升。再例如教学苏教版小学数学五年级下册的《统计》单元后，教师组织学生开展“蒜叶成长记”活动，学生亲自种植大蒜，分别放在房间里与阳光下进行对比观察记录。

在没有开始研究前，教师先引导学生猜测：你认为会有怎样的结论呢？

生：我猜测在阳光下的蒜叶应当长得快速一些。（其他学生也纷纷表示同意这个猜测）

师：究竟结论是不是符合我们的猜测呢？让我们开始研究起来。

在接下来的日子里，老师定时通过 QQ 群来提醒督促学生们定时记录。不过最后通过记录形成的结论却让学生们大跌眼镜。多数学生的实验证明，在室内的蒜苗生长速度要快于在室外栽培的蒜苗。为什么与我们开始前的猜测不一致呢？教师引导学生去分析其中原因，最后经过分析得出在 3 月份时，由于室内的温度要高于室外，可能是这个原因造成室内的大蒜生长速度要快于室外的。通过长达两周的观察测量制作，引导学生关注数据，学生的数据分析观念得以树立，研究意识开始萌芽，科学求真的理性精神慢慢浸润到孩子的内心深处。

3. 积累数学活动经验

开展数学实验能够有效地帮助学生积累丰富的数学活动经验，提升学生的综合实践能力。积累丰富的数学活动经验，需要和探究性学习联系在一起，使学生善于发现日常生活中的数学问题，提出问题，解决问题。[①] 数学实验是一种重要的数学实践活动，它是数学学习的有机组成部分。数学实验来源于日常生活，又高于日常生活。教师应引导学生拓展生活现实领域，扩大数学实验的范围。

学习了圆柱的体积计算以后，教师可以引导学生利用这个知识来测量不规则物体的体积。提问：我们学习了圆柱的体积计算，怎样计算一个土豆的体积呢？这是一个能引起学生探究欲望的现实问题，组织学生在思辨的基础上进行数学实验。

生1：土豆的形状是不规则的，我们可以把土豆煮熟了，然后拍成圆柱的形状。

生2：不要这样麻烦了，我们可以把一个土豆放到一个圆柱形状的茶杯里面，倒进水，测量圆柱的底面半径与高，然后计算出上升水的体积就是土豆的体积。

生3：这样做也是挺麻烦的，其实只要用一个量杯，放入水，再放入土豆，看水上升的体积，就是土豆的体积。

生2生3属于思维比较敏捷灵活的，其实大多学生对于“沉入物体的体积”就是“上升的水的体积”的理解是困难的，学生此时是以形象思维为主，对于抽象的逻辑推理是比较困难的。对于把“土豆的体积”转化成了“上升的水体积”，不能仅让部分学生在口头进行逻辑推理，不能停留于让学生去听这些孩子的逻辑表述，还要让孩子真正动起手来，亲眼看到水上升了，详细记录实验过程，学生在做的过程中才能慢慢体悟到其中所蕴含着的数学思想。当学生感觉自己像“科学家”一样实际测量计算、总结分析，学生会从这个实验中获得研究意识的逐步强化，享受到一种探究的快乐，学生在乐在其中，思在其中，综合实践能力得到有效提升。这样的数学实验中没有什么“娱乐”元素，学生会不会感到厌烦呢？实践证明，学生会喜欢的。正如曹培英所说的那样：“当数学能够深入到数学的内部，展现它自身的魅力时，那些从外部添加的趣味性，什么小狗、小猫的故事，五颜六色的教具，就可以少用乃至不用了。这也就是数学教学的一种返璞归真吧！”

综上所述，学生的关键能力与必备品格如同一枚硬币的两个面一样不可

---

① 陈燕虹：《“数学是人类活动”观点下的数学活动》，载《小学数学教师》2016年第6期，第31页。

分割，数学思想、理性精神、信念品质、价值判断、审美追求、思维品质等必备品格是渗透在基础知识技能的学习中的。在教学时，教师应注重学生研究意识的萌芽、巩固和强化等培养过程，优化知识技能的习得，通过动手操作、微课题探究、微写作、数学实验等研究性学习方式，展现知识的形成过程，经历问题的解决过程，让学生感受到数学的价值与魅力，培养必备品格，提升数学核心素养。

创造无限相信的数学课堂，调节学习情绪

学生数学学习的情绪问题，“一开始表现为短期的情绪反应，含较多的自发性、情感性成分。不良情绪的重复出现将使之渐渐凝聚，转变为认知性成分较多的态度以至信念。信念相对说来较稳定，形成以后不太容易改变，能反过来长期地影响学习态度及情绪，指导自己的学习行为”①，“这就提醒我们教师要防微杜渐，从日常教学做起，从点滴着手，注意积极地培养学生良好的情绪，态度和信念，并防止不良情绪的形成与发展。事后的补救往往会事倍功半”②。强烈的学习动机可以促进学生努力学习，但是解决不了学生数学学习中的情绪问题。下面结合教学实践谈一谈在日常教学中如何创造情趣化的课堂，培养良好的学习情绪，帮助学生沉淀下坚强的学习信念。

儿童主要是用形象、色彩来进行思维的，而数学学科本身具有抽象性、严谨性的特点，这是一对矛盾。苏霍姆林斯基说：“如果不想法使学生产生情绪高昂和智力振奋的内心状态，就急于传授知识，不懂感情的脑力劳动，就会带来疲倦，没有欢欣鼓舞的心情，没有学习兴趣，学习就会成为学生的沉重负担。”因此，把数学课上得有情趣应当是每一位数学老师的追求，而如何把数学课上得有情趣则需要每一位数学老师创造性地设计，形成自己的课堂教学风格，不断打磨课堂教学细节，努力提高课堂教学的“情趣度”。

一、师生的心境奠定课堂学习情绪的基调

导入部分会奠定一节课的基调，能否情趣共生，这个阶段至关重要。很多课堂之所以枯燥乏味，主要是教师还没有引导学生把注意力集中到课堂学习上来，没有调控好学生的学习情绪，就匆忙展开教学。

一位老师执教苏教版小学数学四年级下册《用字母表示数》的公开课时，在

① 张奠宙、李士绮、李俊：《数学教育学导论》，高等教育出版 2003 年版社，第 195～196 页。

② 张奠宙、李士绮、李俊：《数学教育学导论》，高等教育出版社 2003 年版，第 196 页。

课前谈话这个环节，与学生这样交流：

师：同学们，喜欢唱歌吗？

生：喜欢。

师：有这样一首大家耳熟能详的歌曲《字母歌》，让我们跟着视频来唱一唱。

轻松的音乐响起，学生哼唱着，紧张情绪缓解了不少。

师：英文字母有多少个？（26个）这26个字母拼合在一起会表示一些事物，你们认识吗？

教师出示麦当劳、肯德基等标志让学生进行辨认。

师：我有一次去肯德基吃饭，看到了这样一张招领启事：今有我店职工拾到一个钱包，内有人民币 m 元，请失主到值班室去认领。

师：为什么不直接告诉钱数，而要用 m 元来替代呢？这里的 m 元可以代表多少钱呢？

在课前谈话这个环节，通过交流，学生不仅缓解了紧张情绪，也从教师所呈现的材料中体会到字母在现实中有多种运用，以招领启事这个趣味素材引发学生思考失主的钱为什么要用字母来表示，感知到用字母可以代表不确定的数字，这为后面理解用字母表示数的实质做好了铺垫。

单调与枯燥是学生数学厌学的最大诱因，有情趣的课堂需要教师有意识地保持从容不迫的心境，要有“行至水穷处，坐看云起时”的淡定和闲庭信步的洒脱，唯有这样，才可能调控课堂行进的节奏和方向。有情趣的课堂要求老师做一个倾听者，安静而有耐心，听懂学生话语中的意思，让学生在心理上感到安全，这样学生才可能说出自己内心的真实想法，从而创造充满情趣的课堂。

二、运用“误导”技巧，制造认知冲突

在如今的教育现状下，学生在学习前对于新知早已不可能是一无所知了。例如对于3的倍数特征，在课前我搜集了一下学生对于新知的了解程度，班级里至少有一半的学生已知道了相关结论，近三分之一的学生能够正确判断一个数是不是3的倍数。如果在课堂一开始就提问：请同学们猜一猜3的倍数有什么特征？教师的本意是想让孩子由于思维惯性而说出3的倍数的个位是3、6、9，然后通过举反例得到3的倍数的个位没有固定的规律。但是课堂上一般不会出现这样的状况，事先知道结论的学生会马上“爆料”：一个数各个位上的数字加在一起是3的倍数，那么这个数就是3的倍数。如果教师“就坡下驴”，没有引导学生去举例验证，那么这样的课堂教学就会失去一次引导学生观察思考

的机会,变得索然无味,并且对于另外一半一无所知的学生也是不公平的。因此在教学中我采取"误导"学生的做法,使用一些特殊的例子让全体学生都经历一个思维惯性的过程,给儿童带来认知上的冲突,让课堂充满生机与活力。

师:2 和 5 的倍数有哪些特征呢?

生:个位上是 0、2、4、6、8 的数是 2 的倍数。个位上是 0、5 的数是 5 的倍数。

师依次出示 3、6、9、33、36、39、63、66、69,这些数是不是 3 的倍数呢? 由此我们还可以得到一个什么样的结论呢?

生:3 的倍数的个位上是 3,6,9 的数。

马上就有学生反驳:不对,我爸爸告诉我一个数各个位上的数字加在一起是 3 的倍数,那么这个数就是 3 的倍数。

生:3 的倍数与个位无关。

师:你是怎么知道 3 的倍数的个位没有规律的?

生被问得无语了。

师:在没有探究前,我们不能草率地说 3 的倍数的个位没有规律,个位上是 3、6、9 的数是 3 的倍数这个结论对不对? 我们要怎样做呢?

生:只要举个例子验证一下就行了。

师:请你来举个例子。

生(激动):比如说 13、26、19 的个位是 3、6、9,这些数的个位是 3、6、9,但是这些数不是 3 的倍数。

师:我们通过举例子归纳出了结论,然后又通过举例子发现了这个结论是有问题的,到底 3 的倍数的个位有没有固定的规律呢? 如果没有,那这些数各位上的数字加在一起有没有规律呢? 为什么会有这样的规律呢? 这节课我们就来研究这些问题。

实现富有情趣的课堂,还可以制造认知冲突,这是师生交流的艺术,是教师实现情趣课堂的有效手段,也是情趣课堂中最"沁人肺腑"的环节。例如在《质数与合数》教学中,用同样大的正方形拼成长方形,学生用 3 个小正方形拼出 1 种长方形,4 个正方形拼出 2 种正方形,12 个正方形拼出 3 种长方形后,教师引导如下:

师:你们有什么发现吗?

生:如果给出的小正方形越多,拼出长方形的种类就越多。

师故作欣喜状:从这几个例子确实可以看出,给出的小正方形越多,拼出的大长方形种类就越多，同学们的观察能力真强。此时，师故作停顿，看着学生一句话也不说，学生若有所思。

一个学生惊呼：不一定！

师：不一定？说话要有依据的哟。

生：确实不一定。12个正方形可以拼出3种长方形，而13个同样大的小正方形却只能拼出一种长方形。

其他学生也纷纷发表自己的意见。

师：孩子们，用同样大的小正方形拼长方形，有的时候只能拼出一种，有的却不止一种。看看这几个例子，你发现当小正方形的个数是多少时，只能拼出一种长方形呢？

师生交流后提炼出质数的概念。

这个教学过程可以说是“风生水起、情趣横生”，师生身心投入其中。这一切都得益于教师切合学生思维特点的教学设计。教师事先预料到学生会有这样的误判，故意引导学生得出错误结论，故意停顿不说又让孩子们发现自己被“误导”了，充满情趣的数学概念学习就在这样的一张一弛中悄然发生了。

三、创造成功机会，奠定情趣基调

一些教师的公开课灵动睿智，大气高效。这其实不是老师一节课的功劳，台上一分钟，台下十年功，这是平时创造情趣课堂，注重培养学生学习自信心的结果。数学本身的抽象性是使一些学生产生厌学的重要原因，并不是教学中照顾到了数学的本质特征，就会给学生带来不快的学习情绪。给学生造成不快的学习心理情绪的主要原因是屡次失败的内心体验，形成了条件反射性的不快情绪。对于数学学困生而言，保护他们对未知的好奇心与求知欲，给他们创造成功的机会比什么都重要。让学生有成功的心理体验胜过教师与家长任何高昂动听的激励性语言。学生在数学学习中，如果很少能有成功的机会，那么他们会对自己的“智商”产生怀疑，信心受到严重打击，形成恶性循环，造成厌学现象。希望各位教师能够创造情趣课堂，选择难度适中的学习内容，让一个又一个的成功成为激发学生学习积极性和兴趣的垫脚石。

无限相信儿童，保持对未知的“胃口”

作为数学老师，我很不愿意学生被提前告知一些问题的结论。比如三角形的面积计算公式，不少家长以及一些辅导机构给孩子辅导的时候，直接告诉了学生如何计算三角形的面积，然后进行大量的练习，这样导致学生在学校里再学习这部分内容时，会对新知失去了应有的新鲜感，教师很难再挑起学生探究新知的欲望。而很多老师在教学中又大量采用“先学后教，以学论教”的方式，而这种方式又进一步异化成了“新知速成，大量做题”。三角形面积计算公式的推导过程又是数学教学中的核心知识，这个数学核心知识是提升孩子核心素养的最佳载体，但由于“提前学习”的干扰，学生没有兴趣去经历化未知为已知的过程，品味不到自主构建的快乐，自然也不会有深刻的体验。这就好比一个感冒的病人，不经过专业医生的检查，就自己胡乱服用各种抗生素。这给后面看病的医生带来很大的麻烦。有时药效不明显，可能的原因就是这位病人体内已形成了各种抗药性，再好的药也发挥不了其应有的作用。

数学是研究数量关系和空间形式的科学，它有这样三个特性：抽象性、严谨性、应用的广泛性。而小学生的思维特点正在经历着由具体形象思维向抽象逻辑思维过渡的阶段。从这个层面看，数学的特点与儿童思维特点是一对矛盾，这也是不少孩子感觉数学枯燥、没意思，不愿意学习的重要原因。如何保持孩子面对未知的良好“胃口”呢？以下是我的几点建议。

一、学会区分“好问题”与“坏问题”

苏步青说：“学习数学要多做习题，边做边思索。先知其然，然后知其所以然”。一定量的训练，是学生学好数学的保证。但问题也有“好问题”与“坏问题”之分。“坏问题”不仅无助于学习，反而会加重学生的负担，引起学生的厌烦感，更加不利于学生在考试中取得好成绩。什么样的问题是好的数学问题呢？蕴含着数学思想的问题是好问题，这类问题具有迁移性与生长性，有助于孩子形成科学的思维方法，帮助学生举一反三，深化学生对于数学知识的理解。

题1：一个梯形，上底126米，下底比上底的2倍少40米，上底是高的6倍，这个梯形的面积是多少？

学生已经知道了梯形的面积计算公式，而问题中故意不告诉学生的下底与高，让学生去求，人为编造的痕迹很重，这就是一个“坏问题”，长期做这样的习题怎会让孩子不心生厌烦呢？

题2：用两个完全一样的梯形可以拼成一个正方形，已知梯形的上底与下底的和是8厘米，梯形的面积是(　　)平方厘米。

同样是考查梯形面积计算类的题目，这道题则很有价值，需要学生判断出两个完全一样的直角梯形拼成的才是正方形，上下底之和是8厘米，从而判断出梯形的高也是8厘米，通过这道题考查了梯形面积公式的推导以及相应的推理能力，这是一道具有生长性的“好问题”。

二、追求学而不厌的心理状态

“学而不厌，诲人不倦”是学生乐学、教师乐教的理想追求和至高境界。“学而不厌”是基于学习者对学习活动具有强烈而持久的认知偏好、探究意愿和情感体验，并伴随坚定的意志行动，使其热爱学习、迷恋学习、坚持学习。愉悦学习老师与学生们共同期待的，但是不要奢望数学学习总会是快乐的。强调愉悦学习，是要给孩子一个快乐童年，避免为了应付考试而采用题海战术无限增加学生的学习负担，但是这并不意味着学习总会是快乐的。如果我们一味给孩子灌输“愉悦学习”的观念，对于不少孩子来说，他们学习数学的真实感受并不快乐，这就会给孩子造成许多困惑，进而对学习产生厌烦。学习从来就不是一件轻松的事，国外也一样。没有经过苦逼的学习过程，就不可能有快乐的学习成绩。数学学习是苦乐相伴的过程。只有经过苦思冥想才可能品尝到成功解决问题后的欣喜与成就感。数学学习就像登山一样，山越高越陡，成功登顶的喜悦之情就会越强烈，并且这种喜悦是由内而外的深度喜悦。孩子遇到一些数学题目愁眉不展是一种正常的现象，而适度的愁眉不展是产生学习欣喜感的必要铺垫。数学学习最终追求的是一种学习的快乐，能够带给学生深度快乐的内心体验。当然，遇到难题而解不了，多次失败会让孩子失去信心，产生恐惧心理。这就需要教师适时介入，帮助并激励孩子，变换教与学的方式，运用数学故事、数学绘本、数学实验、数学游戏、数学课外综合实践活动来促进学生对数学产生兴趣，保持对未知的渴望，但这些也仅是一种调剂式的改变，不可能改变所有学生对数学学习的内心真实感受。在目前娱乐游戏流行的情况下，这些东西也不可能激起所有学生的探求欲望。因此树立数学学习其实质是一个苦乐相伴的理念就非常重要，有了这种心理预期，学生就会接受数学学习中可能带来的枯燥与困难。

三、数学学习应基于学生的独立思考

没有经过孩子的独立思考，匆忙开展的讲授与讨论犹如无源之水、无根之木，更谈不上会有个体的创见，这样做反而会掩盖一些学生的思维障碍，产生思维惰性。教师不要急于告诉，而是要善于等待，先让孩子说一说自己是怎样想的，到底思路被“堵”在了哪个地方，然后有针对性地智慧点拨；否则，不仅会让孩子失去重要的思维冲刺机会，还会养成人云亦云的思维惰性。

四、善于借助形象思维，深刻理解

数学是抽象与严谨的，但数学同时又是形象与活泼的。教师要注意遵循儿童的身心发展规律，借助形象思维理解问题本质。

小芳的钱是小玲的 3 倍，如果小芳拿出 2.4 元给小玲，两人的钱就一样多，两人各有多少钱呢？（图 1）

这道题如果不借助形象思维的话，学生很难解答出来，即使解答出来也不能深刻理解。教师可以引导儿童运用画图的策略来表达自己对数学问题的理解，学生能够画出如下这样的线段图后，他们就会理解拿出的 2.4 元就是其中的一份，因此小芳的钱就是 2.4×3=7.2 元。

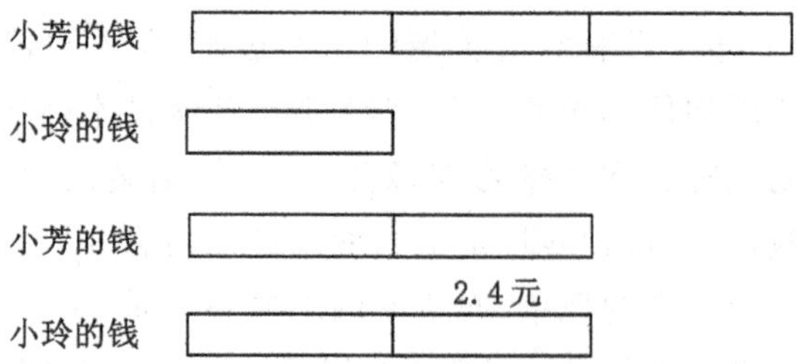

图 1

一个孩子有没有发展的后劲，关键是看他在考试完以后，还愿不愿意继续拿起书本来读、是否愿意继续去探求新知，换句话说他是否对未知保持着良好的“胃口”。这是一个人终身学习，追求成功的能量驱动。保持学生对于未知的“胃口”，这是每一位教师与家长在教学与指导中需要密切注意的问题。

无限相信学生，促进数学理解

一、数学理解与外部行为表征

从建构主义理论来看，理解实质上是学习者以信息的传输、编码为基础，根据已有经验及认知结构，主动建构内部的心理表征，并进而获得心理意义的过程，也就是建立相应的认知结构。这种内隐的心理学上的变化，必然带来一些外显上的变化。《义务教育数学课程标准》（2011 年版）附录中把理解看成了一个动词，这样来解释理解：描述对象的特征和由来，阐述此对象与相关对象之间的区别和联系。这个可以看作是理解外显上的变化。怎样具体判断学生理解了所学的知识呢？

1. 能否用语言表述是衡量学生对于数学知识是否理解的标志

（1）能够讲清知识与生活经验之间的联系与区别。比如数学上的角，学生能够自己认识到角是一种从一点引出两条射线的平面图形，不是指桌角、墙角的角。

（2）能够讲清新知识与旧知识之间的联系。学生能把一些难以理解的知识放到情境中去理解，在实际背景中加深理解。比如小数乘小数，为什么以往是越乘越大，现在会出现越乘越小的情况？把它们放到具体的情境中去帮助学生理解，可以打破学生的认识局限，帮助学生重组认识结构。

在复习的情境里，能画出概念间的关系网，能讲清楚知识的来龙去脉。例如教学苏教版小学数学五年级下册分数的《“认识分数”单元复习》，引导学生梳理总结，最后归纳成知识结构图，以利于学生融会贯通。

（3）学会讲理，知道所学知识的本质是什么。数学是讲“理”的科学，哪怕是一年级的数学教学。教师要学会如何通过讲理，使学生理解所学知识的本质。比如“小数的性质”，其实质就是“分数的性质”：分子与分母同时扩大 10、100、1 000倍或同时缩小为原来的$\frac{1}{10}$、$\frac{1}{100}$、$\frac{1}{1\ 000}$，小数的大小不变，通过各种看直尺、数轴图等方式让学生认识到小数其实质是一种分母为 10、100、1 000……特殊的分数。

(4) 用自己的语言表达对数学的思考。学生能从不同的角度对所学知识做出解释,能根据概念举出恰当的例子。比如有的教师在教学时,引导学生写相关的周记与日记,以数学小论文的形式来表达自己对所学知识的理解。这种方式对于提高学生学习数学的热情,扩大信息量非常有效,因此引导学生扩大数学类信息的阅读量,有利于提高学生的数学理解能力。但在实际操作中,关键是让学生想读、愿意读,需要营造舆论氛围,组织相关阅读活动,提高学生的阅读理解能力。

2. 能否进行实际画图、操作是衡量学生是否达到对数学知识深刻理解的重要标志

例如学习了一个数比另一个数多(少)百分之几,在考试中要求学生画线段图表示“美术组人数比舞蹈组少 20%”。学生需要判断把哪一种人数看作标准,平均分成多少份(图 1)。

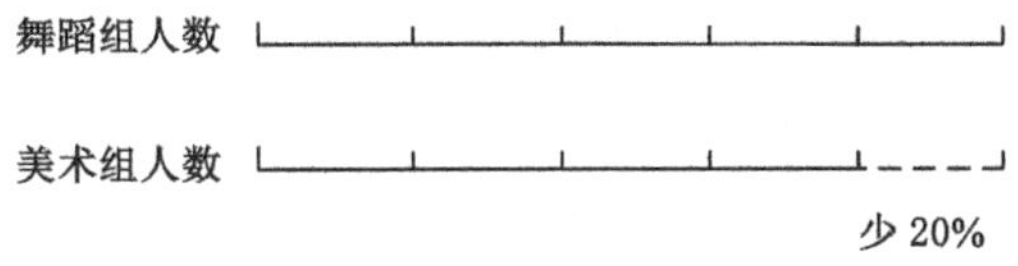

图 1

让学生根据线段图写出数量之间的相等关系,如果学生能够正确地画图并写出相关的相等关系,说明学生真正理解了“美术组人数比舞蹈组少 20%”的真正含义,否则他很可能还停留在机械模仿的解题阶段。因此从某种意义上说,做到了直观上的理解才是真正的理解。

3. 能否具体运用是衡量学生是否达到对数学知识深刻理解的关键标志

例如在学习公倍数与公因数的时候,学生对于公倍数与公因数能否区别开,关键看他们是否能够正确应用公倍数与公因数的知识解决类似下面的问题。(图 2,图 3)

二、促进数学理解的策略

1. 建立起非人为和实质性的联系,形成认知结构

认知结构是人们在对客观事物的感知和理解的基础上头脑里形成的一种心理结构,是个体认知活动的产物。要让学生达到确切的理解,关键是要能帮助

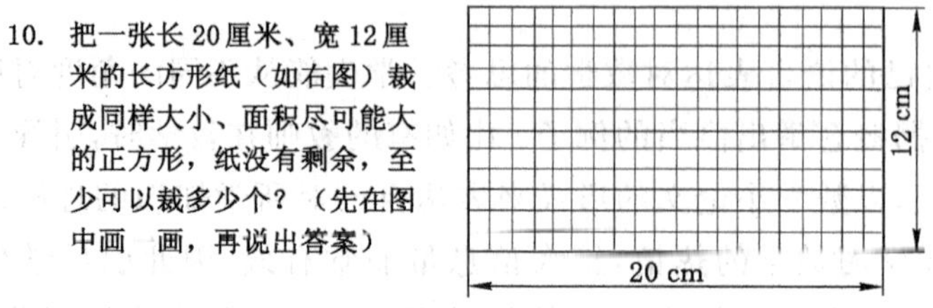

图 2

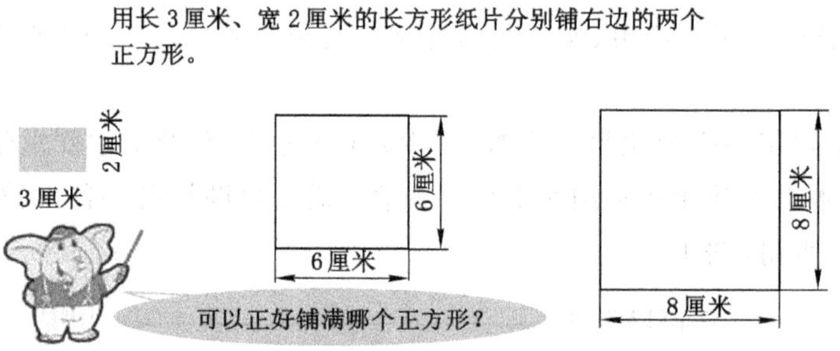

图 3

学生准备好已有的认知结构，以便组织新概念。学生所学的新知识，与认知结构已有的适当知识，本身就存在某种固有联系。这种联系就是“非人为和实质性的”，它们只是目前存在于不同的载体中。学生如果能把两者原有的“非人为和实质性联系”认识出来、建立起来，也就建立了“非人为和实质性的”联系①。比如正方形是特殊长方形，它们之间的联系就是非人为和实质性的联系。建立了联系，也就形成了结构。组织认知结构有两种方式，一是同化，二是顺应。例如根据长方形的特征推理正方体的特征，这是一种同化，学生理解相对较简单。在教学认识分数的第二阶段，原先是把一个物体平均分成若干份，其中一份是几分之一，而现在是把一些物体看成一个整体平均分成若干份，其中一份中的个数是不固定。这对于这个发展阶段的孩子来讲是一种挑战，需要打破原有的认识结构，顺应知识的形成。数学教育心理学相关研究认为，在数学学习中大部分过程是顺应过程，这是数学难学的一个因素。

例如教学平行四边形的面积计算以后，课件出示下面的图形（图 4）：

① 涂荣豹、季素月：《数学课程与教学论新编》，江苏教育出版社 2007 年版，第 435 页。

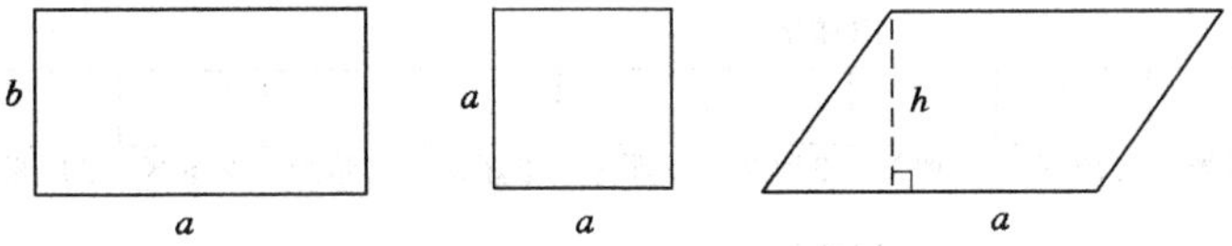

图 4

师：平行四边形的底和高正好是它的一组相邻的底边时，就成了长方形或正方形（课件演示图 5）：

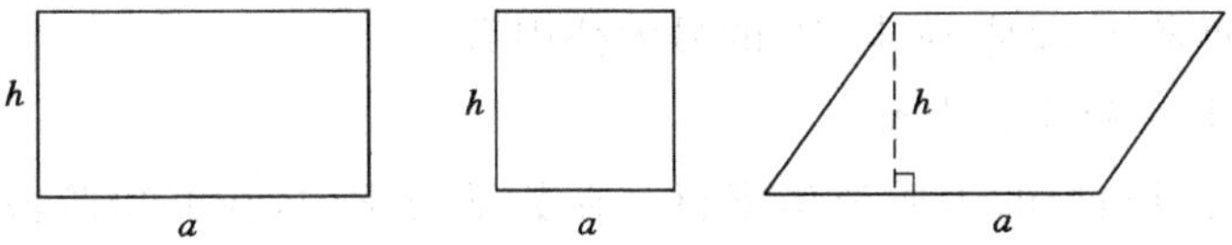

图 5

师：作为特殊的平行四边形，长方形与正方形的面积计算也可以用 $S=ah$ 表示吗？

生：长方形的宽其实就是它的高，正方形的边长其实就是和底相等的高，也可以用 $S=ah$ 来表示。

通过课件演示，分析异同，学生把长方形与正方形的面积计算也“归”到了平行四边形的面积计算中去，建立了本质联系，完善了知识结构，加深了对这一公式的理解。

2. 借助形象，促进理解

数学家克莱因认为：数学不是依靠在逻辑上，而是依靠在正确的直观上；数学的直观是对概念、证明的本质把握。对于儿童来讲，能够做到直观上的理解，才是真正的理解。通过形象加深对于问题本质的观照，寻找数学对象的直观模型是有效发挥几何直观促进理解的重要环节。

【案例】 教学公因数这节课，还可以这样引入，更能使学生理解因数以及公因数。过去在教学中，由一个自然数的乘法算式，把其中的一个数叫作积的因数，学生往往鹦鹉学舌，其实并没有真正理解因数。

教学公因数，可以通过直观图来加以深化。教师出示下面两根彩带（图 6）。每 2 厘米一段，可以把 18 厘米与 12 厘米正好分完，没有剩余。2 既是 18 的因数，又是 12 的因数，2 是 18 与 12 的公因数。

同理，12 厘米与 18 厘米还可以分成 1 厘米、3 厘米、6 厘米同样长的一段，

图 6

其中最长 6 厘米，6 就是 18 与 12 的最大公因数。

3. 突出数学知识的本质

教师要着眼知识的本质教学素材。在数学教学中，在开始阶段，要注意突出知识的本质属性，使本质属性先入为主，得以强化。比如在《认识周长》这节课中，教学中要直奔知识的本质，才有助于理解。可以在钉子板上用绳子围出长方形、正方形等图形，然后剪开测量，得出周长。通过这个活动学生可以正确感知图形的周长，正确地理解周长的概念。作为教师来讲，要尽可能地预先判知学生可能出现的错误，暴露出学生的潜在的意识，从而更好帮助学生理解数学知识。

例如教学三角形的特征。三角形具有稳定性，这里的稳定性实质上是指当三角形的三边确定了，那么三角形的形状与大小就不会改变。而以往教学中，教师会让学生去拉木条做成的三角形与平行四边形，结果出现了把三角形与平行四边形都拉变形的情况，误导学生把三角形的稳定性等同于“稳固性”。一位教师在教学时是这样借助操作教学时三角形的稳定性的。

师：三角形为什么不容易变形呢，你想知道这里面的奥秘吗？下面我们来拼一拼。老师为每个人准备了一个学具袋，大袋里装的是都是这样的四根小棒，小袋里装的都是这样的三根小棒。请拿大袋的同学拼一个平行四边形，请拿小袋的同学拼一个三角形。

学生操作。

师：老师收集了一些作品，请大家观察这些同学摆的平行四边形和三角形，比一比，你有什么发现？

生：同样的四根小棒可以拼成多种平行四边形，而同样的三根小棒只能拼成一种三角形。

师：请大家看屏幕，同样的四根小棒可以拼成多种平行四边形，而同样的三根小棒只能拼成一种三角形，也就是说，三条边的长度确定后，这个三角形的形状和大小就不会改变，这就是三角形的稳定性。

通过操作，突出数学知识的本质，促进了学生的理解。

4. 加强对比，促进理解

加强对比是沟通知识之间联系的重要策略，通过对比能更好地认识知识的内涵，分辨知识的外延，促进对于知识的理解。

例如教学苏教版小学教学五年级上册《列举——解决问题的策略》，在练习时应当安排如下的对比练习：

小强沿着方格纸的格线画长方形。（每个方格的边长都是 1 厘米）

(1) 如果画出的长方形的周长是 24 厘米，有多少种不同的画法？请填写表 1。

表 1

长/厘米	
宽/厘米	
面积/平方厘米	

(2) 如果画出的长方形的面积是 24 平方厘米，有多少种不同的画法？请填写表 2。

表 2

长/厘米	
宽/厘米	
周长/平方厘米	

在列举求答案这个问题时，学生往往因为搞不清周长与面积而列举错误，教师可以有意识地通过此题进行对比，借助实际操作，引导学生理解列举之前应当考虑什么因素，使学生真正理解如何列举。

5. 借助变式与反例，促进理解

所谓变式就是变更对象的非本质特征的表现形式，变更观察事物的角度或方法，以突出对象的本质特征，突出那些隐蔽的本质要素。一句话，变式是指事物的肯定例证在无关特征方面的变化。[①] 让学生在变式中思维，可以使学生了解哪些是事物的本质属性，哪些是事物的非本质属性，从而更好地掌握事物的本质规律。

通过非标准变式，突出概念的本质属性，可以促进学生对数学概念的理解。例如学习苏教版小学数学二年级下册《角的认识》时，可以出示下面非标准变式图形（图7）：

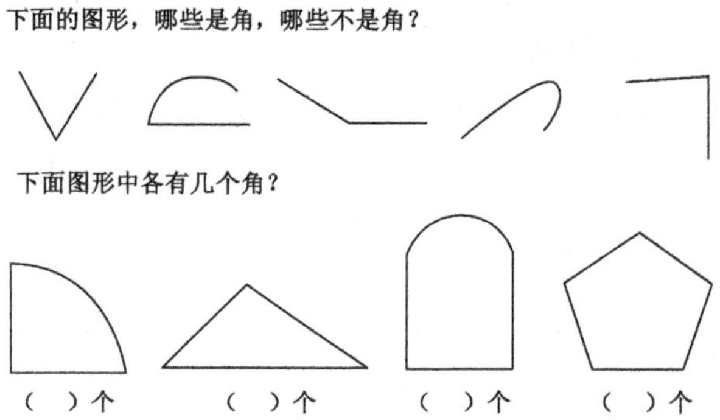

图 7

学生对于数学概念、结论的认识有时要通过反例来加深理解，因为反例提供了最有利于辨别的信息，对概念认识的深化具有非常重要的作用。例如教学苏教版小学数学六年级上册《比的认识》时，在揭示了比的概念以后，观看足球赛视频片段，引导学生辨析比分3∶0，为什么这里比的后项可以为0，这个比与我们今天所学的比表示的意思一样吗，从而使学生认识到足球篮球等体育比赛中的比，不是表示相除关系的比。

数学理解是一个过程，数学理解是随着年龄增长而发展的。我们都有这样的体会，一些知识我们在刚学的时候不能理解，多年以后，以高中的学习背景来看小学初中学习的难点，就有一种居高临下、豁然开朗的感觉。这告诉我们追求数学理解是一个过程，但是有些东西是需要学生达到一定年龄，心智成熟到一定水平才可能理解的。因此教学过程中有的时候学生一时不能理解，教师也不要因此而耿耿于怀，很多情况下理解是需要时间来铺垫，需要岁月来沉积的。

① 曹才翰、章建跃：《数学教育心理学》，北京师范大学出版社2006年版，第116页。

无限相信自己，驶入专业发展的“高速公路”

如果把教师的专业化发展看作是一辆大货车，没有人不希望自己的这辆“车”能够驶入“高速公路”。在驶入之前，必须给自己的这辆“车”装上这样六个“轮子”。装得不好，即使驶入“高速公路”，“轮子”也会漏气，半路抛锚的。

一、你行，一定行

很多教师，尤其是农村教师，往往有一种自卑的意识：在农村工作，有什么出头之日，能有什么大的发展呢？自己的底子这么薄，没有外出学习的机会，没有与专家交流的机会，已经失去了发展的先机，即使努力也不会有太大的发展，还不如就这样厮混下去，了此残生。

很多教师之所以不愿意努力，主要原因还是把自己看得太轻，认为自己成功的可能性非常小。研究表明人与人之间智力上的差距极小，主要的差距是在意志品质以及看待自己的态度上。不想当将军的士兵不是一位好士兵，在这里并不是号召大家把目标都盯上学校校长、教育局长的位置去努力工作。而是这句话说出了一个道理，那就是每一个人都要给自己的人生找一个坐标，确定一个人生目标，在这个坐标上向着目标不断地努力，不断地接近，最终你一定会获得人生的圆满。

福建省安溪县教师进修学校教研员林润生老师，在 1970 年因言致祸被分配到一座高山的教学点上工作。起初他也心情苦闷，认为自己这辈子就会这么混下去了，但是他从铁观音茶上受到启发：是这相对贫瘠的红壤，相对低温、湿度大和多云雾的高海拔云雾，芽叶在缓慢地生长中，才蕴蓄了铁观音茶丰富的营养和浓郁的香味。他的心渐渐地归于平静，逐渐地抛弃了自轻自贱的意识，把心思都用到了教学中去。由于他身在乡野，真正的专业发展是在而立之年以后，比起现在的新生代教师的专业发展至少要晚 10 年的时间，而且没有任何人对其提携，他经常孤身一人如坐枯禅般地读书。由于不懈的努力，永不气馁，他最终获得了令人瞩目的教学成绩。他被调入进修学校做教研员，先后五次被选入参加人教社九年义务教育小学语文教科书与教师教学用书的修订工作，被评为特级教师。他感慨地说：教师的专业成长，犹如爬山，每走一段路都会看到不同的美景，只要奋力攀登，用心体会，即使不能爬到山顶，也会时时有收获的欢欣！

林润生老师的起点很低，开始是在教学点工作，恐怕没有比这再低的了。教学的魅力吸引着他，更重要的是他从没有认为自己不行，认为在教学点工作就没有什么出息。联想到现在的一些教师，工作分配到一所条件相当不错的学校，工作量也不算太重，却自轻自贱，把前进中遇到的困难想象得比天还要大，还没有去努力，就已经承认自己不行了，承认自己失败了。这一部分消极的教师不要说攀登山峰，就连来到山脚下，仰望山川美景的勇气与兴趣都没有。自己认为自己不行，怎么可能会创造精彩的人生呢？林老师的人生起点如此低，却凭着不服输的劲头成就了辉煌的人生。青年教师应当从中汲取经验，在教育这片天地里成就有价值有意义的人生。

2008年被评为“中国长三角最具影响力校长”的江苏锡山高级中学副校长唐江澎，在1979年成为高考“状元”，但由于病残的腿依旧迈不进大学的门槛，以“民办教师”的身份进入一所重点中学任教。“天生我材必有用”的自信与“唯我不得出”的浩叹激荡着他。病残的腿虽使他有些不便，但从没有让他感觉到自己不行。他边学边教，边教边学，就这样走过了20年。他曾自嘲，除了正规大学没上过，他读过“五大”（电大、函大、夜大、刊大加上在职进修）。他的付出换来了丰硕的回报：1993年教育部、人事部授予他“全国教育系统劳动模范”称号、“人民教师”奖章。2000年他被江苏省人民政府评定为中学语文特级教师。1996年被江苏省教委授予“红杉树优秀园丁银奖”。他先后在全国10余个省市做专场报告、开公开课，受到钱梦龙等专家的高度评价。近年来，他还应邀至省内外部分高校、中学做学术报告40余场。

唐江澎的身体条件与受教育的基础比我们正规院校毕业的教师要低许多，他之所以会成功，主要源于他那种坚强的学习韧劲，以及自命不凡、不甘失败的心态。学习，是他生命存在的方式。他在骨子里从没有认为自己是不行的。这种自信的心态让他在面对所有困难时从不气馁，面对所有挑战时从不退却。这种精神是成功的基石。正处于自轻自贱、顾影自怜心境中的农村青年教师应当能从唐校长的成功中看到希望的曙光，驶入专业发展的“高速公路”。

二、从人事纷争中挣脱出来

一所学校就是一个生态林，林子大了什么“鸟”都有。我们不能要求所有的教师都识大体，胸怀广阔，任劳任怨。在绝大多数的学校中，领导与教师、教师与教师之间或多或少地存在着矛盾。这些矛盾错综复杂，任课量的多少、检查中的不公平现象、中层干部的任免、荣誉的分配、利益的均衡等因素缠绕在一起，想在短时间内理清头绪几乎是不可能的，其实在很多情况下也是不需要理清头绪的。作为一个想在专业上有所发展的教师一定要学会从这种人事纷争中挣脱出来，否则分神分力，与一些好事者搅在一起“愤世嫉俗”，只会白白浪费自己大好的光阴，错失专业发展的先机，带给自己无尽的苦恼，同时也在别人眼中给自己的形象抹黑，影响自己在学校里的发展。有这样一位年轻教师，被分到一家单位，本应当抢挑重担，但这位年轻人对分配给自己的工作锱铢必较，不肯多干一分一毫，多干了就认为是自己吃亏了。这种斤斤计较的举动给校领导留下了非常不好的印象。他又与学校里一些好争好抢的人为伍，总抱怨学校处置事情不力，任务分配不公，从而造成人际关系极差，大家都感觉这位年轻人小肚鸡肠、斤斤计较、不求上进。于是学校外派学习很少考虑他，也很少给他压重担，从不让他担任公开课等重大教研活动的主角。几年下来，与他一块儿进入这所学校的年轻人都成长为教学骨干，进城的进城，提拔的提拔，这时他才开始反思自己毕业以来的所作所为，悔青了肠子。幸好为时还不算晚，但要想改变别人对他的印象，需要他付出更多的努力，更重要的是浪费了金子般的年华，错失了发展的先机。

其实在学校里对于教学任务的分配，不可能做到绝对公平，因为学校里教师的能力水平、年龄、家庭背景等情况不一，我们不可能要求快要退休的教师和小伙子的教学任务一样重，不可能要求身体较弱的教师同年富力强教师的教学任务一样重，不可能要求能力水平较低的教师去担任与他水平不相称的教学任务。有的人少干了，必然要有人多干，这就是在分配工作中不可能公平的原因所在。可是有的教师始终不能认识到这一点，或者是能认识到这一点但不愿意接受这一点，以至于在分配工作中与学校吵吵闹闹。体谅学校难处的教师才能被学校体谅，体谅别人难处的教师在遇到困难时才能被别人体谅。

主动有意识地从人事纷争中自我挣脱出来，安静地做事，安心地工作，方能静中生慧，快速地提高个人的专业素质，同时也会在别人的眼中留下吃苦耐劳的印象，建立良好的人际关系，更重要的是静下心来会给孩子们创造更多的发展机会。

三、服从于制度,而又不要被制度所困

每所学校的管理制度都是针对大多数人设定的,因此很难适合每一个个体。比如制度规定教师备课的字迹要工整,这是对教师们要认真备课的要求,但对于每节课都要精雕细琢的教师来讲又是一种伤害。因为备课的过程是一个不断否定自己的过程,在书写上不可能做到那么“齐整”,有时还要有一些涂抹与修改,而这些在进行业务检查时是要被扣分的,当然就很难获得高分了。“针尖不能两头快”,在书写工整与钻研教材方面孰轻孰重呢?这就需要教师自己斟酌了。想在专业上有所发展的教师就不会为这个制度所困,但又不能不服从这个制度。因此这些教师往往在备课检查上得分并不高,但他在班级考试成绩、论文获奖、文章发表、学生评价等方面早就把这点缺失找补了回来。

制度与学校教学管理的实际情况绝不是不可调和的矛盾,在制度与现实之间有很大的空间可以供我们自由舞蹈。永远不要被制度所困,而是要利用制度,促进自己专业素质的快速提高。

四、不要把专业的发展寄托在领导的更替上

外出学习,听室友聊天,我发觉有一个普遍的现象,就是讲述自己所在学校的领导如何不是“东西”,自己在学校如何受到排挤。女为悦己者容,士为知己者死,如果学校的领导对他能好一些,他就会好好工作,以示报答。我们不否认会有这些事情的发生,是人群存在的地方就会有矛盾。如果换了一个开明的领导,他就会好好地工作,现在这个领导如此“混账”,如果把工作做好了,不是说明这位领导工作开展得有声有色吗?这是这些教师的想法,或者说不愿意努力工作的借口。这些老师把工作看作是给领导做的,是做给领导看的。这在认识上是幼稚可笑的。这所学校是公办学校,是学生给了我们工作的机会。没有学生,我们就失去了在此存在的价值。我们的目的是服务于学生身心的健康和谐发展。我们提高专业素质的目的是更好地服务于学生,加重自己的生存砝码。我们工作绝不是干给校长看的,更加不是为了校长,而是为了我们自己,为了我们能有充实幸福的人生,为了我们服务的学生能有光明的未来。如果我们把自己专业化发展的进程寄托在领导的身上,无异于把自己的命运放在别人的手掌上。还有的教师希望换上一个能欣赏自己的领导,自己就能好好干,这不是很可笑的吗?把自己的发展寄托在领导的更替上,自己不就是成了一个任人操纵的人了吗?相信一定不会有任何人希望自己被操纵,可是在无意识中很多教师

却都在被别人操纵着。一个教师群体教学风气如何,影响着一位教师对教学的看法,对职业的认同,实质上自己已经被操纵了。

一位教师如果有坚定的教学主张,有特立独行的教学见解,不论他处于什么类型的领导管理之下,不论他处于什么样的校园风气之中,他都会独善其身,始终高速地发展着自己的专业素养,享受着教学的幸福。天道酬勤,“老天”不会辜负善良努力的人,不会对不起惜时如金的人。闷头拉车,不断地努力,不要期望领导会给自己的发展带来翻天覆地的变化,不要渴望领导会给自己创造理想的发展机会。有了这种心态,你就会得失随缘,宠辱不惊,不会被外界的因素影响到自己的情绪。有了这种心态,领导是否英明、如何更替都绝不会影响到自己的专业发展。笔者身在农村教育一线,在刚开始工作时也曾一度产生因能力尚可却没有得到重用的“块垒”,因此在工作中虽卖力,但却找不到工作的快乐,患得患失。随着自己主动地调整心态,不再在乎领导对自己工作的评价,不太在乎别人对自己教学质量的评价,这样想后,反而能在工作中放得开,把所有的注意力放在课堂上,聚精会神地进行课堂教学改革,课堂教学开展得有声有色,感到教育生活有滋有味。

五、有“为”才能有“位”

当前,一股浮躁的气氛笼罩着教育界,一些原本没有能力从事这一工作的人却成了管理干部,而社会上的歪风邪气,也刮进了教育界。这些因素严重地干扰着教师的专业化发展。一位有良知的教师要善于调控自己的心绪,清醒自己的头脑。

对于青年教师来讲,没有人不想成为学校的教学骨干。通过努力获得一官半职,这甚至是一些青年教师们的梦想。但现实告诉我们,有的青年教师认识不到有“为”才能有“位”的道理,而是希望通过跑关系走偏门达到目的,当然也不乏通过这种途径的成功者。而通过搞个人关系成功地走上领导岗位的教师又会“激励”后来者,由此形成了恶性循环。造成这种现象的主要原因是一些不负责任的主管领导在用人方面不是任人唯贤唯能,而是任人唯亲、任人唯钱。这样的不负责任的领导很大可能会把一个地方搞得乌烟瘴气,使后来想干好工作者困难重重。

不可否认,在人事管理上,现在有不少问题,但我们也更应当看清一个趋势,就是人事任用上日趋公平、日趋科学。唯有修正自己的品行,把工作做好,方能赢得上下信服,只有这样才不是虚列其位,才能在位子上做出卓越的成绩。

洁身自好的教师千万不能守不住寂寞。如果忍不住去同流合污，即便一时会成功，毕竟也不能让别人心服。不负责任的领导他自己在位子上也不会坐得长久，很有可能得不到“善终”。没有作为的教师通过“捞偏门”的手段混了个位子，终究也会遗人话柄。即使坐在那个位子上，他也做不出让人信服的成绩来，因为他一定不会把精力全部用在工作上，他的眼睛始终向上看，他始终在“浮想联翩”，幻想坐到更高的椅子上——当然不是通过扎扎实实地干好工作去赢得这些，而是力图重复使用原先轻松地“走偏门”的方法。

有“为”才能有“位”放在任何时候都不过时，哪怕是在最“黑暗”的学校。因为不论处于什么样的氛围，不论是什么品行的领导，都是欣赏愿意做工作的下属，有能力做好工作的教师，都是愿意把机会给这些人的。有“为”才能有“位”的老师可能在发展速度上有些慢，但这是慢慢积淀而来的，这种得来的“位”让自己的内心踏实，让别人心悦诚服。

六、自己给自己创设和谐的研究氛围

“独学则无友，孤陋则寡闻。”一位教师在专业发展上如果能有几个志同道合的朋友，自觉结成专业发展共同体，这会极大地激发他的研究兴趣。在前进的道路上一路有人同行，有倾诉自己心声的对象，有思想交锋的对手，处于这种和谐交流的氛围中，他的思维一定会更加深刻，更加开阔。一路研究，一路交流，没有孤独行走的悲壮，没有苦苦研究的苦闷，工作中的快乐与趣事也会开朗你的心情，你的共享又会给这个群体带来无限的风光。

但同时在研究共同体中，也会有自己业务上的“对手”，而“对手”又会咄咄逼人，他们的妒忌与羁绊又会给自己带来烦恼，比如互相不服气，互相拆台，学习信息相互封锁，处理不好可能会互相诋毁。遇到“对手”是很幸运的事情。在一个平庸的团队里，成长的压力与动力肯定是很小的。面对“对手”的犯规动作，宽容与大度是最好的解决办法，要学会从对手的优点中寻找自己的不足，学会“示弱”，学会合作，懂得“英雄”惺惺相惜。真诚的举动一定会给自己创造和谐的研究氛围，结交携手共进的成长伙伴。如果老想着“以牙还牙、以眼还眼”，只会使自己陷入人事纷争的境地。矛盾激发会严重影响心绪，“对手”真就变成了自己专业成长道路上的羁绊了。

“对手”肯定有，志同道合者更需要教师自己去寻找。可以在本学校找，也可以去教育论坛上寻找。只要你有诚意，一定会找到研究的朋友。其实另外一群人也在寻找着你，寻找着他们的知音，只要你是真正地把教育教学研究当成一项事业的。“教育在线”“成长论坛”等一些知名论坛上有很大一批对教育教学研究有浓厚兴趣的志同道合者，他们随时欢迎着“合适的人”加入。大家一起相互携手，共同走过幸福的教育人生，这是一幅多么诗意美好的画面啊！

无限相信师者的智慧，挖掘习题的潜在功能

著名数学家苏步青说："学习数学要多做习题，边做边思索。先知其然，然后知其所以然。"对于数学学习来讲，习题是学生进行有效学习的载体，通过做习题可以沟通知识间的联系，深化学生认知，提高学生的思维能力，提升数学素养。学习数学如果不进行一定量的练习，是难以牢固掌握知识、形成基本技能、理解知识本质的。但是大量重复性的练习不仅不能起到巩固知识、提升数学素养的作用，反而会打击学生的学习兴趣，使学生产生见到数学题就头疼的"条件式反射"，甚至产生畏惧心理。因此习题教学是数学教学中十分重要的内容，需要教师精心设计，智慧处理。笔者在长期的数学教学实践中，积累下一些对于习题教学的认识。

一、化熟为生，深化认知

教师在教学中不能有这样的想法：这些习题原来学生掌握得很好，没有必要练习了。当学习新的内容，尤其是新学习的知识对旧知有负迁移时，学生会对过去做过的题目产生"陌生化"的感觉。教师要善于呈现这些熟悉而陌生的问题，加强对比，引导学生注重解题回顾，让学生对知识掌握得更加牢固，方法运用得更加熟练，思想和策略得以深化和融会贯通。有六年级教学经验的老师都知道，在教学苏教版六年级上册《分数乘法》这一内容，刚教下面这个内容时，学生能够掌握得非常好。例如下面这道题：一种毛衣的原价是 56 元，现在的售价比原来降低 $\frac{2}{7}$。现在的售价比原来降低多少元？但是当学生在学习了后面的稍复杂点的分数除法计算以后，例如下面这道题：一种毛衣的原价是 56 元，现在的售价比原来降低 $\frac{2}{7}$。现在的售价是多少元？（$56+56\times\frac{2}{7}=56+16=72$ 元）再回过头来做这上面道题时，学生反而不会做了。学生做这类问题时多是在思维的"惯性"下使用后面这种错误的计算方法，这是心理学上的"倒摄抑

制”。因此在教学时教师要学会瞻前顾后，把学生新学的问题与自认为会做的问题进行对比，尤其是找几个“长相”相似的问题，找出相同点与不同点，学生会从看似熟悉的问题中找到陌生的感觉。教师在教学中要学会抓住这样的时机，否则学生会像下山掰玉米的小猴子一样摘一个丢一个。例如教学推导出分数与分数相乘以后，练一练中有这样的一道题(图 1)：

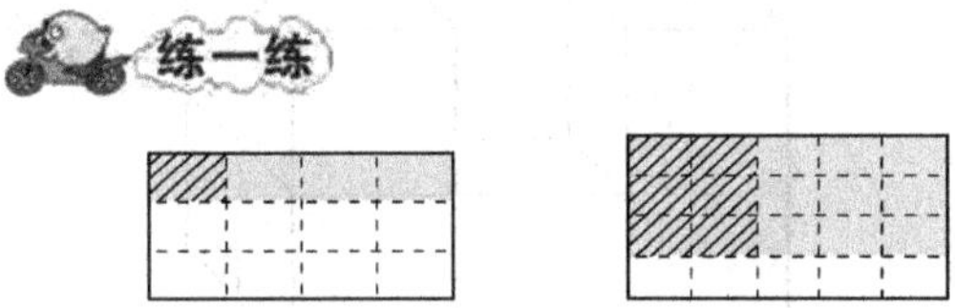

$\frac{1}{3} \times \frac{1}{4} =$　　　　$\frac{3}{4} \times \frac{2}{5} =$

图 1

在教学中可以对题目进行适当改动，直接出示图形，让学生看图写算式，或者改成下面的样式：在下图里用阴影表示$\frac{1}{2} \times \frac{2}{3}$(图 2)。

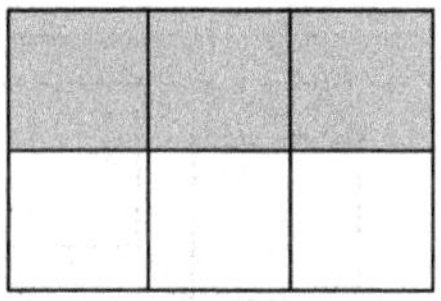

图 2

经过这样的处理以后，学生对看似熟悉的题目有了陌生化的感觉，通过数形结合，学生对于分数乘分数的计算方法会有更加深入的认识。

二、做大做强习题的思维含量

教学实践中，教师对例题的教学大都比较重视，但对教材中习题及其练习过程的设计却较少深入关注，往往只是把习题作为作业布置给学生，缺少对习题深度的挖掘以及与其他学习内容的整合，弱化了习题功能，习题的编辑意图没有凸显出来，教学效果不如人意。其实，每一道习题中都蕴藏着丰富的数学内涵，教师在教学中要吃透题意，挖掘习题的潜在功能，让学生感受到更多的数学意义，体验数学的神奇，体会数学学习的乐趣。

教学长方体的表面积计算时，练习时有这样一道选择题：如图，从一个长 3 厘米，宽与高都是 2 厘米的长方体中，挖掉一个棱长 1 厘米的小正方体后，它的表面积（　　）。（图 3）

a. 比原来大　　b. 比原来小　　c. 不变　　d. 无法确定

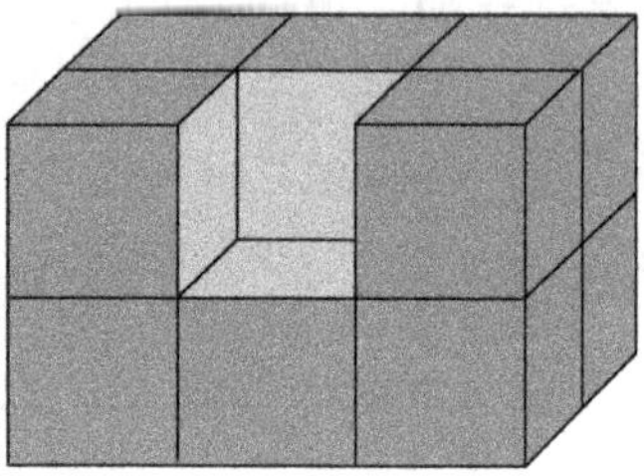

图 3

像图 3 这样挖掉一个正方体后，挖走了两个面积单位，而会增加四个面积单位。因此它的表面积比原来要大。但这个题目不能到此为止，还可以继续发挥它的价值：怎样挖掉一个棱长 1 厘米的小正方体后，长方体的表面积不变呢？学生经过思考，会得出下面解法（图 4）：

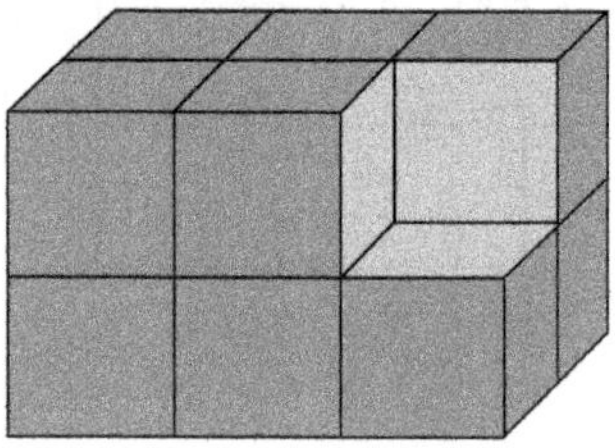

图 4

长方体被挖掉了 3 个面积单位，又露出了 3 个面积单位，因此表面积不变。

师追问：还可以在哪个位置挖掉小正方体，使这个长方体的表面积不变呢？学生经过讨论认识到从顶点处挖掉一个棱长 1 厘米的小正方体后，长方体的表面积不变。这道题经过适当改动，其内在价值被充分地挖掘出来。

三、避免用“坏题目”损害学生的“解题胃口”

做教师总会与试卷打交道，有时老师辛辛苦苦教学，学生认认真真学习，却在一些“坏题目”的阴沟里翻船。这些“坏题目”有意让题目中的一些数据单位不统一，有意加大计算的难度，有意识设置一些“无意义”的陷阱。这种“坏题目”不是为了辨明知识的本质而进行的变式，而纯粹是为了加大难度。这类“坏题目”使学生产生厌烦、害怕心理，因此在教学中要避免用这类“坏题目”去为难学生。

题目1：大圆的半径是3分米，小圆的半径是2厘米，大圆的直径与小圆的半径比是(　　)，大圆的周长与小圆的周长比是(　　)，小圆的面积与大圆的面积比是(　　)。

此类题目很多，前面明明是大圆的周长与小圆的周长比，而后面要考查的却是小圆的面积与大圆的面积比，故意使两个数据的单位不统一，此处想要考查的是学生的“细心”吗？这样的考查有价值吗？但是在一些试卷中，这样的无聊习题还有许多，学生在很多情况下感觉做题不是在思考数量之间的关系，而是小心翼翼地绕开一个又一个“陷阱”。这些习题不会带领学生接近数学的本质，反而会损害学生的“学习胃口”。

四、精心做好习题讲解

习题讲解显然不是给学生正确的列式答案那么简单，习题讲解是个“技术活”，需要教师精心设计。在学习苏教版小学数学五年级上册《多边形的面积》时，学生经常会遇到类似下面的问题：一个三角形和一个平行四边形面积相等，底也相等。如果平行四边形的高是12厘米，那么三角形的高是(　　)。

这道题主要考查学生对三角形与平行四边形的面积计算之间关系的认识，以及相应的推理能力。这道题相对比较抽象，学困生对此很难理解。一些学生虽能正确解答这道题目，但对这个问题的解答也是一种本能的想法，说不清其中的道理。在教学中，我尝试采取两种方法帮助学生理解。

(1) 借助几何直观。

提问：一个平行四边形与一个三角形的底相等，高也相等，这两个图形的面积有什么关系？如果要使三角形的面积与平行四边形的面积相等，底不变，三角形的高要怎样变化呢？如果让你画个草图，你能画出来吗？

学生经过推理会得到平行四边形与三角形的面积相等，底也相等，三角形的面积只有是平行四边形高的2倍，才可能使面积相等(图5)。

(2) 假设法。

假设三角形和平行四边形面积相等，都是24平方厘米，底也相等，都是6厘米，那么平行四边形的高就是4厘米，三角形的高必须是平行四边形高的2

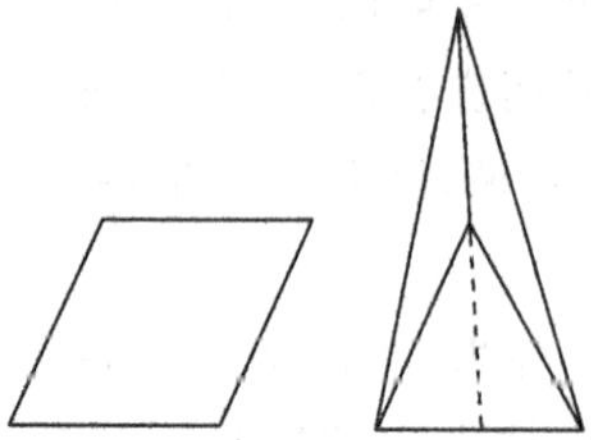

图 5

倍才能使三角形的面积与平行四边形的面积相等。

除了向学生介绍这两种方法，必要的时候可以做一些有针对性的专项练习，以帮助学生在学习中掌握得更加牢固。

(1) 三角形和平行四边形面积相等，高也相等，平行四边形的底是 8 厘米，则三角形的底是(　　)厘米。

(2) 平行四边形底扩大 3 倍，高缩小 3 倍，面积发生怎样变化？

五、建立解题模型，压缩思维空间

小学分数乘除法应用题是教学中的重点与难点，学生往往难以判断应该用乘法还是用除法解，有的教师抓住题目给定的分率，从分率入手，在画图理解的基础上形成了解答分数、百分数应用题的“三字歌”：单位“1”，看分率，“的”字前，“比”字后，若“已知”，用乘法，若“未知”，用除法，若“比多”用加法，若“比少”，用减法。用这样的方法也确实能够提高解决问题的正确率。数学学习是不断压缩思维，使思维更加简洁化的过程。从这一点来讲，这种总结出规律，并按照相应规律的教学无可厚非，但是这种教学应当是学生在深入理解后再进行的数学思维压缩活动，就像是在学习图形面积计算后，要让学生理解公式的推导过程，但公式推导出来后，只要套用公式就可以了，没有必要使用时每次都重新推导一遍公式。

比如下面这个类型的问题，在苏教版小学数学五年级下册《认识分数》的练习中出现，在六年级上册《分数除法》的学习中又再次出现。由于题目的信息有些“绕”，因此学生仍然分不清用谁除以谁。

国产大豆 200 千克可以榨出 30 千克的豆油，1 千克豆油需要大豆多少千克？1 千克大豆能榨出多少千克豆油？（五年级下册）

$\frac{3}{4}$ 吨的大豆可以榨油 $\frac{5}{9}$ 吨，平均每吨大豆可榨油(　　)吨，榨 1 吨油需要

(　　)吨大豆。(六年级上册)

在教学中引导学生得出这样的数量关系,结合数量关系帮助学生思考问题,这样学生能看清问题的本质,搞清楚列式的方法,而不是强记解题步骤。

大豆质量÷豆油质量=1千克豆油需要大豆多少千克。

豆油质量÷大豆质量=1千克大豆能榨多少千克豆油。

从这个例子可以看出,在解决实际问题中,帮助学生建立解题模型,可以压缩思维空间,提高学生解决问题的正确性与迅捷度。

六、用好趣味题与思考题

著名特级教师邱学华先生的30句教育语录中有这样一条:提高学生的学习兴趣要靠趣味题与思考题。学生对数学产生兴趣,最重要的方式是用数学的魅力来吸引学生,而趣味题与思考题恰恰能够展现数学的魅力。教师在数学教学中可以结合教学内容与学生的思维水平,有目的地安排一些趣味题与思考题,做好及时反馈,让挑战困难的成功喜悦成为学生奋进动力。在教学中,我们要选择一些能开阔学生眼界的信息、结合学生实际的信息,以这些信息为载体,在教学中恰当地引申开来,让学生感觉到读习题有收获,做习题有趣,品习题有味。

例如在学习了“百分数利息的计算、纳税”这部分内容时,我就安排了这样一道题。

提问:董爷爷打算将1 000元存入银行,想存两年,他可以怎样存呢?

生:存两年定期的。

师:还可以怎样存?

生:先存一年,然后把本金与利息取出来,再存一年。

师:此处我们不禁要提出这样一个问题:这两种方式到底哪一种方式所得的利息高。

师:定期两年的利率是3.75%,定期一年利率是3.25%。先猜一猜,哪一种方式所获得的利息高呢?

生猜两种方式高的都有。

师:让我们借助计算器来实际算一算。

生:第一种方式得到的利息是1 000×3.75%×2=75(元)

学生在求第二种方式的利息时遇到了困难。

师:第一年获得多少利息?第二年呢?再加起来不就行了。

生在提示后成功解题：

1 000×3.25％×1＝32.5(元)

(32.5＋1 000)×3.25％×1＝1 032.5×0.032 5

≈33.56(元)

32.5＋33.56 ＝66.06(元)

生：很显然，75 元大于 66.06 元，第一种方式获得的利息多。

生：并且第一方式存钱可以少去一次银行，省了许多麻烦。

对于信息量大的习题讲解，教师在教学中要加强审题的教学，运用几何直观，让学生能够读懂题目，能够驾驭得题目。

例如一道关于纳税的题目：2011 年 9 月 1 日我国公布了新的个人所得税征收标准，个人月收入 3 500 元以下(含 3 500)不征税，月收入超过 3 500 元，超出的部分按下面的标准征税(表 1)。

表 1　　个人所得税征收标准

不超过 1 500 元的	3％
超过 1 500～4 500 元的部分	10％
超过 4 500 元～9 000 元的部分	20％

小红的爸爸月收入 9 000 元，每月要缴纳的个人所得税是多少元？

此道习题如果放给学生独立探索，难度还是比较大的。首先引导学生通过审题，把爸爸月收入的情况通过下面这幅图来表示，学生会很快地理解题意，正确解决问题(图 6)。

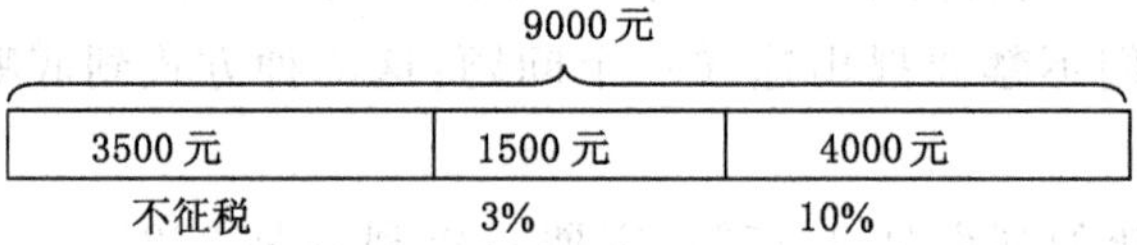

图 6

七、搞好易错题的分析对比工作

很多错误不仅仅是“马虎与粗心”造成的，不是偶然的，而是有规律的，一些易错题是由于学生的身心发展规律、或是自己构造知识结构的过程中形成的。

对于这些易错问题，教师要加强分析，找到其中的问题所在：有时是处于发展阶段的学生的注意力分配不够合理造成的；有时是数学概念本身就比较容易产生混淆，学生容易受到错误的心理暗示；有时是教师教学方法不当造成的。例如 $\frac{1}{7}\times4\div\frac{1}{7}\times4$ 这道题，学生很容易得出错误的答案为1，这主要是算式中间的除号影响了学生对于计算顺序的判断。再例如 0.3+0.07，学生很容易错误解答成 0.1，这主要是受到长期凑整简便算法训练过度造成的，看到 3 和 7 形成了条件反射马上加在一起。0.2×0.4=0.8，这道题主要是学生对于小数乘法对于积的位数确方法掌握不好造成的。再例如苏教版小学数学六年级上册百分数应用题：一条带鱼长 72 厘米，重 450 克。一条海鳗长 36 厘米，重 820 克。带鱼的体长比海鳗长百分之几？体重比海鳗轻百分之几？一个数比另一数多百分之几，不代表另一个数比这个数少百分之几。由于比的标准不同，因此列式除法中的除数是不同的。学生在刚学的时候能够分清，但是一段时间以后，学生仍然容易犯错，这是遗忘规律以及对这类问题并没有真正理解的双重原因造成的。对于以上的这些错误，教师也要注意总结搜集与整理，把这些易错的习题形成“错题本”，搞好这些习题的分析工作，加强对比练习，把这些错误转化成教学的“资源”，这样可以有效纠正错误，促进学生对于这些数学知识本质概念的理解。

遵循数学教学原则，提升抽象素养

抽象是从事物中把某一方面的特性抽取出来而舍弃所有其他方面特性的思维过程，它是形成数学概念，获得数学原理的必要手段。[①] 小学生的思维特点是以具体形象思维为主，逐步向形式逻辑思维过渡，因此数学教学有一个重要的教学原则：抽象性与具体性相结合的原则。这一教学原则要求我们在教学中加强直观教学，注重数形结合，突出从具体到抽象再到具体的过程。涉及具体教学内容，如何处理抽象与直观的关系，提高抽象水平，提升数学思维能力，则要挑战数学教师的教育智慧。

积累表象，顺利抽象

数学虽是抽象的，但数学抽象有其相对性，首先，数学的抽象性是以具体性为基础的。[②] 因此，学生进行抽象要有一定的直观背景，丰富的具体素材是学生认识空间形式与数量关系的基础，教师在教学中应当给学生创设大量的观察、动手操作与反思的机会。

当实物或图形不在眼前，不能直接作用于感觉器官时，我们仍可以对视觉信息（物体的形状、大小）和空间信息（物体间的相互关系）进行加工，这是文字与具体形象之间的桥梁——表象。教师要多进行从图像到文字、从文字到图像这两个方向的相互转化。有时文字与形象之间的转换渠道不够通畅，学生不能根据文字联想到相应的形象。在教学实践中只有转化的次数多了，通道也就顺畅了，形成的表象就会越来越清晰稳固，抽象概括就会越来越顺利。

丰富学生的直观背景，让学生积累清晰的表象，有助于学生顺利进行抽象。教师要通过实物直观、模型直观、图形直观、言语直观，以形成鲜明的表象，为学

---

① 涂荣豹、季素月：《数学课程与教学论新编》，江苏教育出版社 2007 年版，第 182 页。

② 涂荣豹、季素月：《数学课程与教学论新编》，江苏教育出版社 2007 年版，第 183 页。

生掌握抽象的数学概念提供必要的感性材料，但要注意数学知识的原发性、数学思想的实质性，突出数学概念与结论的本质，以便把直观得到的感性认识提高到抽象的认知水平。

【案例】 数学苏教版小学数学三年级下册《长方形的面积计算》，教师在教学中引导学生逐步抽象出面积计算公式，第一步是准备一些边长是 1 厘米的正方形，在小组里摆一摆，摆成三种长方形。摆好后，学生交流摆法，说出每个长方形一排摆几个，一共摆几排，面积是多少。

第二步，已知每个长方形的长和宽，让学生试一试它们各可以摆放多少个边长是 1 厘米的正方形，算一算它们的面积各是多少平方厘米。

第三步，桌面长是 5 分米，宽是 4 分米，但是只有 10 个面积为 1 平方分米的正方形，师提问：如果摆满的话，正方形就不够了，该怎么办呢？这其实上是一次思维的抽象，学生会想到沿着长与高去摆，从而实现了从形象到抽象的飞跃，此时学生已会用表象来进行思考了。

师：如果不用正方形来摆了，你能在脑中摆一摆吗？怎样计算长方形的面积呢？

学生在脑中进行了压缩抽象，长是多少就是一行摆几个，宽是多少就是要摆这样的几行。求长方形的面积只要长乘宽就可以了。

数学抽象方法是数学化的一般方法，是数学学习过程中必定要用到的数学方法，学生经历了“积累表象—表象操作—抽象概括”的长方形面积计算的形式化过程，能够深刻理解公式的本质意义，提高数学抽象能力。

不同的班级与学生需要的直观背景与直观素材的量是不一样的。这要求教师要做好学情分析，给学生有针对性的直观背景材料。直观教具演示的时机要适当，直观演示过程中要引导学生观察、分析、抽象、概括，不要在细节上分散了学生的注意力，要引导他们抓住本质的数学特征。①

循序渐进，逐步抽象

数学抽象分为这样四个层次：实物层面的抽象，半符号层面的抽象，符号层

① 涂荣豹、季素月：《数学课程与教学论新编》，江苏教育出版社 2007 年版，第 183 页。

面的抽象，形式化层面的抽象。[①] 抽象是一个过程，对于每一个学生而言，基本上都要经历这四个阶段，需要教师在实施教学时循序渐进，逐步深化，如果过早从形象过渡到抽象，很容易出现问题。

【案例】 在小学阶段，对于分数的认识，有三个层次，一是整体与部分的关系；二是分数与除法之间的关系，不仅能够表示两个数量之间的倍数关系，还能表示一个具体的数量；三是分数与比的关系。正是分数的这些相对抽象的含义让学生混淆不清，导致在面对实际问题时出现错误。（图 1）

假设下面两个长方形的面积都是 3 平方米，第一个

请你涂出它面积的 $\frac{1}{4}$，第二个请你涂出 $\frac{3}{4}$ 平方分米。

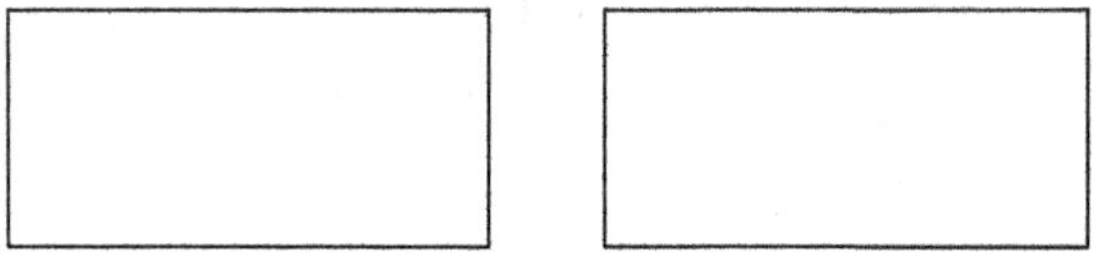

图 1

学生很容易会出现下面这样的错误（图 2）：

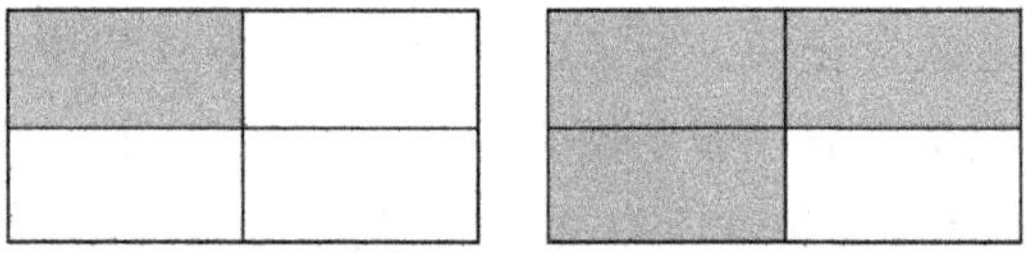

图 2

学生出现错误的主要原因是没有理解这两个分数的实质，第一个分数四分之一表示整体与部分之间的关系，第二个分数四分之三表示具体的数量，如果直接出示文字问题学生更容易出现错误。例如：

（1）把一袋 2 千克的糖果平均分给 5 个小朋友，每人分得这袋糖果的（$\frac{2}{5}$），是（$\frac{2}{5}$）千克。

（2）把 10 块奶糖平均分给 2 个小朋友，每人分得（ 5 ）块，每人分得奶糖总

① 张胜利、孔凡哲：《数学抽象在数学教学中的应用》，载《教育探索》2012 年第 1 期，第 68 页。

数的（$\frac{5}{10}$）。

学生在认识几分之一、几分之几时，都是建立在丰富的直观图例的基础之上的，一旦过渡到上面这样的抽象文字题，学生很容易错误百出。这里面的10块奶糖与每人分得的块数对学生思维产生很大干扰，如果改为一袋糖，学生的错误率则会大大降低。这说明学生对分数意义的理解是不够深刻的，从直观到抽象还有很长的路要走。抽象不是一次性完成的，往往有一个循序渐进、逐步深化的过程。在抽象进程方面需要放慢速度。即使学生在正确解答出以上问题，但是在解决实际问题时仍然会出现混淆不清的情况。一块$\frac{1}{2}$公顷的苗圃，其中$\frac{1}{5}$育松树苗，$\frac{1}{8}$育杉树苗，其余育果树苗，果树苗的面积占这块苗圃的几分之几？学生会错误地列式为$\frac{1}{2}-\frac{1}{5}-\frac{1}{8}$，正确答案为把$\frac{1}{2}$公顷看作单位“1”，用$1-\frac{1}{5}-\frac{1}{8}$。

从具体到抽象——突出本质

儿童的世界，更多的是充满经验、直观与形象，而数学，不论进行怎样的改造，它的价值都指向理性、抽象与形式化。从这个层面看，数学的特点与儿童思维的特点是一对矛盾。化解这一矛盾的方法，就是要顺应儿童认识事物的特点，遵循抽象性与具体性相结合的原则，从直观入手，从具体到抽象，突出数学知识技能的本质。

学生在对具体材料进行充分感知、形成表象以后，教师在教学中要把握时机，及时抽象，使学生尽快从感性认识上升到理性认识，以提高学生的思维能力，否则学生对事物的认识会停留于浅层次水平，认识深入不下去。在教学初期，适当运用教具和情境帮助学生形成或理解抽象的数学概念是必需的，但到了一定层次，应尽可能地在抽象和形式化的层面上去处理问题，因为这是数学思维的本质之一。[①]

① 鲍建生：《关于数学能力的几点思考》，载《人民教育》2014年第5期，第50页。

从抽象到具体——深化认知

从具体认识到抽象，这只是认识过程的一个阶段，即从感性认识上升到理性认识，但整个认识过程并没有完结，学生要掌握抽象的数学知识，更重要的在于运用数学理论去解决问题，也就是从抽象再到具体。从抽象到具体，并不是回到抽象时所运用的具体材料，这两个“具体”是不一样的。认识第一阶段的具体材料指的是感性材料，这是抽象的基础；第二阶段的具体材料则不能看作是感性材料，而是理性材料的具体化，是理性认识的进一步深化，其实质是从抽象再上升到具体。画图是从抽象再上升到具体的“助推器”。运用几何直观，是为了让教师专门去设计一些情境，通过画图直观理解问题，让学生从抽象上升到具体，积累几何直观的经验，最终形成一种几何思维，在这个过程中深化认知，有效提高学生提出问题、分析问题与解决问题的能力。

【案例】 在给数学兴趣小组上课的时候，我出示了这样一道问题：

四(1)班投票选举班长，小明得到的选票比小华多 14 张，小华得到的选票比小玲多 8 张，如果这 3 人共得选票 54 张，那么他们各得选票多少张？

此题信息比较多，根据题意把这些信息转换成具体的图形(图 3)。

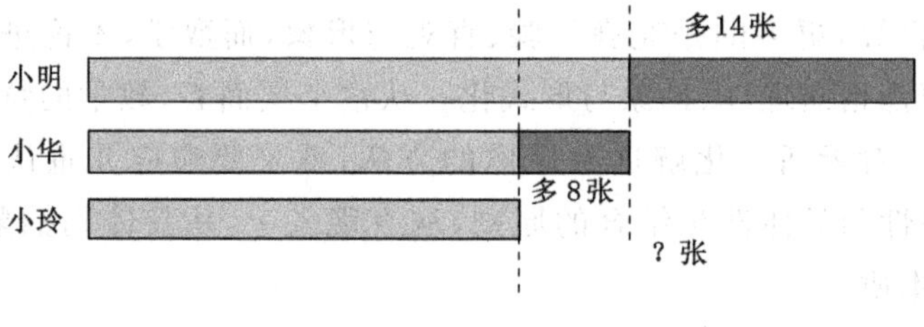

图 3

学生从直观图中能够看出小明与小玲选票之间的数量关系，以及小华与小玲之间的数量关系，从而找到解决问题的途径：

54－8－(8＋14)＝24(票)

24÷3＝8(票)

学生的抽象能力本身存在着差异性，每个孩子在各个阶段经历抽象的时间是不一样的，有的很快就会迈过实物化抽象层次，而有的孩子则要在这个层次滞留很长时间。教师要遵循数学教学原则，立足于学生的现实抽象水平，从最基础的开始逐级抽象，有时还要从抽象的形式化阶段返回，反复几个来回，螺旋上升，使学生在“具象—表象—抽象”的过程中完善知识结构，提高抽象能力与思维水平，提升数学素养。

第二部分
运用“无限相信”教育主张的经典课例

四个文具盒让孩子们"玩"了一节课[①]

在复习长方体表面积、体积计算时，我从孩子们那里找来四个相同大小的文具盒，说："这是四块香皂，现在我要把它们放在一起包装起来，当作礼品送给大家，'非典'时期可要注意洗手呀！"(众生笑)

我接着说："那么有哪几种组装方法呢？哪种组装方法用的包装纸最少呢？"

孩子们纷纷举手回答，得出了四种组装方法(图 1)。

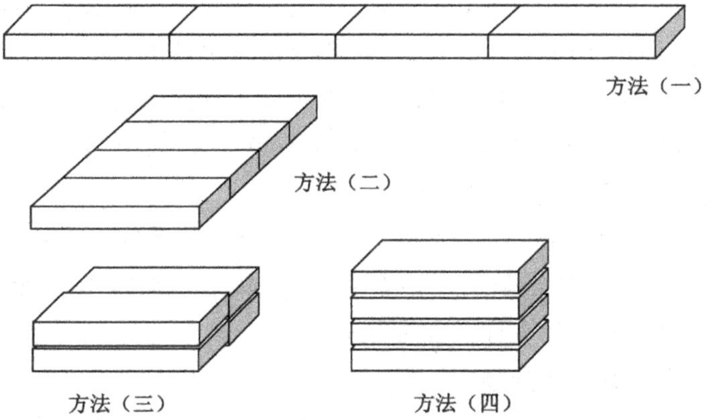

图 1

我沉吟一下，问："大家还有什么要说的吗？"

生 1："我认为第一种方法不美观，也不好拿。"

生 2："不用计算，我们就会看到第二种方法需要用的包装纸较多，并且这种包装方法也不美观，生活中一般也不这样包装物品。"

(孩子们能依据生活中的经验就把第一、二种组装方法淘汰掉，多么难能可

① 注：除特别指明外，本书所涉及的教材均是苏教版小学数学教科书。

贵呀!)

生 3:“我比较喜欢第三种包装方法,显得很精致。”

生 4:“我认为第四种包装方法要比第三种用的纸少。”

生 3:“不一定吧!”

孩子们争执起来。

我说:“这两种包装方法哪种更加省纸呢? 请大家先独立思考,然后再交流一下。”

孩子们开始积极地思考、愉悦地交流。

生 5:“只要测量出文具盒的长、宽、高,然后算出组装成的长方体的长、宽、高,就可以算出哪种方法组装成的长方体的表面积较小。”

生 6:“我把文具盒上三个不同的面分别叫作大面、中面和小面,如果用第三种方法组装,这个长方体的表面积是由原文具盒上的四个大面、四个中面与八个小面组成的。如果用第四种方法包装,那么这个长方体的表面积就是由原文具盒上两个大面、八个中面和八个小面组成的。通过比较,我们会看到只要比较两个大面与四个中面谁大,就可以比较出这两种组装方法哪种比较省纸。”

生 7:“我还有一种思考方法,就是这两种组装方法都会使一些面‘藏’在了里面,只要看哪种组装方法‘藏’起来的面的面积最大,那么这样组装成的长方体的表面积就最小。”(孩子们自发地鼓掌)

我找一位学生测量出一个文具盒的长为 20 厘米、宽为 8 厘米、高为 3.5 厘米,孩子们津津有味地计算起来。一会儿,大多数学生都得出了第四种组装方法要比第三种组装成的长方体的表面积要小。

我问:“大家还有什么问题吗?”

生 8:“我想知道如果在这个礼品外面用绳子像包糖一样包扎一下,要用多长的绳子?”

我非常满意,说:“很有意思的一个问题。如果是包扎第四种方法组装成的长方体,怎样计算至少需要多少绳子呢?”

生 9:“14×4+20×2+8×2=112(厘米)。”

我接着说:“我这儿有绳子,我们一起来包扎一下,看实际用的绳子与计算的结果相符吗?”

孩子们兴趣盎然,我找来两名学生像包糖一样包扎这四个文具盒。

我们把实际用绳与计算结果相比较,发现多用了 5 厘米的绳子。

我问:“为什么会多用去一些绳子呢?”

孩子们纷纷举手。

生 10:“这里面有两个原因,一是接头处要用一些绳子,二是这几个文具盒只是差不多大,其中那个红色的比其他三个要大一点。”

生 11:“从中我想到,如果以后要解决此类问题,保留整数时要用‘进一法。’”

(瞧,孩子们观察得多么仔细!想得多么周到啊!)

我接着问:“大家还有什么问题吗?”

生 12:“我想知道不论怎样组装,组装成的长方体的体积有没有变化?”

我说:“很有价值的一个问题!请大家思考一下,看谁表述得最清晰。”刚说到这,下课铃响了。

我笑着说:“看来这个问题只有留到课后了,有信心吗?”

“有!”孩子们齐答。

一个学生伸了伸懒腰说:“这节课怎么这么短呢?”接着又思考起那个问题。

反思:仅用四个文具盒就创设了一个耐人寻味的问题情境,让孩子们“玩”了一节课。可见,成功创设问题情境,让学生主动地参与,不是非得用多媒体不可,有时顺手拈来的替代物反而更能激起学生的探究兴趣。采用什么载体与运用何种方式来创设情境只是外在因素,最根本的是要能使学生感到学习的内容是现实的、有意义的、富有挑战性的,当然还要有和谐的师生关系、融洽的课堂氛围做保证才能真正引发学生的探究热情。当孩子们的思维热情点燃后,他们会迸发出强大的创造力,会提出一个个精彩而有价值的问题。教师通过巧妙地调控,艺术地引导,让师生、生生互动起来,让学生在质疑、解疑、交流、合作中自主发展,在解决问题的过程中,不断生成新的问题,提高思维的能力,体验数学的意义,享受探究的快乐,品味数学的魅力,孩子们一定会由衷地感叹:“这节课怎么这么短呢?”

引导反思，形成思路

——二年级下册《两步计算应用题》的教学设计及意图

一、创设问题情境，自主探究解决方法

（一）课件演示对话情境

毛毛猴：我们一共摘了42个桃子。

长尾猴：多么香甜的桃子啊，我想吃！

师：做事情要有个计划，如果你是这只长尾猴，你打算每天吃几个，想吃几天？

预设学生会有这样两种安排：

（1）每天吃同样多，吃了若干天。

（2）每天吃得不同，例如第一天吃9个，第二天吃12个。

根据学生的回答，板书有代表性的计划供教学“试一试”使用。

师：长尾猴计划好了，我们看它准备怎样吃桃子。

课件演示长尾猴：每天吃9个，吃了3天。

师：这两只猴子的对话告诉了我们哪些数学信息呢？

学生口述自己所了解到的信息。

【设计意图：引导学生设想自己如果是猴子会如何有计划地品尝这些桃子，从而调动起学生已有的生活经验；通过提问“这两只猴子告诉了我们哪些数学信息呢？”引导学生整理已知信息，为成功解决问题做铺垫。】

师：根据这些信息，我们可以提出哪些数学问题呢？

估计学生会提出这些数学问题：

（1）长尾猴吃了多少个？

（2）还剩下多少个？

……

师:这节课我们只解决其中一个问题:还剩下多少个?你能独立解决吗?

【设计意图:变静态展示问题为动态生成问题,培养学生根据已有信息提出问题的能力。】

（二）探究解决方法

要求学生先独立思考解决,再进行小组交流。

预设学生会有下面几种想法:

(1) 从条件想起。根据每天吃 9 个,吃了 3 天可以求出长尾猴吃了多少个,再用一共摘了 42 个桃子减去吃了多少个得到还剩下多少个。

师重点标出“每天吃 9 个,吃了 3 天”,使学生明确这种想法是从条件想起,要先求出长尾猴吃了多少个。

(2) 从问题想起。要求还剩多少个,需要知道摘了多少个和吃了多少个,已经知道摘了多少个,所以要先求出吃了多少个。

使学生明确:从问题想起还是要先求出长尾猴吃了多少个。

对于学生出现可能情况的应对预案:

根据已往教学经验,估计多数学生会用第一种从条件思考的综合思路,在组织学生说清自己的想法后,相机提问:还有不同的想法吗?期待从问题想起思路的出现。实际教学中可能会出现一部分学生运用自己的生活经验很快地解决问题,满足于问题的解决,而不去反思自己到底是如何思考的。当出现这种情况时,应组织学生静下来反思自己解决问题的过程,说出自己的想法,从而暴露出自己的思维过程,使自己的思考更加明确。

【设计意图:预设学生的可能状况,并设计有针对性的应对方案,可以使教师在实际的课堂教学中应对自如;帮助学生明确不论是从问题想起,还是从条件想起,最关键的都是要先确定第一步求什么,从而使学生在解决问题的过程中逐渐形成这种思路。】

师提出要求:你能根据上面的讨论,自己列式解答这个问题吗?学生尝试列式,师根据学生的回答进行板书:

(1) 吃了多少个。$9\times3=27$(个)

(2) 还剩多少个。$42-27=15$(个)

答:还剩下 15 个。

提问:9×3 求得的是什么? $42-27$ 为什么会得到剩下的呢?

【设计意图:此处提出这两个问题主要是要照顾到班里的学困生,通过着重提出这两个问题使学生再一次体会计算中每一步的含义。】

（三）引导反思，形成思路

提问：想一想，你为什么要先算已吃了多少个呢？

估计学生会这样回答：

(1)从条件想起：每天吃几个乘吃几天就能得到吃了多少个。

(2)从问题想起：一共有多少个减去吃了多少个等于剩下多少个。

（四）迁移解题思路

教学“试一试”。出示：

毛毛猴：我们一共摘了42个桃子。

长尾猴：第一天吃(9)个，第二天吃(12)个。(可采用学生的安排，数字根据上课的实际情况做相机改动)

师：还剩下多少个？

提问：要解决这个问题，应先求什么？学生独立解决问题，小组里交流自己的想法与计算方法。师巡视，指名板演，预设学生会出现下面两种解决问题的方法：

(1) 9＋12＝21(个)

42－21＝21(个)

(2) 42－9＝33(个)

33－12＝21(个)

对于学生出现的可能情况的应对预案：

组织学生重点表述第一种方法的思考过程，提问：这样解答与例题的解答方法有什么相同点？(都是要先求出已吃了多少个。)

对于第二种方法，仅让学生初步了解，可以相机提问：这种解法是先求什么？与第一种有什么不同？在此不做两种解决问题方法的要求。

【设计意图：由于第一天吃多少，第二天吃多少是学生自己的安排，问题也是自己提出的，可以有效地激发学生解决实际问题的热情。通过巡视发现两种解决问题的途径，并设计有针对性的应对方案，引导学生重点关注第一种解决方法，初步了解第二种解决问题的方法，引导学生比较例题与“试一试”在解答上的相同点，比较“试一试”这两种解题方法的不同点，既迁移了例题的解题思路，又开阔了学生的思维视野。】

二、分层练习，逐步巩固

（一）88页想想做做第1、2、3题

采用学生叙述题意，然后自主解决，最后交流解决问题的过程。

（二）88 页想想做做第 4 题

提问：谁来说一说“合计”是什么意思？求足球组有多少人要先求什么？求合唱组有多少人要先求什么？学生独立解答后，全班交流自己的解题思路与计算方法。

（三）拓展练习

毛毛猴摘了 3 天桃子，一共摘了 31 个桃子，长尾猴也摘了 3 天桃子，每天摘 9 个。

（1）毛毛猴与长尾猴一共摘了多少个？

（2）毛毛猴比长尾猴多摘了多少个？

学生独立解答后提问：解答这两道题有什么相同的地方？

【设计意图：问题情境中出现了多余的信息“毛毛猴摘了 3 天桃子”，通过这种形式培养学生理解问题情境，有效组织数学信息的能力。通过提问“解答这两道题有什么相同的地方？”引导学生总结出都是先求长尾猴共摘了多少个，进一步引导学生遇到问题思考先求什么，巩固形成的解题思路。】

三、整理反思，形成思路

这节课你有什么收获？遇到两步计算的应用题，我们怎样思考呢？举例子说一说。这些收获你是怎样获得的？

提供丰富素材,促进对概念本质的理解

——三年级上册《倍的认识》教学实录与设计意图

【教学内容】

苏教版三年级上册第4～5页《倍的认识》。

【教学目标】

(1) 使学生在具体情景中初步理解"倍"的含义,能解决"求一个数是另一个数的几倍"的简单实际问题。

(2) 使学生经历解决简单实际问题的过程,发展初步的观察、比较、操作能力和有条理表达的能力。

(3) 使学生在参与数学活动的过程中,初步体会变与不变的辩证关系,激发学生对数学学习的兴趣。

【教学过程】

一、在新知的生长点处复习铺垫

师出示:请大家看图说出是几个几?(图1)指名回答。

师:求32里面有几个8,怎样列式呢?

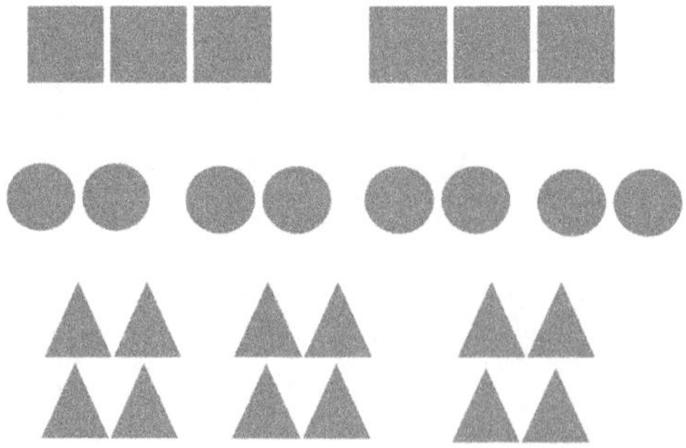

图1

32÷8=4。

【设计意图：一个数是另一个数的几倍，是两个数在一起比较的关系，其本质是这个数里面有几个另一个数，用除法计算。奥苏伯尔曾指出：影响学习唯一重要的因素，就是学生已经知道了什么。这两个复习问题抓住了新知的生长点，具有很强的复习针对性，使后面的知识链接自然流畅。】

二、多次比较中逐渐接近“倍”的本质

师出示情境图(图 2)。

图 2

师：从图中你能得到哪些数学信息呢？

生：蓝花有 2 朵，黄花有 6 朵，红花有 12 朵。

师出示蓝花 2 朵，黄花 6 朵。

师：蓝花与黄花之间有怎样的数学关系呢？

生：蓝花比黄花少 4 朵，黄花比蓝花多 4 朵。

师：我们以前学过比较两个数量的多少，是用什么方法算的？(减法)其实，在比较两个数量的多少时，除了比谁多谁少，还有一种新的比较方法，叫作“倍”。这就是我们今天要学习的内容——倍的认识。

【设计意图：由两个数之间比多少引入新课，让学生意识到“倍”也是两个数量之间的比较关系，有助于学生把新知纳入到已有的知识结构中去。】

师：如果把蓝花 2 朵看成 1 份，黄花有几个 2 朵呢？

学生圈一圈画一画，教师用实物投影仪展示学生的答案(图 3)。

师：像这样，蓝花 2 朵，黄花有这样的 3 个 2 朵，我们就说黄花朵数是蓝花朵数的 3 倍。

师出示红花的朵数，请大家圈一圈画一画，红花朵数是蓝花的几倍呢？(图 4)

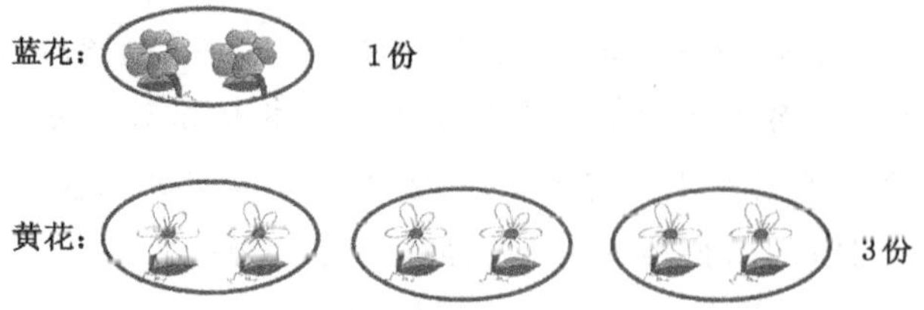

蓝花有2朵，黄花有3个2朵，黄花的朵数是蓝花的3倍。

图 3

红花有（6）个2朵，红花的朵数是蓝花的（6）倍。

图 4

生通过圈画得出红花有 6 个 2 朵，红花的朵数是蓝花的 6 倍。

师：求红花 12 朵是蓝花 2 的几倍，就是求什么呢？

生：就是求 12 里面有几个 2？

师：可以怎样列式计算呢？

生：12÷2=6。

【设计意图：在教学中引导学生结合直观实物图得出求一个数是另一数的几倍，就是求这个数里面含有几个这样的数，引导学生及时抽象，用除法计算。】

师出示下面这个素材（图 5），引导比较：

师：这里面谁没有变？为什么黄花是蓝花的 3 倍，而红花却是蓝花的 6 倍呢？

生：蓝花的朵数没有变，因为黄花有 3 个 2，红花有 6 个 2。

【设计意图：此处进行第一次比较，使学生认识到蓝花不变，也就是看作 1 份数在不变的情况下，一个数量有几个这样的 1 份数，就是它的几倍。当这个

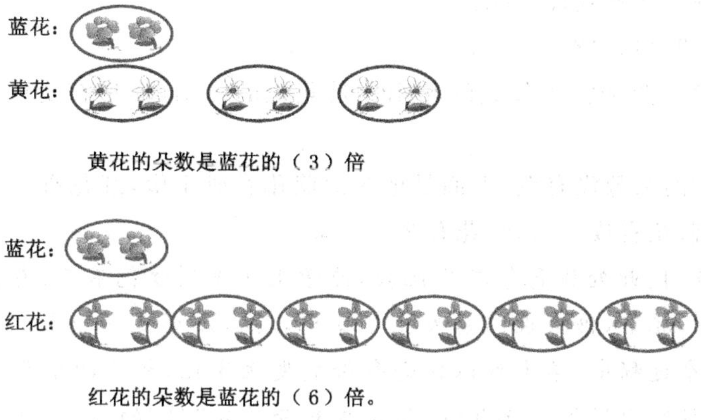

图 5

数量发生了变化，相应的倍数也就发生了变化。】

师：如果把蓝花变成 3 朵，红花有几个 3 朵呢？红花是蓝花的几倍呢？（图 6）

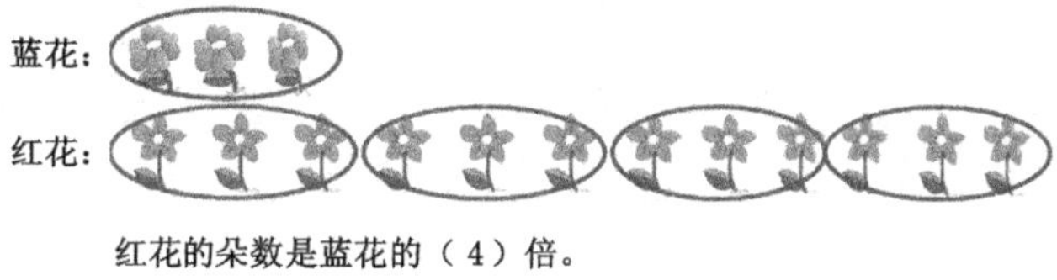

图 6

生：红花是蓝花的 4 倍。

师：如果把蓝花变成 6 朵，红花是蓝花的几倍呢？（图 7）

生：红花是蓝花的 2 倍。

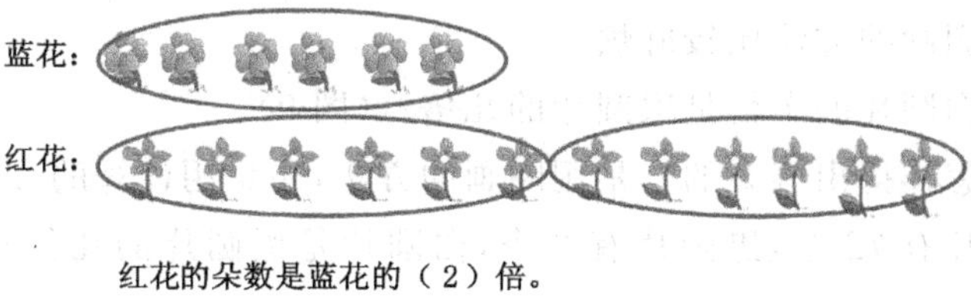

图 7

师:分别怎样列式计算呢?

生:12÷3=4。12÷6=2。

师:谁没有变呢?为什么红花刚才是蓝花的4倍,而现在变成了蓝花的2倍呢?

生:红花的朵数没有变,上面是把3朵蓝花看成1份,红花有4个3朵。下面是把6朵蓝花看成1份,红花有2个6朵。

【设计意图:此处进行第二次比较,使学生认识到红花不变,看作1份数蓝花在变化的情况下,倍数也随着发生了变化,其本质还是一个数里面有几个1份数。在这个过程中,学生可以体会每份数发生变化,相应的倍数也会发生变化。这一设计突出强化了标准量,让学生充分感知"倍"的含义,在潜移默化中初步生成知识模型。】

接着师出示:蓝花有4朵,红花有36朵,红花朵数是蓝花的多少倍呢?同时配合出示下图(图8)。

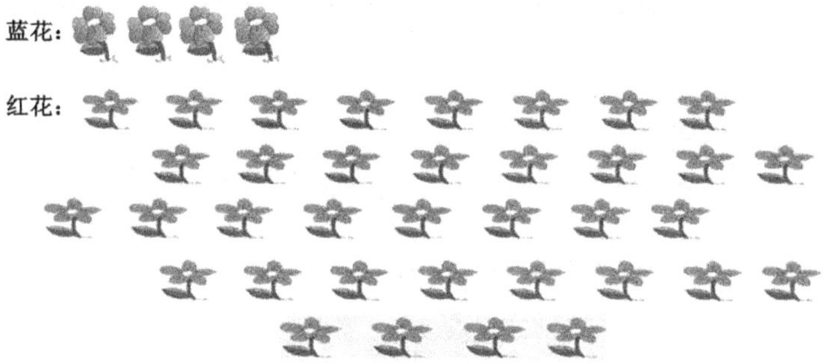

图8

师:你采取的是什么方法?(学生多数是用除法来计算的)

师:大家为什么要采取计算的方法,而不采用圈画的方法呢?

生:使用圈画的方法比较麻烦。

师出示:白圆片的个数是黑圆片的几倍?(图9)

师:你是怎样得出答案的?是用圈画的方法,还是用计算的方法呢?

师:白圆片有72个,黑圆片有8个,白圆片是黑圆片的几倍?黑圆片比白圆片少几个?

【设计意图:求一个数是另一个数的几倍,用圈画的方法,也可以用计算的方法。采用圈画的方法是使学生形象地感受到"倍"的本质,引导学生从形象中

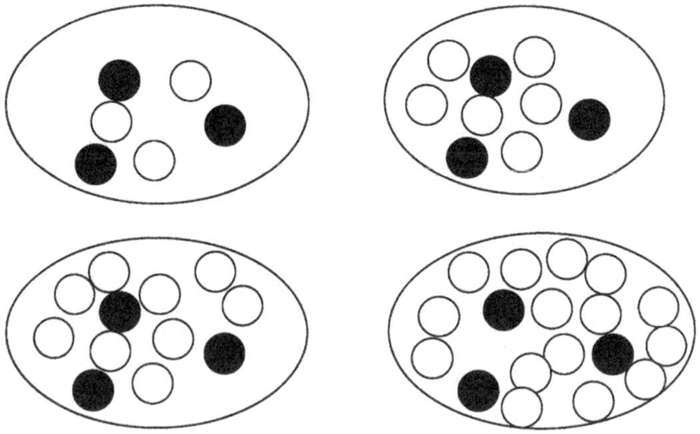

图 9

挣脱出来。挣脱形象需要一个过程，求白圆片的个数是黑圆片的几倍这道题，就是要帮助学生经历挣脱形象，逐步到达抽象的过程。】

师组织学生先猜一猜红带子的长度是绿带子的几倍，再用动画展示验证猜想(图 10)。

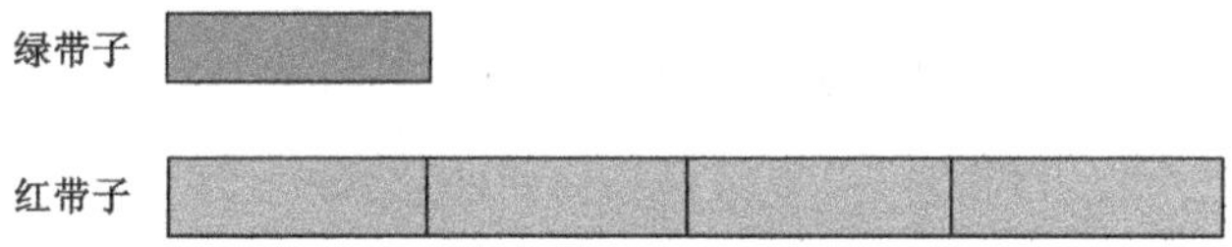

图 10

师：如果绿带子缩短成原来的一半，红带子是绿带子的几倍呢？(图 11)

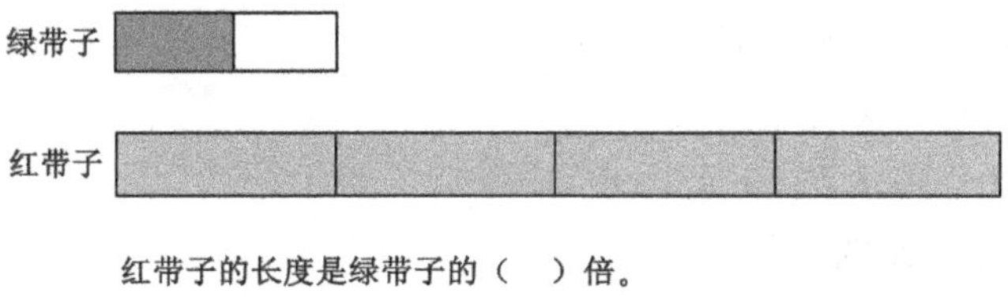

图 11

师：如果把红带子变细，红带子的长度还是绿带子的 8 倍吗？(图 12)

师：如果把这两种带子都变细，变成了两条线段，这表示什么呢？(图 13)

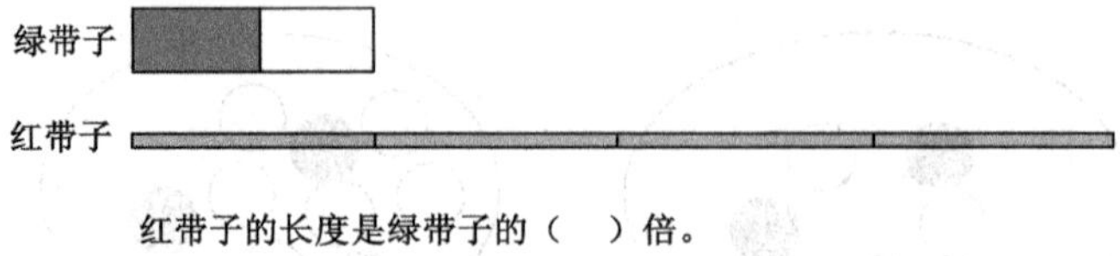

图 12

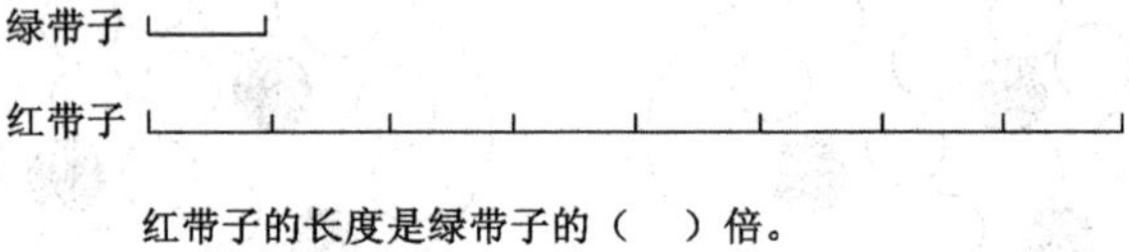

图 13

师：出示线段图，现在能表示什么呢？（图 14）

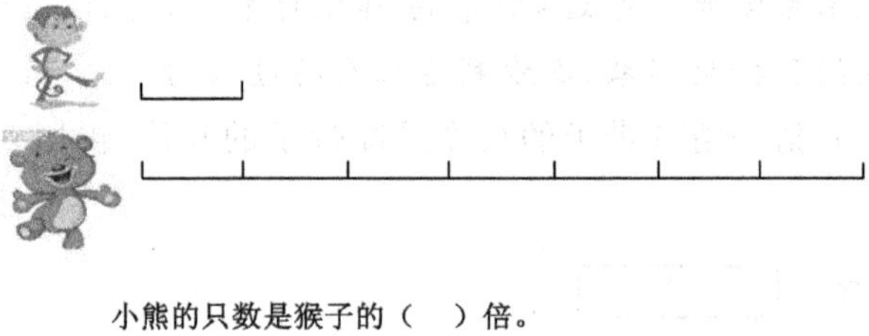

图 14

生：小熊的只数是小猴的 7 倍。

师创设故事情境，小熊说：我买了 3 个西瓜，花了 20 元。小猴说：我买了 6 个桃子，花了 5 元。

师：谁来说一说两种数量之间的数学关系呢？

生：小熊比小猴多花 15 元。

生：小猴比小熊少花 15 元。

生：20 元是 5 元的 4 倍。

生：小熊花的钱是小猴的 4 倍。

生：桃子的个数是西瓜个数的 2 倍。

【设计意图：通过系列练习，加强数形结合，使学生逐步理解用线段可以形象地表示出两个数之间的倍数关系，促进学生深度理解，避免学生仅仅呆板地记住两个数相除就是求一个数是另一个数几倍的方法。】

以“情境串烧烤新知”
——三年级下册《认识分数》
教学设计与意图

【教学内容】

国标本苏教版小学数学三年级下册《认识分数》。

【教学目标】

使学生结合具体情境进一步认识分数，知道把一些物体看作一个整体平均分成若干份，每份可以用几分之一来表示，能用自己的语言来描述分数的含义，对分数有进一步的认识，明白分数表示的是部分与整体之间的一种关系。

【教学难点】

由把一个物体或一个图形平均分突破到把一些物体组成的一个整体进行平均分，平均分成的每一份由原来的一个突破到由若干个组成一份。

【教学准备】

课件、学生每人12个同样大的桃形片、磁性黑板、桃形磁片、12根小棒。

【教学过程】

一、情境导入，复习分数

师：小朋友，花果山水帘洞有这样4只小猴子，玩得可开心了。正当它们满头大汗的时候，孙悟空给它们带来了两件礼物，让我们一起去看一看。

课件出示：一个大西瓜，一个神秘的口袋。

师：看着满头大汗的小猴子，孙悟空赶紧给它们分西瓜。同学们你知道该怎么分吗？每只小猴子得到多少吗？

生：把这个西瓜平均分成4份，每只小猴子得到$\frac{1}{4}$。

课件出示，师板书$\frac{1}{4}$。

师：你是怎么想的呢？

生：因为把一个西瓜平均分成4份，每只小猴子得到1份，这1份就是这个西瓜的$\frac{1}{4}$。

师：分母4指的是什么？分子1指的是什么？

生：分母4是平均分的份数，分子1是指这样的1份。（师相机板书）

师小结：我们已经知道了把一个物体平均分成4份，每1份就是这个物体的$\frac{1}{4}$。

【设计意图：由分西瓜入手，复习了把一个物体平均分，每1份用分数来表示，为分数知识体系的构建、思维的飞跃、学习难点的突破做好思维铺垫。】

二、情境探索，突破难点

师：西瓜吃完了，可小猴子还觉得不解渴，这时它们想到了孙悟空带来的神秘口袋，其实这个神秘口袋中装的也是小猴子喜欢的水果，大家猜一猜是什么呀？

生：桃子。

师：孙悟空会把这些桃子怎样分呢？

生：平均分成4份。

师：对，因为有4只小猴子，孙悟空会把这袋桃子平均分成4份。（强调这袋桃子）

师：每只小猴子可以分到一份桃子，那这一份桃子是这袋桃子的几分之几呢？

生可能回答：$\frac{1}{4}$。

生可能会问：这袋桃子有多少个？

师相应回答：现在还不知道有多少个，你能不能知道每只猴子分到这袋桃子的几分之几呢？

师：你能把自己的想法和同桌小朋友说一说吗？

学生交流后回答。

生：因为把一袋桃子平均分成4份，每只小猴子分到1份，所以用$\frac{1}{4}$表示。

师：看来，这个神秘口袋还没有打开，我们已经知道了每只小猴子可以分到这袋桃子的$\frac{1}{4}$了。

【设计意图：用“口袋”的形式使学生潜移默化地认识到把一些物体看作一个整体进行平均分，为预防认识错误做好铺垫。】

师：这个袋子里面到底有多少个桃子呢？老师告诉你们，这个袋子里有 12 个桃子。出示图片（图 1）：

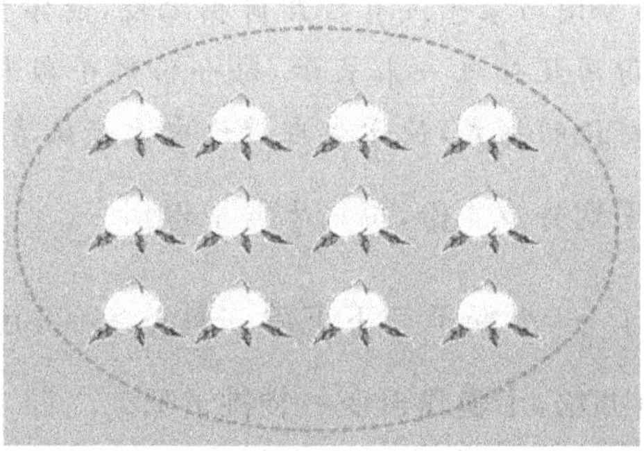

图 1

师：为什么外面用一个圆圈把它圈起来呢？

生：这是表示一袋桃子。

师：你能帮助孙悟空给这 4 只小猴子分一分吗？

学生动手分，师巡视。

学生展示自己平均分的过程，课件同时演示。

师：每一份是几个桃子，占这袋桃子的几分之几呢？

生可能回答：把 12 个桃子平均分给 4 只小猴子，每只小猴子分 3 个，占这袋桃子的$\frac{1}{4}$。

生也可能回答：每只小猴子分 3 个，占这袋桃子的$\frac{3}{12}$。

师：答案到底是哪一个呢？请同学们小组讨论一下。

组织学生说自己的想法，然后小组交流。

师相机点拨：袋子没有打开前，同学们认为每只小猴子分得$\frac{1}{4}$，袋子打开后，同学们却认为每只小猴子分得了这袋桃子的$\frac{3}{12}$，你们怎么变卦了？

学生的意见可能有：

（1）每只小猴子分得这袋桃子的$\frac{1}{4}$；

（2）每只小猴子分得这袋桃子的$\frac{3}{12}$；

（3）两个答案都对。

组织学生讨论，然后说明自己的理由。

【设计意图：用集合图与袋子没有打开前相比较，使学生清晰地认识到把一些物体平均分，每一份用几分之一来表示，每一份的个数与这个分数的分子分母无关，采用了小组辩论的形式，使学生在辩论中逐渐认清真知。】

生：把一袋桃子平均分成4份，每只小猴子得到$\frac{1}{4}$。

师：每个人得到了$\frac{1}{4}$，小猴子三下五除二就吃完了，还嚷着口渴。怎么办呢？孙悟空一看没有办法，干脆我再变一袋桃子吧。

师：平均分给4只小猴子，每个小猴子得到几分之几呢？

生：$\frac{1}{4}$。

师：为什么也是$\frac{1}{4}$呢？

生：因为把这一袋桃子平均分成了4份，所以每一份就是$\frac{1}{4}$。

师：这一袋桃子有8个，就在你的手里，来帮助孙悟空分一分吧。

师：每人得到几个，占这袋桃子的几分之几呢？

生：把8个桃子平均分给4只小猴子，每只小猴子得到2个，用分数$\frac{1}{4}$表示。

课件演示平均分的过程。

师：猴子们把分给自己的2个桃子都吃完了，但还是说不过瘾，还要吃，这怎么办？孙悟空没有办法，也不能让他们吃得太多了，干脆再变一袋桃子(4个)给这4只小猴子，每只小猴子分得这袋桃子的几分之几？是几个？

生：还是每人$\frac{1}{4}$，是1个。

课件投影如下(图2)：

师：$\frac{1}{4}$中“1”是指一个桃子吗？它指的是什么？

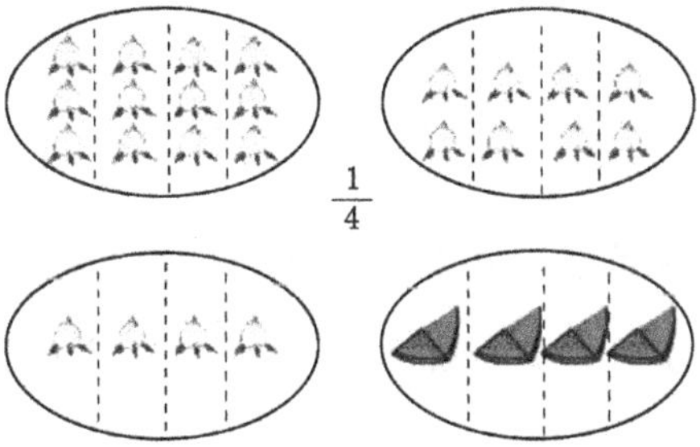

图 2

生：指的是一份。

板书：（$\frac{1}{4}$中分子 1 指的是一份）

师：观察这 4 次平均分的过程，你有什么发现？有什么问题？

生可能发现：都是平均分成 4 份，每一份不一样，每一份都用$\frac{1}{4}$。

生可能提出：为什么每一份不一样，但都是用$\frac{1}{4}$表示呢？

生讨论后交流。

生可能发现：因为都这袋子平均分成了 4 份。

师：每只猴子分得几分之几，与袋子里有多少个桃子有没有关系？

生：没有关系。

师小结：不论是西瓜还是桃子，也不论桃子是多少个，只要把它们平均分成了 4 份，每一份就是这个西瓜的$\frac{1}{4}$，这袋桃子的$\frac{1}{4}$。

【设计意图：把 4 次平均分的结果集中展示，用问题引导学生比较为什么每一份不一样却都用$\frac{1}{4}$来表示，学生在比较中认识到把一些物体看作一个整体，平均分成几份，每一份就是几分之一。通过比较，学生们深刻地认识到把一些物体看作一个整体进行平均分，每一份用几分之一来表示的本质，巧妙地攻克了本节课的教学难点。】

师：两只小猴子吃饱了，玩去了。剩下的两只小猴子仍然觉得吃得不过瘾，嚷着要吃，孙悟空没有办法，只好再变出一袋桃子（4 个），平均分给这两只猴子，怎么分？每人分得的占几分之一？

生：$\frac{1}{2}$。

师：为什么是$\frac{1}{2}$，而不是$\frac{1}{4}$呢？

生：因为把这一袋桃子平均分成了两份。

师：不论这个袋子里有多少个桃子，只要平均分成两份，每一份就是$\frac{1}{2}$。

生可能回答为：每人分得$\frac{1}{2}$，分 2 个。

学生也可能回答为：每人分得$\frac{2}{4}$，分 2 个。

如果学生出现第二种答案，则组织学生进行讨论：每个人分得是$\frac{1}{2}$还是$\frac{2}{4}$呢？

学生讨论后回答：把一袋桃子平均分成了两份，每一份是$\frac{1}{2}$。

师课件投影（图 3）：

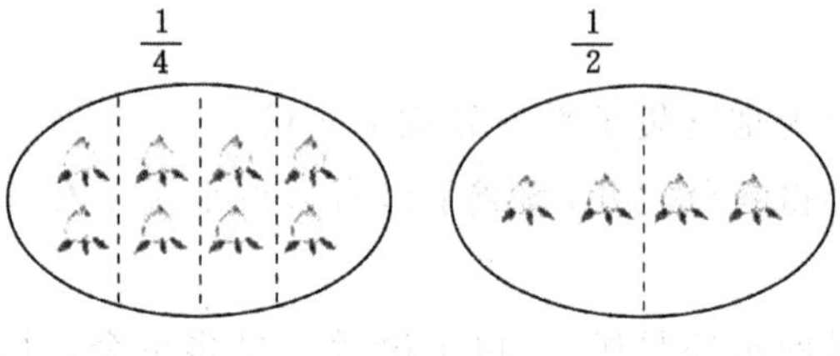

图 3

师：观察为什么每份都是 2 个，而一个用$\frac{1}{4}$表示，一个却用$\frac{1}{2}$表示呢？

学生讨论后回答：

一个是把这一袋桃子平均分成 4 份，一个是把这一袋桃子平均分成 2 份。所以每一份一个用$\frac{1}{4}$表示，一个用$\frac{1}{2}$表示。

师小结：判断平均分后的每一份用几分之一来表示，关键是看平均分成了几份，与每一份是几个有没有关系呢？

生：没有。

【设计意图：此处再次组织学生讨论把一些物体看成一个整体平均分成的

份数不一样，每一份则用不同的分数来表示，进一步加深了学生对于分数本质的认识。】

三、分层巩固，夯实基础

师：下面让我们用今天所学习的知识去解决一些实际问题。

（1）限定时间完成想想做做第1题、第2题、第3题。

师在巡视中找到典型错例让学生说一说自己是怎样想的，学生互评，明辨正误，集中批改订正，学生对自己的练习情况给出一个评价。

【设计意图：改变过去练习中学生做一题讲一题的模式，把三个大题一次性地呈现给学生，给学生充足地解决问题的时空。教师则利用这个时间进行巡视，做好个别辅导，找到多发问题与典型问题，相机集中点拨，让得出不同结论的学生说一说自己是怎么想的，让学生在尝试错误与反馈交流中形成正确的概念。】

（2）师：孙悟空也给我们班出了一道问题，表现好的小组，孙悟空要送他们一袋礼物。

学生分别拿出手里的12根小棒的$\frac{1}{2}$、$\frac{1}{3}$、$\frac{1}{4}$、$\frac{1}{6}$、$\frac{1}{12}$。

学生思考后，在教师的组织下同时报结果。

（3）师：孙悟空送给我们的也是一个口袋，你想平均分给多少人，每人得到几分之几？

生个别回答。

师：这就是我们今天学习的把一些物体看成一个整体，不论里面是什么，有多少，只要平均分成几份，每一份就是几分之一。

师：想不想知道里面有什么？（24个乒乓球）现在你又想平均分给多少人，每人得到几分之几呢？

生同位互答。

四、布置作业，合理拓展

师：把今天所学的分桃子、分乒乓球的故事，讲给父母听一遍，出几个问题考一考他们，好吗？

合理举例，模仿拓展

——四年级下册《加法交换律和加法结合律》教学设计及意图

【教学内容】

苏教版小学数学教科书四年级下册第 56～58 页。

【教学目标】

(1) 让学生在经历探索加法交换律和加法结合律的过程中，理解并掌握加法交换律和加法结合律，初步感受到应用加法运算律可以使一些计算简便。

(2) 在探索运算律的过程中，发展学生的分析、比较、抽象、概括能力，培养学生的符号感。

(3) 让学生在数学活动中获得成功的体验，进一步增强对数学学习的兴趣和信心，初步形成独立思考和探究问题的意识和习惯。

【教学过程】

一、教学加法交换律

(1) 创设情境，引发思考。

观察这幅图，你能提出哪些数学问题呢？(图 1)

图 1

学生可能会提出以下问题：

① 参加活动的一共有多少人？

② 跳绳的有多少人？

③ 跳绳的男生比跳绳的女生多多少人？

④ 参加活动的女生一共有多少人？

……

教师选择学生提出的一个问题：跳绳的有多少人？你是怎样列式计算的？

学生列式“28＋17”和“17＋28”。

(2) 师：比较这两道算式，你发现它们有什么不同呢？

生：前一个是男生人数加上女生人数，后一个是女生人数加上男生人数。

师：得数相同的算式我们可以用等号把它们连成等式。

(3) 师：你能再说出几个这样的等式吗？

师巡视，相机展示学生出现的这样两种举例情况：① 先写出“12＋23”和“23＋12”，计算后，再在两个算式之间添上“＝”。② 不计算，直接从左往右依次写下“12＋23＝23＋12”。

师：比较这两种举例的情况，你想说些什么？

生可能回答：不去计算就不能真正验证出这两个算式是否真的相等。

【设计意图：在巡视中找到学生普遍存在的细节问题，通过辨析使学生认识到这样做是很草率的，培养学生严谨求实的学习作风。】

师在巡视中找到下面类似的例子，如果没有，则教师自行出示：

① 7＋8＝8＋7，2＋9＝9＋2，4＋7＝7＋4。

② 5＋4＝4＋5，30＋15＝15＋30，200＋500＝500＋200。

师：比较这两位学生的举例，你有什么要说的吗？（如果学生说不出，教师则要注意点拨。）

生可能回答：前一个同学只举了一位数相加，交换加数和不变，只能说明一位数相加，和不变。后一个举例比较全面。

【设计意图：这是培养学生严密推理、科学举例的重要手段。】

学生举例，老师相机板书等式，并追问：介绍一下你是怎么写的，得数是否相等呢？

(4) 仔细观察这些算式，你发现了什么规律呢？根据学生回答，相机引导学生发现规律。

(5) 你能用自己喜欢的方式表示出这个规律吗？教师适当提示：用符号、文字、字母等表示。

学生可能有的表达方式：

① ○＋□＝□＋○。

② 甲数＋乙数＝乙数＋甲数。

③ a＋b＝b＋a。

……

【设计意图：符号是数学表达和进行数学思考的重要形式，给学生用字母表示加法结合律的机会，培养学生运用符号来表示变化规律的意识。】

(6) 小结：两个数相加，交换加数的位置和不变这一规律叫作加法的交换律(板书：加法交换律)，通常用字母表示：a＋b＝b＋a。

(7) 加法交换律虽然我们今天才认识它，其实在很早的时候我们就在使用它，你知道它在哪些地方用到吗？

生：加法计算的验算。

出示课本想想做做第 3 题(图 2)：

3. 计算下面各题，并用加法交换律进行验算。

357 + 218	409 + 296	77 + 845
690 + 174	583 + 68	195 + 367

图 2

组织学生分组任选一组算式进行计算并验算。

【设计意图：联系过去所学过的加法验算进行教学，沟通新知与旧知之间的联系，使学生透彻了解加法交换律，激发他们内在的学习动机。】

二、教学加法结合律

(1) 结合情境初步感知加法结合律。

师再选择一个问题：参加活动的一共有多少人？

师：你打算先求什么？怎样列综合算式呢？

生列算式：(28＋17)＋23；28＋(17＋23)。

师：这两道算式都能求出参加活动的总人数，你会计算吗？学生分组计算。

生汇报：两道算式都等于 68 人，因此可以用等号连接。

师：两道算式有什么不同？为什么得数相同呢？

生：一个是先把跳绳的人数合起来，再加上踢毽子的人数。另一个算式是先把女生的人数合起来，再加上男生的人数。

(2) 师出示：算一算，下面的○里能填上等号吗？

(45＋25)＋13○45＋(25＋13)；

(36＋18)＋22 ○36＋(18＋22)。

生计算并判断。

(3) 师:你能举出类似的例子吗?

相机引导学生举出一位数相加、两位数相加、三位数相加的等式。

(4) 师:观察这些等式,你有什么发现呢?

组织学生同位互说后汇报。

师:你能用字母 a、b、c 代表这三个加数,然后把上面的规律表示出来吗?

学生独立写后回答,师板书:(a＋b)＋c＝a＋(b＋c)。

(5) 小结:三个数连加,改变运算顺序,和不变。这就是加法结合律。

(板书:加法结合律)

【设计意图:加法结合律的教学流程与教学加法的交换律整体差不多,但更侧重于学生的自主学习。】

三、巩固练习

(1) 口答 58 页想想做做第 1 题。学生口答,师组织验证。

(2) 组织学生解决课本 58 页想想做做第 2 题,生口答。

(3) 师出示:(8＋6)＋3＝8＋(4＋6)。

师:这里运用了什么规律? 你有什么要说的吗?

生:里面的加数出现了变化,左右并不相等。

【设计意图:不仅让学生注意到不能马虎,也渗透了加法结合律只是改变了运算的顺序,不能改变数字的大小。】

(4) 渗透简算意识。

组织男女学生计算比赛,直接写得数,半分钟,看谁的速度快! 女生做左边一组,男生做右边一组。

45＋(88＋12)　　(45＋88)＋12

(75＋25)＋48　　75＋(48＋25)

师:你们有什么要说的吗?

男生:不公平,我们做的这两题不能凑成整数,而她们的算式中括号内的数字可以直接凑成整数。

师:能不能把你们的算式变得好算一点呢?

生:能!

师:这是我们明天要学习的内容。下课后自己去试一试。

【设计意图：通过这种学生喜闻乐见的方式引发学生思考——原来结合律有如此妙用，从而使学生对于这种规律的学习产生新奇感与信服感。】

四、引申拓展

(1) 加法交换律的拓展。

师：从个别特例中形成猜想，并举例验证，是一种获取结论的方法。有时，从已有的结论中通过适当变换、联想，同样可以形成新的猜想，进而形成新的结论。根据"在加法中，交换两个加数的位置和不变"这个结论，你还能提出哪些猜想？

生在提示下可能会提出以下猜想：

① 减法中，交换被减数与减数的位置，差不变。

② 乘法中，交换两个乘数的位置，积不变。

③ 除法中，交换被除数与除数的位置，商不变。

④ 在加法交换律中，两个加数换成"三个加数""四个加数"或更多个加数，和不变。

在学生出现上述猜想后，师引导学生思考怎样举例来验证。

(2) 加法结合律的拓展。

师：仿照加法结合律，你又会做出怎样的猜想呢？

学生可能会提出以下猜想：

① 三个数连乘，改变运算顺序，积不变。

② 三个数连减，改变运算顺序，差不变。

③ 三个数连除，改变运算顺序，商不变。

师：你能举例验证哪一个成立，哪一个不成立吗？

学生分组尝试组织验证。

【设计意图：举一反三，拓展诱发猜想，学生通过举例认识到通过模仿引入的猜想有的可能正确，有的不正确。】

让学生感觉到“画图”有用

——四年级下册《画图解决问题的策略》教学设计及意图

【教学内容】

苏教版小学数学四年级下册第 48～49 页。

【教学目标】

(1) 让学生在解决有关实际问题的过程中，学会用画示意图的方法整理信息，能借助所画的示意图分析实际问题的数量关系，确定解决问题的思路。

(2) 让学生在解决实际问题的反思中，感受到画示意图来整理信息的价值，体会到画图整理信息是解决问题的一种常用策略。

(3) 让学生进一步积累解决问题的经验，强化解决问题的策略意识，获得解决问题的成功体验，增强学好数学的自信心。

【教学过程】

一、唤醒经验，埋伏策略

(1) 师：长方形的面积应该怎样计算？

组织学生试着画一个长方形，并写出名称及面积计算公式。

提问：已知长方形面积和宽，怎样求长？已知长方形面积和长，怎样求宽呢？

(板书：长×宽＝长方形的面积；长方形的面积÷长＝宽；长方形的面积÷宽＝长)

(2) 师：决定长方形面积大小的是什么？

生：长和宽。

师：要使长方形的面积增加怎么办？面积减少呢？

(预设：长增加，宽不变；宽增加，长不变；长和宽同时增加；……)

【设计意图：此处的埋伏是非常必要的，一是使学生对长、宽以及长方形的面积之间的关系有清晰的理解；二是使学生认识到改变长方形的面积，只要改

变长方形的长与宽就可以了。】

二、引起画图需要

师出示:一块长 10 米、宽 8 米的长方形花圃,由于扩建,长增加了 3 米。面积增加了多少平方米?

生独立思考,尝试解决。

师巡视,出示学生的解法:

10+3=13(米)　　　13×8=104(平方米)

10×8=80(平方米)　104-80=24(平方米)

师:使用这种方法你感觉怎么样?

生:比较麻烦。

【设计意图:这个问题对于学生来讲独立解决是有一定困难的,给学生充分的时间尝试解决是非常有必要的。一是可以锻炼学生独立面对问题的能力,二是为接下来体验画图解决问题的简捷有效埋下伏笔。】

师:有没有比较简便的方法呢?

预设:如果有学生知道则让学生表达,然后提问他是如何想的。如果没有学生回答,则组织学生试着画一画图。

生尝试画图,师相机指导。

师:你有什么发现呢?

生:增加的面积就是求"长 8 米、宽 3 米"的长方形面积。

生:8×3=24(平方米)。

师动画演示长方形花圃的长增加了 3 米(图 1)。

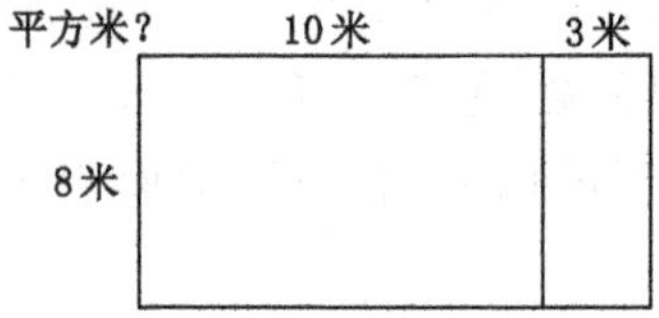

图 1

师:这与原来的方法相比较,你有什么样的感觉呢?

生:这种方法非常简便。

师:这种简便方法是怎么找出来的?

生:通过画图整理找到了简便的方法。

【设计意图：策略教学重要的是要培养学生的悟性，通过自主尝试、前后比较，使学生经历“数学化”的过程，即转化成图形的过程。通过对比，学生感受到了画图解决问题策略在这类问题上的优越性，激起了学生学习这种策略的兴趣。】

三、尝试解决新问题

师出示：梅山小学有一块长方形花圃，长 8 米，在修建校园时，花圃的长增加了 3 米，这样面积就增加了 18 平方米。原来花圃的面积是多少平方米？

师：受上题的启发，你准备怎样做呢？

生：先画图整理条件。

师组织独立画图，相机指导。学生指着图把题目的条件与问题说一说。

学生独立列式解答，教师巡视，并指名板演。

18÷3＝6(米)；

8×6＝48(平方米)。

师：现在你能根据示意图说一说怎样求原来花圃的面积吗？

师：要求原来花圃的面积，先要求什么？(要先求出原来长方形花圃的宽)怎样列式解答呢？

生个别说，然后小组汇报。

【设计意图：策略只有能够成功解决新问题才能在学生的心底种下种子。因此组织学生用画图的策略尝试独立解决新问题是非常重要的。教师要做的是给学生一个独立面对问题的时空，而不是匆忙地给学生讲解该如何画图去解决问题。】

师出示：小营村原来有一个宽 20 米的长方形鱼池。后来因扩建公路，鱼池的宽减少了 5 米，这样鱼池的面积就减少了 150 平方米。现在鱼池的面积是多少平方米呢？(图 2)

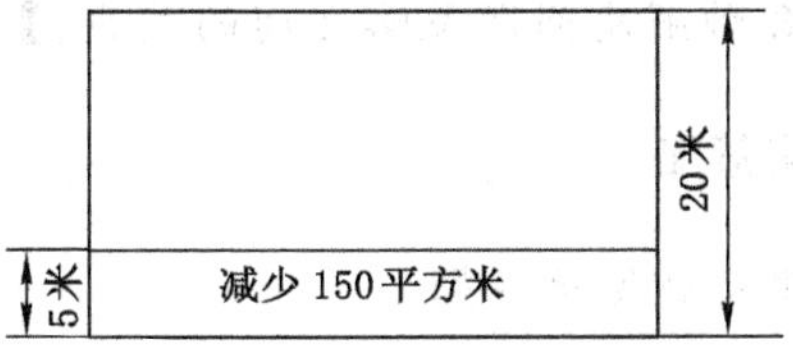

图 2

学生在图上画出面积减少的部分，再列式解答，学生个别交流。

学生可能有方法：(1) 150÷5×(20－5)＝450(平方米)

(2) 150÷5×20－150＝450(平方米)

四、反思总结解题策略

师：我们今天是用怎样的策略来解决实际问题的？我们过去学过哪些解题策略？

生：列表整理。

师：列表整理与画图整理都是一种整理信息的方法，都是为了更快地找到数量之间的关系。这三道问题我们都用画图来整理，而不采用列表整理这种解题策略，这是为什么呢？为什么？

学生反思回答。

师出示下题：你认为用什么策略来解决问题比较好？

顾客朋友们，你们好，本店由于街道拆迁，所有文具降价大甩卖喽！书包原价 80 元现价 50 元，文具盒原价 20 元现价 12 元，卷笔刀原价 10 元现价 4 元，钢笔原价 15 元现价 8 元。……

小力：我买 3 个文具盒。

小红：我买 4 个书包。

小芳：我买 10 个卷笔刀。

问题 1：小红比小芳多付多少元？

问题 2：小力比小红少付多少元？

生：对于这个问题列表来整理信息有利于解决问题。

【设计意图：画图解决问题的策略从本质上讲是对问题信息进行整理的过程。在学生学习了画图解决问题的策略后，及时出示这道题目，学生就不会呆板地认为使用画图策略可以解决所有问题，而是根据所要面对的问题信息选择合适的策略，从而沟通各种解决问题策略之间的关系。】

五、层次练习，内化策略

1. 学生独立解决想想做做第一题

下图是李镇小学的一块长方形试验田，如果这块试验田的长增加 6 米，或者宽增加 4 米，面积都比原来增加 48 平方米，你知道原来试验田的面积是多少平方米吗？(图略)

师：读完题目后，你有什么感觉？

组织学生画图解决，相机组织学生交流画图的方法与解法的经验。

师组织学生反思：表面上看，这道题似乎无法求解，但通过画图，可以清晰地看出长或宽的增加与面积的增加之间的关系，从而分别求出长和宽并解决问题。

2. 学生独立解决想想做做第二题

张庄小学原来有一块长方形操场，长 50 米，宽 40 米，扩建校园时，长增加了 10 米，宽增加了 8 米，操场增加了多少平方米？

组织学生交流自己的解决办法。

预设①：50×8＝400(平方米)

40×10＝400(平方米)

400＋400＝800(平方米)

课件演示(图 3)：

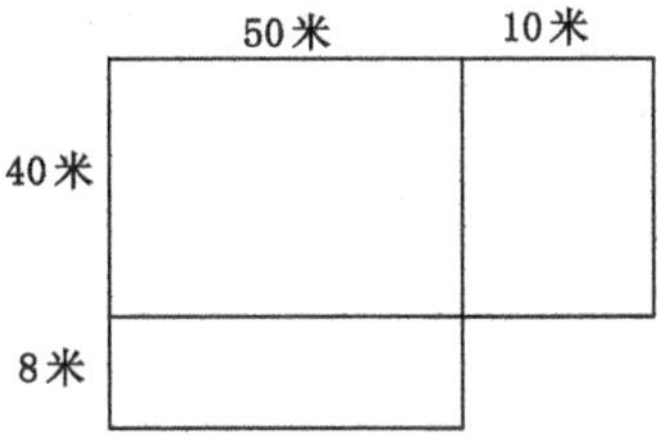

图 3

师：谁有不同的意见？这样扩建后还是一个长方形的操场吗？

组织学生交流得出这样的解答少了一部分内容是 10×8＝80(平方米)。

课件演示(图 4)：

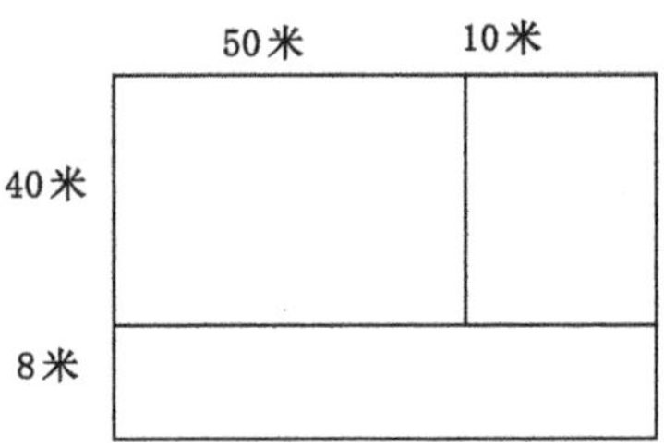

图 4

学生可能有以下的解法：

方法一：40×10＋50×8＋10×8＝880(平方米)；

方法二：(50＋10)×(40＋8)—50×40＝880(平方米)；

方法三：(50＋10)×8＋40×10＝880(平方米)；

方法四：(40＋8)×10＋50×8＝880(平方米)。

【设计意图：学生们之所以会少算10×8＝80平方米，主要还是不会正确地画图。在更正错例中，学生更加鲜明地意识到正确画图对于顺利地解决问题非常重要。】

六、总结收获，系统梳理

师：回顾一下，你在生活学习中，运用过画图来解决问题吗？

师举例：在学习分数的认识时，我们是这样来学习的：把12个圆圈平均分成4份，每一份是3个。

师组织学生寻找数学、生活、其他领域运用画图策略解决问题的典型例子。

【设计意图：使学生体会到自己过去在学习新知、解决问题时已经无意识地在使用着画图解决问题的策略了，从而对这种策略产生亲切感与认同感。】

从最简单的想起

——人教版小学数学四年级上册《烙饼中的数学问题》教学实录

师：煮熟一个鸡蛋要 5 分钟，3 个鸡蛋要几分钟呢？

生 1：15 分钟。

生 2：5 分钟。

师：说一说你的想法。

师：这就是数学中的优化思想。

师出示烙饼图：请你观察这幅图，你获得了哪些信息呢？你能用自己的话说一说吗？

生：营业时间是 6:00～12:00。

生：每次烙两张。每面都要烙，每次需要 3 分钟。

师：能不能为了省时间放在一起烙呢？

生：不能。

师：要求的问题是在营业时间内能不能烙完 100 张饼。

师：这个问题是不是有些难啊。这让我想起了一句话：天下难事，必作于易——老子。谁来说一说你对这句话的理解。

生：从最简单的做起。

师：100 张饼需要多长时间我们不知道，但是烙一张饼需要多长时间你知道吗？

生：6 分钟。

师：说一说你的想法。

师：烙两张饼呢？

师：说一说你的烙法。

师：为什么还是 6 分钟呢？

师：如果要烙 3 张饼呢？说一说你的想法。

学生有两种意见：

(1) 12 分钟。(一次先烙两张饼)

(2) 9 分钟。

着重请那个用时 9 分钟的来说明自己的想法。

学生说:一正,二正;一反三正;二反,三反。

师:让我们一起烙　烙。

师:让我们来检测一个这 3 张饼是不是都烙熟了。

师:为什么会少用一次呢?

生:第一种方法第二次只烙了一个面。第二次可以两个一起烙。

师:每一次烙的是不是都是两个面,是不是充分地利用了锅的空间?

师:你说烙 3 张饼,有没有比 3 次更少的方法呢?有没有可能呢?为什么没有这种可能呢?

小组讨论。

师点拨:一张饼几个面,3 张饼呢?每次能烙几个面?要几次呢?你能列式解决这个问题吗?

生:3 张饼有 6 个面,每次烙 2 个面,要烙 3 次。

师:这里的 6 与 3 是什么意思呢?

师:4 个饼是怎么烙的?

生说一说自己烙饼的方法。

师:其实就是把 4 张饼分成 2 张、2 张来烙。

师:你能不能列式来验证自己的答案呢?

生:$2\times4=8$(个)。$8\div2=4$(次)。$4\times3=12$(分钟)。

师:我们来看一看这个算式,说一说你这样列式的想法。

师:2 张饼 2 次,3 张饼 3 次,4 张饼 4 次,5 张饼几次?

生:5 次。

师:说一说你的想法。

师:5 张饼需要烙几次?

学生说的方法比较麻烦。

师:还需要这样麻烦吗?能不能利用我们已有的结果呢?你能算式验证一下吗?

师点拨:1 张饼 2 次,2 张饼 2 次,3 张饼 3 次,4 张饼 4 次,5 张饼 5 次,6 张饼 6 次……

师:你发现了什么规律?

生:除了一张饼例外,其他烙饼的张数与次数是相同的。

师:100 张需要多少次呢? 需要多长时间呢?

生:100 张饼需要 300 分钟。

师:300 分钟是几小时?

生:5 小时。

师:她营业了几小时呢? 时间够不够呢?

生:时间是够的,还剩下 1 小时。

师:这么一个复杂的问题被我解决了,反思一下,我们是如何解决的呢? 这里面用到了什么思想?

生:从最简单的想起,优化的思想。

师:运用了什么思想?

生:优化思想。

师出示华罗庚照片与人物简介。

师:剩下的 1 小时最多烙多少张饼呢?

生:1 小时是 60 分钟,60÷3=20(张)。

师:也就是在这一天的营业时间内最多能够做 120 张饼。(在讲课中可列表方便学生理解,表 1)

表 1

饼数	烙的方法	次数	所有时间

培养推理的关键能力

——四年级上册《一亿有多大》教学设计及意图

【教学内容】

苏教版小学数学四年级下册第46～47页。

【教学目标】

(1) 使学生通过“数一数”、“排一排”、“称一称”和“说一说”的实践活动，从不同的角度感受一亿的大小。

(2) 使学生通过上述实践活动，培养学习数学的兴趣和解决实际问题的能力，并在活动中增强参与意识和合作意识，培养勤俭节约的良好习惯。

【教学准备】

尺子、手机秒表、有声计算器软件、学生计算器。

【教学过程】

一、导入新课

教师板书“100 000 000”，提问：这个数是多少？师板书“一亿”。

师：大家都已经会读、会写一亿这个数了。一亿到底有多大呢？

学生的可能回答：10个一千万是1亿；100个百万是1亿；1 000个十万是一亿；1万个1万是1亿。

师：知道了还远远不够，但你们知道“一亿”到底有多大吗？这节课就来开展几项活动，让大家亲身感受“一亿”究竟有多大。

二、数一数

师数本子：如果像这样数1亿个本子，大概要多长时间呢？请你猜一猜。

生猜测。

师：大家都估计得很长，这么短的时间我们不好数出1亿个本子需要多长时间，那我们怎么办呢？请小组讨论一下。

小组讨论后发表自己的意见。

生：数 1 个本子，然后再推算出 1 亿个本子要多长时间。

生：数 50 个本子，然后再推出 1 亿个本子要多长时间。

师：数 1 个，结果可能不够准确。数太多又太浪费时间。今天我们就来数 50 个本子。

生数本子，师计时。

师：如果数 100 本呢？

师：1 000 本呢？

师：照这样的速度数一亿本练习簿，大约要用多少秒？猜一猜？

我们的猜想对不对呢？把你的结果填到下面的表格里（表 1）。

表 1

本数	100	1 000	10 000	100 000	1 000 000	10 000 000	100 000 000
时间（秒）	92	920	9 200	92 000	920 000	9 200 000	92 000 000

师：数 1 亿本需要这么多秒，但我们似乎还是不能确切知道是多长时间，能不能转化一下呢？你能用计算器来算一算吗？

师：我们先把它转化成？

生：分钟。

生：92 000 000÷60＝1 533 333.33（分）

师：再转化成小时，要除以？

生：60。

生：1 533 333.33÷60＝25 555.555 5（小时）

师：转化成天，要除以？

生：要除以 24。

生：25 555.555 5÷24＝1 064.814 8（天）

师：这是多少年呢？

生：1 064.814 8÷365≈2.91（年）

生：如果一天 24 小时不停地数，1 亿个本子要数近 3 年的时间。

师：如果我们每天只数 8 小时，那么要数多少年呢？

学生说自己的方法。

生：数1亿个本子需要大约3年，如果每天只数8小时，24小时是8小时的3倍，也就是3年的3倍，也就是9年。

师：看了这个结果，你刚才猜对了吗？现在你对1亿有什么感觉吗？

生谈一谈自己对一亿的感受。

【设计意图：在通过推理的方式得到数1亿个本子需要92 000 000秒，学生对这个数字还不能切身感觉到其具体有多长，在向"年"转化的过程中，对于学生来讲还是有一定难度的。因此引导学生一步一步地推理思考，为下面学生自由探究做好铺垫，培养学生有序思考、分析推理的能力。学生通过自己的计算得出数1亿个本子需要不停地数3年时间，从而对1亿究竟有多大有了真切的认识。】

三、排一排

师请出10个学生在教室内手拉手分站两行，再请几个学生和教师一起量出这一行(要从左端学生的左手尖到右端学生的右手尖)的长度大约是多少米(取整米数)。

师提问：照这样计算，1亿个小朋友手拉手站成一行，大约有多少米长？

学生推算，并填写下表(表2)。

表2

人数	100	1 000	10 000	100 000	1 000 000	10 000 000	100 000 000
长度(米)	140	1 400	14 000	140 000	1 400 000	14 000 000	140 000 000

师：观察第一列与最后一列的结果，你有什么发现吗？

师：地球赤道全长是40 000 000米。要求学生用计算器算一算：当1亿个小朋友手拉手站成一行，可以绕地球赤道多少圈？

引导学生用计算器计算时，把被除数、除数的米数都转化成千米数。例如，100个小朋友手拉手的长度是140米，1亿个小朋友手拉手的长度是140 000 000米，即140 000千米；地球赤道全长40 000 000米，即是40 000千米。

140 000÷40 000＝3.5(圈)。

【设计意图：一亿个小朋友拉起手可以绕地球多少圈？这是一个具有挑战性与趣味性的问题。这一问题情境有效地激发了学生推理的兴趣，并通过推理

分析得出的结果再次真切地感受到1亿的大小。】

四、称一称

课件出示：1 000粒大米大约重25克，照这样计算，1亿粒大米大约重多少克？（表3）

表3

粒数	1 000	100 000 000	
质量（克）	25	?	

学生自己探索下面的问题：

(1) 全国大约有14亿人，如果每人每天节省1粒米，全国一天大约能节约多少克粮食？

__________×14 __________（克）

师：你是怎么想的？1亿粒大米是2 500 000克，14亿粒大米是多少克呢？

生：2 500 000×14＝35 000 000（克）

(2) 如果每人每天吃大米400克，这些节省下来的大米可供一个人吃多少天？大约合多少年呢？

__________÷400＝（　　　）（天）

__________÷365＝（　　　）（天）

生：35 000 000÷400＝87 500天。

87 500÷365＝239.72年。

【设计意图：这一问题情境同样具有现实性与挑战性，不过在没有教师帮助的情况下，学生是很难独立推理计算出正确结果的。因此可以通过列式填空的方式使学生的推理有路可寻、有法可依。】

师：这个结果一定会让同学们感到很吃惊吧。看了这个结果你有什么要说的吗？

生：我们要爱惜粮食，每一个人只要节省一点，全中国节省的就是很大的数量。

组织学生交流结果，师相机点评。

【设计意图：不仅使学生通过分析计算深切地感受到“亿”的大小，并能够受到爱惜粮食的思想教育。】

五、阅读资料并说一说

(1) 1亿滴水大约可以汇成3 333千克水，能够装4辆大型运水车，能供缺水地区的1个人用3年。

(2) 1亿张纸叠在一起，约有10 000米高，比珠穆朗玛峰还要高。

(3) 每人节约1双筷子，1亿人就能节约1亿双筷子，可以少砍生长了20年的大树25 000棵。

(4) 纳米是一个长度单位，1纳米相当于将1分米平均分成1亿份，取其中的1份。

通过今天的学习，你还想知道哪些关于1亿的问题呢？你对哪个问题比较感兴趣呢？请您继续研究，然后写一篇日记。

师：通过这些活动，你认为1亿有多大？请用你自己的语言叙述一下。这些收获是怎样得到的呢？

【设计意图：通过给学生提供一些关于1亿大小的资料，使学生对于1亿究竟有多大有了更加丰厚的认识。为拓展学生的认识，可以引导学生思考还想研究哪些关于1亿的问题，把学生探究的目光引向课外。】

唤醒列举经验，感悟列举内涵，提升数学素养

——五年级上册《列举解决问题的策略》教学实录与评析

【教学内容】

苏教版小学数学五年级上册第 65～67 页的例题及随后的“想想做做”。

【教学内容】

列举，即把事情发生的各种可能逐个罗列，并用某种形式进行整理，从而得到问题的答案。由于“列举”比“枚举”通俗易懂，易于接受，故而在教材里采用“列举”这种表述的方式，这是从有利于学习出发的。通过对这部分内容的学习，可以使学生进一步加深对现实问题中基本数量关系的理解，增强分析问题的条理性与严密性。解决问题策略的教学是苏教版小学数学教材编排的特色，用列举的策略解决实际问题是建立在画图、列表等策略的基础之上的。

适合用列举策略解决的问题如果列式计算比较困难，运用列举策略要有序地思考，做到不重复、不遗漏，体现了严谨有序的数学素养，可以有效提高学生的思维品质。与问题相符的一些可能答案凭直觉比较容易找到，但是如果没有“列举”策略的意识，不掌握相应的先分类再列举的方法，很容易找不全答案或是出现重复的答案。编排这个单元的目的就是要使学生树立列举的意识，掌握相应的列举方法，拓宽解决问题的思路，提高解决问题的效率。

【学情分析】

苏教版关于“解决问题的策略”的编排特点是：先将要学习的策略渗透到各部分内容之中，然后从四年级上册开始安排“解决问题的策略”单元，集中教学解决问题的策略，促进学生掌握一些基本解决问题的策略，提高学生解决问题的能力。这就要求教师在教学时正确处理好策略的分散教学和集中教学的关系。学生们虽然已经有了一些有序思考的意识，但遇到实际问题则会“无从下手”。苏教版小学数学教材在教学列举策略之前，每个学期都或多或少地渗透了这个策略，只是没有提炼出这些策略的名称而已。在四年级下册学习搭配的

规律时,学生们已经能不重复、不遗漏地进行搭配,接受了一些精细思维的训练。教学时要唤醒学生已有的列举经验,引导学生探究列举策略的内涵,学会有序思考,掌握列举策略,提升思维品质。

【教学目标】

(1) 使学生能经历用列举的策略解决实际问题的过程,能通过列举策略不遗漏、不重复地找到符合要求的所有答案。

(2) 使学生在对解决简单实际问题过程的反思和交流中,感受列举的特点和价值,进一步发展学生思维的条理性和严密性。

(3) 使学生进一步积累解决问题的经验,增强解决问题的策略意识,并获得解决问题的成功体验,提高学好数学的信心。

【教学重点】

能用自己的方式整理问题情境中的信息,正确运用列举策略解决问题。

【教学过程】

一、复习铺垫,唤醒列举经验

师出示一个卡通贴画(喜羊羊):这是一个长方形纸,你们想知道它的哪些信息呢?

生:它的长与宽是多少?周长是多少?面积是多少?

师:如果我们知道了它的长与宽,可以求出什么?怎样求?

生:求出它的周长,用长加宽乘 2。

生:还可以求出它的面积,用长乘宽。

师:如果我们知道了这张贴画的周长,你能求出什么呢?

生:用周长除以 2,可以求出长与宽的和。

师:你们还想知道这张贴画的哪方面信息呢?

生:这张贴画卖多少钱?

师:这张贴画的价格是由 2、3、5 三个数字组成的两位小数,猜一猜它的价格可能是多少?

生交流后互相补充得到:2.35 元、2.53 元、3.25 元、3.52 元、5.23 元、5.32 元等。

师:同学们把所有的 6 种情况一一列举出来,这就是一种解决问题的策略,这节课我们就利用这种策略来解决一些问题。

【评析：围绕贴画的长与宽，复习长方形的周长与面积计算，尤其是当知道了周长之后，可以求出长与宽的和，为下面的例题教学做好知识准备与铺垫。再通过列举这张贴画的可能价格，唤醒学生的列举经验，为例题的教学提供思维方式的支持。】

二、趣味情境，应用列举策略

师：有一位王大伯，他想搞一点养殖业。现在他要围一个羊圈，用 18 根长 1 米的栅栏去围一个长方形的羊圈。谁来帮一帮他呢？同学们，请你用准备好的 18 根同样长的小棒代替栅栏去围。

学生围，师下位巡视。

组织学生汇报，你围的羊圈是什么样子呢？

生 1 出示图 1：

图 1

生 2 出示图 2：

图 2

师：到底有多少种不同的围法呢？请你把自己的方法填在表格里(表 1)。

表 1

长					
宽					

【评析：在复习反馈阶段，已唤醒了学生们一一列举的经验，不需教师提问，

学生也会产生“有多少种不同围法”的心理需求。在这个阶段中，组织学生独立解决问题是至关重要的，能满足学生自主学习的意识，有效避免以后机械模仿的问题。学生独立解决列举时有可能是盲目无序的，但这也为下面运用有序的一一列举策略找到了对比的对象，帮助学生体验到有序列举的优势。】

三、交流对比，感悟列举内涵

师下位巡视，找到类似以下3位学生填的情况：

师出示生1的答案(表2)：

表2

长	8	6	5	4	
宽	1	3	4	5	

师：大家想对他提出什么意见呢？

生：少了长7米，宽2米的长方形。

师出示生2的答案(表3)：

表3

长	8	7	5	6	
宽	1	2	4	3	

师：大家想对他提出什么建议呢？

生：这样来找没有顺序，很容易出现错误。

师：怎样找才能做到不遗漏、不重复呢？

生3出示自己的答案(表4)：

表4

长	8	7	6	5	
宽	1	2	3	4	

师：这位同学之所以没有重复，也没有遗漏，他是怎样思考的？

生：18米是这个长方形的周长，长和宽的和就是9米，宽是1米，长就是8米，宽是2米，长就是7米……他是有序思考的。

师小结：看来按照一定的顺序，把符合问题的情况按序一一罗列出来，这就叫作一一列举。

师：现在我们就像这位同学一样有序地一一列举。18 根小棒要围成一个长方形，这 18 根长 1 米的小棒就是这个长方形的周长，长方形的周长是长和宽和的 2 倍，也就是 9，现在我们从宽想起。师演示课件（图 3）：

宽	1	2	3	4	
长	8	7	6	5	
面积					

图 3

【评析：教师在巡视中找到学生一一列举时出现的问题，然后呈现出来，引导学生把无序列举与有序列举进行比较，引导学生思考：你想给他提出什么建议呢？学生在给这些同学提建议的过程中认识到按序一一列举能够做到不遗漏不重复，从而感受到有序列举的优势。教学中教师对于课堂上学生出现的解法进行充分的预设，对典型问题及时反馈，注重课堂生成，使课堂教学成为一次有效的师生对话过程。】

师：同学们，看一看我们帮助王老板找到的围羊圈的方法，如果你是王老板，你会选择哪一种？为什么？

生：选择宽是 4 米，长是 5 米的，因为这样围成的长方形面积最大。

师：请同学们比较长方形的长、宽和面积，你能发现什么呢？

生：周长不变，长方形的长与宽越接近，面积就越大。

【评析：这对学生来说其实是一种智力上的“奖赏”，学生通过一一列举解决问题的策略找到了如何围羊圈面积比较大的方法，认识到把所有答案都列举出来，可以找到最佳答案。另外对通过有序列举得到的 4 种方式进行比较，学生还发现了一条规律，从而使一个数学素材的作用得到尽可能大作用的发挥。】

师：围好羊圈以后，王大伯想给这些羊儿们准备一个活动场所，于是他购买了 12 块 1 平方米的正方形草坪，请你用它们拼成一个长方形，你会有几种拼法呢？

出示图 4：

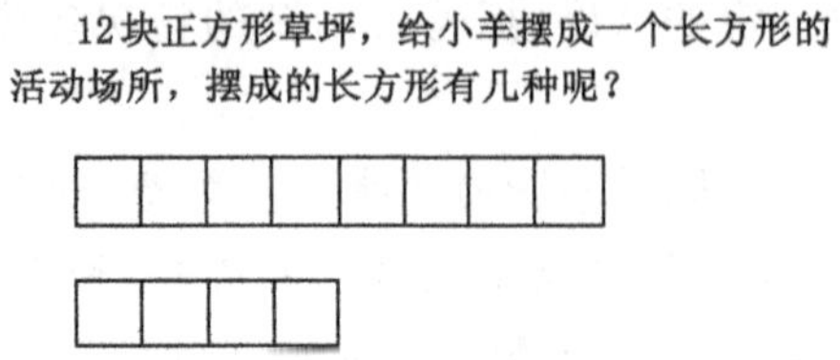

图 4

师:这个问题与刚才那个问题有什么不同呢?

生:刚才是用 18 根长 1 米的栅栏去围,现在是用 12 个正方形去拼。

生:18 米是围成长方形的周长,12 平方米是拼成长方形的面积。

师:请你用一一列举解决问题的策略去解决这个问题。

学生填写下表(表 5):

表 5

长	12	6	4
宽	1	2	3

师:如果你是王老板,你喜欢哪种拼法呢? 说一说你的理由。

生:我比较欣赏第三种,因为第三种接近一个正方形,比较美观,利于小羊们开展体育活动。

【评析:以往的教学经验告诉我们学生在解决问题时会很容易把涉及长方形周长与面积这两类问题相混淆,教学时在此处创设情境及时组织学生进行对比,可以有效地避免类似错误的产生,把问题消灭在萌芽状态。】

四、层次活动,提高列举能力

师:现在王老板按照同学们的方法搭好了羊圈,他要购买三种羊。出示图 5:

师提问:你怎样理解最少买一类,最多买三类呢?

生:最少买其中的一类,最多买三类,买两类也是可以的。

师:请你像刚才那样用一一列举的方式来解决这个问题。

生用一一列举策略解决问题。

生 1:喜羊羊、美羊羊、懒羊羊,喜羊羊与美羊羊,喜羊羊与懒羊羊,美羊羊与

图 5

懒羊羊，喜羊羊、美羊羊与懒羊羊。一共是 7 种。

生 2：A 代表喜羊羊，B 代表美羊羊，C 代表懒羊羊。有这样的几种选法：A、B、C、AB、BC、AC、ABC。

师：这样用字母来代表，更加简洁有序，你想给他提出什么建议吗？

生：先把 A 开头的选完，这样不容易乱。

师：他们在解决问题时有什么相同的地方吗？

生：分成选一种、选两种，选三种的。

师：也就是说在一一列举前要先分一分类，这样就能做到既不重复也不遗漏。

师课件出示分类列表一一列举的方式(图 6)：

	买一类			买两类			买三类
喜羊羊	√			√	√		√
美羊羊		√		√		√	√
懒羊羊			√		√	√	√

3　＋　3　＋　1

图 6

【评析：教师运用课件及时校对答案，动态呈现了先分类再列举的解决问题过程，使学生基本掌握了有序列举解决问题的策略。在运用列举策略解决问题时，需要列表策略的支持，但这只不过是为了更方便清晰地列举，并不是列举的必要唯一形式，教学中切不可拘泥于形式，在此方面对学生进行硬性的要求。当老师的脑子中没有这些条条框框，学生在列举时会更深刻地理解一一列举的内涵，而不会固守于某种形式。要教会学生用文字表达、字母表示、图形代替。】

师：为了让羊儿们在这个栅栏里能有一个快乐的生活，王老板组织了一次射箭活动，出示图 7：

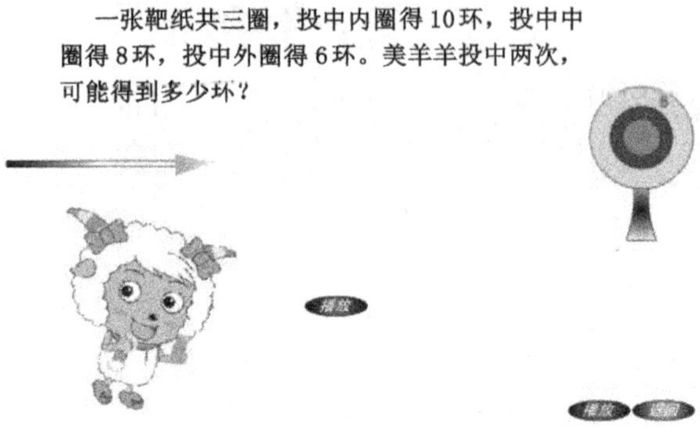

图 7

师组织学生分类一一列举，学生板演，然后汇报自己的想法与结果。

生汇报：分为两类，一类是两次中同样的环，另一类是两次中不同的环。

师：如果美羊羊投中三次，她可能会得到多少环呢？师出示图 8：

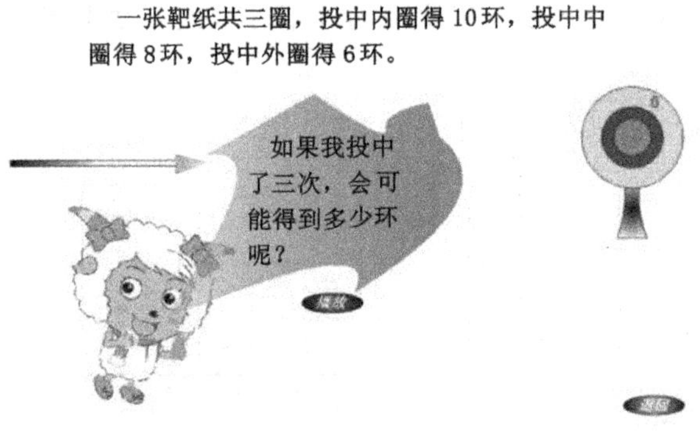

图 8

师：你打算怎样分类列举呢？

生：分为三种情况，一种是三次都中同样的环，一种其中两次中同样的环，第三种三次中的环数不同。

【评析：这个问题有一定的难度，考验学生的耐心与思维严谨性，对于大多数学生来讲是一次思维的挑战。需要学生先分类，分类是否科学，直接影响学生能否正确有序地列举。教师的点拨抓住了重点，学生也就找到了分类列举的

关键。】

生小组讨论后汇报：

三次打中相同的环：

10＋10＋1030(环)；

8＋8＋824(环)；

6＋6＋618(环)。

三次中有两次打中相同的环：

10＋10＋8＝28(环)；

10＋10＋6＝26(环)；

8＋8＋10＝26(环)；

8＋8＋6＝22(环)；

6＋6＋10＝22(环)；

6＋6＋8＝20(环)。

三次打中不同的环：

10＋8＋6＝28(环)。

师：从这节课中你有什么收获？

生：有序思考——列举，把可能的情况先分一分类，再列举，能做到不遗漏、不重复。

生：在一一列举时，还要有耐心。

【总评：教师在整个教学活动中创设了一个情境串，有机地把围羊圈、给羊儿们准备活动场所、购买哪类羊儿、羊儿们玩游戏等活动“串”在一起，使“一一列举”策略的构建过程清晰：有序、不重复、不遗漏；先分类，再列举。这些情境充分地调动起学生的学习积极性，注重已有解题经验的唤醒，注重解题策略的感悟体验，及时组织对比，课尾组织回顾反思，从而使课堂学习情趣盎然，流畅高效。】

情境串激趣，营造有温度的数学课堂

——五年级上册《列举解决问题的策略》教学实录与体会

【教材简析】

在苏教版小学数学教材中，解决问题的策略是从三年级上册开始编排的，从五年级上册起将陆续教学列举、转化、假设与调整等策略，以解答一些相对比较复杂的问题。生活中和数学学习中有许多问题，列式计算是比较困难的，采用列举的方式则能逐步找到问题的答案。所谓列举就是把事情发生的各种情况逐个罗列出来，通过整理，由此得到问题的答案。列举的精髓是“有序思考，有序列举”，遇到复杂问题能够分类列举，这样才能做到不重复不遗漏，促进思维的条理性和严密性的发展，提高分析问题与解决问题的能力，强化解决问题的策略意识。

【教学过程】

一、梳理已学策略

师：我们以往学过哪些解决问题的策略呢？

生：从条件想、从问题想、列表整理、画图。

师：今天我们来继续学习解决问题的策略。

二、情境串激情，感受列举的价值

师：在美丽的羊村住着一位慈祥的翟大叔和一群可爱的小羊们。冬去春来，小羊们说：让我们一起来搭一个长方形的花圃吧。

【教学体会：原来教材问题情境的主人公是“王大叔”，教学实施时教师故意把王大叔换成翟大叔，这与我的姓氏相同，“羊儿们”自然是下面在座的同学们，孩子们会心大笑。这种“玩笑式”的课堂教学情境有一种带入感，能够让学生很快地进入问题情境。也就是因为这节课，学生自此课下亲切地称我为“翟大叔”。】

师：翟大叔就去购买了22根1米长的木条。用22根1米长的木条围成一个长方形花圃，可以围出哪些不同的长方形？你建议翟大叔采用哪一种围法呢？（情境一）

提问：根据这样一句话“用22根1米长的木条围成一个长方形花圃”，我们能够想到什么？

生1：周长是22米。

生2：长加宽的和是11米。

生3：围成的是一个长方形。

师：你还能想到什么呢？这些木条的长度都是1米，围的过程没有把它们折断，这说明了什么呢？

生：围成的长方形的长与宽都是整厘米数。

师：这儿有格子图，每个格子之间表示1米，谁愿意来画出一个符合要求的长方形呢？先在脑中想一想，再来画一画。

学生到电脑前演示画图工具画一个长方形。

师：他画的对吗？还有别的画法吗？请你把所有符合要求的长方形都列举出来，并记录在研究单上。

学生汇报结果。

师：有序很重要，可以使答案既不重复也不遗漏。

师：表格一般做成横着的，从宽是1米开始想起。一起说：宽1米、长10米，宽2米、长9米……

师：为什么列举到宽5米、长6米为止呢？

生：这样宽就比长多了。

师：你建议翟大叔采用哪一种围法呢？

生：我建议采用宽5米、长6米的长方形，因为它的面积是最大的。

师：同样的材料，做出的花圃面积却不一样大，这就是数学价值的体现。

师：像这样，按照一定的顺序把所有情况一个不漏地呈现出来，这种解决问题的策略叫作——列举。这种列举的策略在使用时应当注意一些什么呢？

生：按序来列举，才能做到不重复不遗漏。

师：春天到了，鲜花盛开，小草发芽了。小羊们说：我们还需要一块活动场地。“我来购买原材料吧。”翟大叔买来了24块1平方米的正方形草皮，要用它们铺成一个长方形草坪，有多少种不同的铺法呢？你建议翟大叔选择哪种铺法呢？（情境二）

师：你能用上面的课件种草皮来铺一铺吗？

学生用拖动课件中草皮来演示(图 1)。

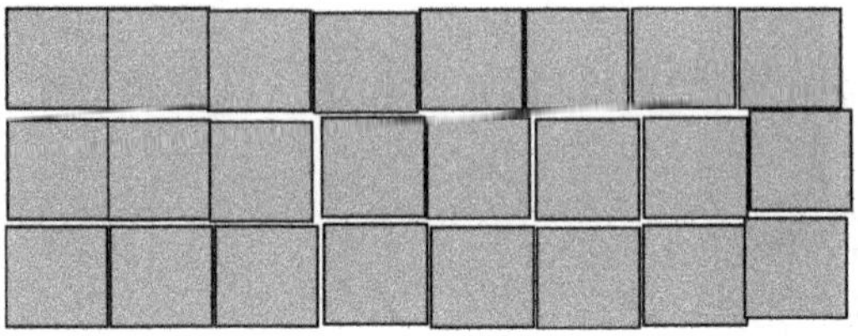

图 1

师：除了摆成 3 排，还有其他的铺法吗？你能使用列举策略列举出所有的铺法吗？

学生列举其他铺法。(表 1)

表 1

长(米)	24	12	8	6
宽(米)	1	2	3	4
周长(米)	50	28	22	20

师：你为什么会提出这样的建议呢？

生：我建议采用长 6 米、宽 4 米的长方形，如果要在这个长方形外面围上篱笆，这样的篱笆所用长度是最短的。

师：对比问题一与问题二，这两个问题有什么不同？

生：第一问题是周长不变，第二问题是面积不变。

【教学体会：情境一是根据周长不变，围不同的长方形找到面积相对大的长方形，情境二是根据面积不变摆出不同的长方形，找到周长较小的长方形。这是列举的价值所在，否则就变成了为列举而列举了。通过这两个问题的对比，可以有效地激起学生的探究欲望，使学生感受到“一一列举”的特点与价值。】

师：有了活动场地，小羊们说，我们就在这块活动场上搞点体育运动吧，搞点什么体育运动呢？(出示：射箭比赛)

一张靶纸共 3 圈，投中内圈得 10 环，投中中圈得 8 环，投中外圈得 6 环。美羊羊投中了两次，可能得到多少环呢？(情境三)

学生先自己列举，出示两名学生的答案(图 2)：

10＋8＝18（环）	10＋10＝20（环）
8＋6＝14（环）	8＋8＝16（环）
6＋6＝12（环）	6＋10＝16（环）

图 2

师：你想给第一位同学提出怎样的建议呢？

生：第一位同学虽然把所有的情况都列举了出来，但是列举没有做到有序。

师：第二名同学在列举之前，其实是进行了分类，投中两次环数相同与不同的。在解决一些复杂问题时，使用列举策略前有时要先分类，再列举。

师：羊村好声音现在开始比赛了，请听美羊羊的女声独唱《好好学习》。今天我们请来了这样几位音乐导师，分别是齐秦、那英、杨坤和汪峰，如果他们感觉美羊羊唱得好，就会为她转过身来。(情境四)

师：音乐导师为她而转身有多少种情况呢？没有列举之前，我们应当先做什么工作？

生：分类。

师：分为哪些类呢？

分为：没有音乐导师转身、一名音乐导师转身、两名音乐导师转身、三名音乐导师转身、四名音乐导师转身

师：没有音乐导师转身是一种、一名转身四种、四名转身也是一种。关键是两名音乐导师与三名音乐导师转身，请同学们开始列举。

生：让我们用字母来表示 ABCD 这四个人，两名音乐导师转身分别是 AB、AC、AD、BC、BD、CD 共六种，三名音乐导师转身分别是 ABC、ABD、ACD、BCD 共四种。

师：最后有四名音乐导师为美羊羊转身，美羊羊的独唱获得了一等奖了。翟大叔要把这个获奖的消息发布在学校网站风景线这个栏目上，风景线、德育窗、特色洲经常更新。如果风景线、德育窗、特色洲分别每两天、每三天和每四天更新一次，那么在 1 号同时更新以后，到了这个月 15 号，哪几天没有更新，哪一天三个栏目同时更新呢？(情境五)

怎么办呢？学生回答。

师：把每个栏目更新的时间一一列举出来，然后再进行比较就会一目了然。(表 2)

表 2

日期	1	2	3	4	5	6	7	8	9	10	11	12	13	14	15
风景线	√		√		√		√		√		√		√		√
德育窗	√			√			√			√			√		
特色洲	√				√				√				√		

【教学体会：如果把后面这三个情境仅当成练习题呈现给学生，课堂则味如嚼蜡。把这三个情境与前面两个问题串在一起，可以形成一个“问题项链”，以其独有的光芒吸引孩子们的目光。情境三中的“先分类，再列举”是对列举策略的进一步丰富，让学生在解决问题中不断体会这种解决问题策略的精髓。】

三、回顾总结

师：今天这节课我们一起学习了新的解决问题策略，一一列举。其实这种解决问题的策略我们早就在使用。一年级分与合，二年级乘法口诀，用三张数字卡片组成不同的三位数。到了四年级，学习倍数和因数时，我们是成对成对地列举 12 的因数的。

【教学体会：列举策略的形成不是无源之水、无本之木，都是在原有经验基础上的萌发，应引领学生回顾过去在不经意间使用列举策略的过程，从而积累更加丰厚的数学活动经验，深化对列举策略的认识。】

在读角与画角中学习量角

——四年级上册《角的度量》教学设计与意图

【教学内容】

苏教版小学数学四年级上册第78～79页。

【教学简析】

学生在二年级通过实物已初步认识了角，初步感受到角的两边叉开得越大，角就越大。在学习本节课之前，学生又学习了线段、射线与直线，认识了从一点引出两条射线就可以组成一个角，学习了表示角的符号。对于角的度量，教材设计的活动线索是“体会量角统一单位的必要—图示方法—模仿操作—交流体会”。即先用各种不同的方式去量同一个角，体验统一单位的必要性；再用操作图表示怎样把量角器正确地放到要量的那个角上，并让学生说说这个角是多少度；再让学生照样子用量角器在教材上量一量；最后安排学生说说自己是怎样量的。用量角器量角的练习是由易到难安排的，并且安排了改错练习。教材没有直接呈现使用量角器量角的步骤，希望学生在练习操作和交流时，自己体会并总结出使用量角器的方法与步骤。纵观教材的设计，基本上是遵循着模仿学习、深化练习的思路。这在一定程度上也束缚了教师的课堂设计思路。

【教学目标】

(1) 在活动中体会到为了准确地测量出角的大小，要有度量工具和计算单位，建立1°角的表象，认识角的计量单位。

(2) 使学生在自己观察、交流的基础上，认识量角器的结构与功能。在读角与画角中经历探索用量角器量角的方法与过程，总结出量角的步骤，能正确地测量出角的度数，进一步提高学生的动手操作能力。

(3) 使学生通过量角，感受角的大小与所画边的长短无关。

【教学过程】

一、由线段的长短测量推想角的大小测量

谈话：出示一条线段，你也能画出一条吗？要想知道这条线段有多长，我们用什么工具测量？长度单位有许多，你认为测量这条线段用什么单位比较合适呢？

通过引导，使学生认识到测量一条线段的长度用直尺来测量，以厘米作单位比较合适。

教师组织学生测量线段的长度并反馈交流。

谈话：同学们，上节课我们认识了角，你知道怎样画出一个角吗？

根据学生的回答，教师在黑板上画出一个角，教师提问：你知道老师画的这个角有多大吗？你知道用什么工具来测量，单位是什么吗？

学生一般都知道角的大小用量角器来测量，单位是度。

【设计意图：由量线段的长度需要选择相应的单位并用直尺来测量，推想量角也需要相应的测量工具与单位，自然而然地引入了新课，类比同化知识，有利于知识的建构。】

师：关于用量角器来量角，你都已经知道了什么呢？

组织学生进行汇报（略）。

师：用量角器来测量角的大小是这节课我们要探索的内容，对于这个学习内容你最想知道什么呢？

学生可能会提出的问题：用量角器怎样测量？直角、锐角、钝角分别是多少度？为什么量角器可以量出角的大小呢？……

【设计意图：对于用量角器来量角，学生并非一无所知，有的已经自学了课本，有的已在家长的辅导下，初步掌握了量角的方法。在课堂上充分地调查清楚学生已经知道了什么，为老师在教学进程中调整教学提供了决策依据。依据目标促进的学习原理，教师通过组织引导，使学生知道自己最想知道什么，从而自我确定这节课的学习目标，指明了学习方向，有力地提高了学生的学习主动性。】

师：请同学们拿出量角器并认真观察，你看到了一些什么呢？

组织学生汇报自己的观察结果，教师适时引入左右零刻度线、中心点、180度、1度角等名称。

师：请同学们观察1度角，闭上眼睛在脑子里回想一下。

师：量线段的长，就是看这条线段有几个这样的一厘米。量角，就是看角里面有几个这样的1度角。

【设计意图：突出1度角的认知表象，确定角的度量单位；使学生认识到量角的大小就是看角里面有几个这样的1度角，从而使学生体会到量角器为什么可以量出角的大小。】

当学生提出：内圈刻度是按逆时针方向排列的，外圈刻度是按顺时针方向排列的。师相机点拨：有什么问题要提出吗？

学生一般会提出这样的问题：把一个半圆平均分成180份，有一圈刻度就够了，为什么还要再来一圈呢？并且刻度还是相反的？你猜猜其中是什么原因呢？

【设计意图：这里涉及量角器的形成问题，通过质疑使学生把思维聚焦于此问题，为下面学生体会量角器量不同开口方向的角做好铺垫。】

二、在读角与画角中学习如何量角

（1）课件演示在量角器上画角。（图1）

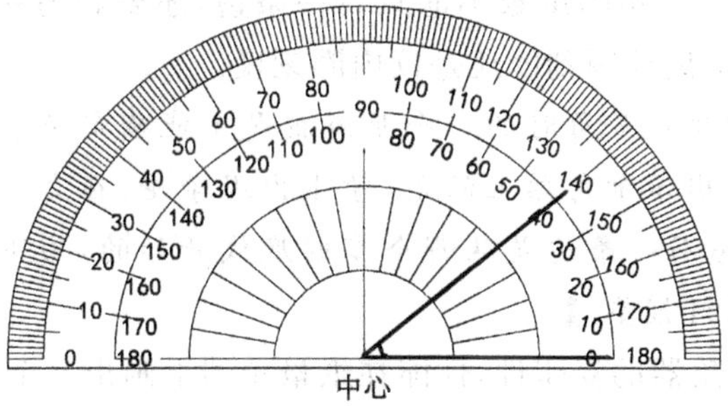

图1

师：你能看出量角器上的这个角是多少度吗？

学生一般会得到两种答案：140度，40度。

师：到底是40度还是140度呢？请你观察手里的量角器，同位交流一下。

生达成一致意见：是40度，而不是140度。

师：为什么是40度，而不是140度呢？请说一说你的理由。

通过交流学生认识到：这个角的一边在右边的零刻度线上，应当读内圈刻度。

师出示下题：这个角又是多少度呢？（图2）

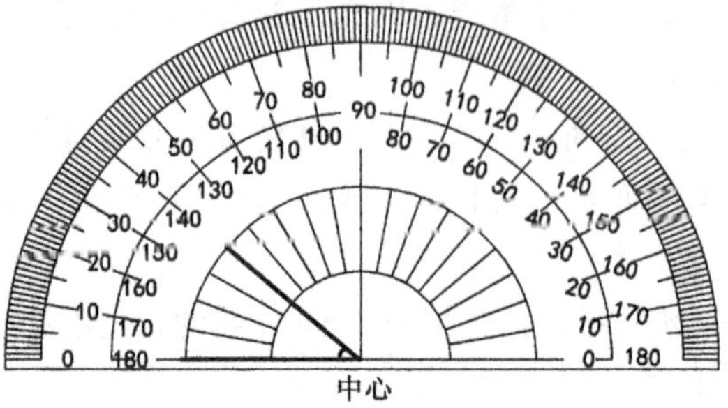

图 2

学生大多数认为是 40 度，也有的学生认为是 140 度。

学生经过交流得出：应当读外圈的刻度，所以还是 40 度。

师：刚才量那个角看内圈，而现在要看外圈，这是为什么呢？现在你明白为什么量角器上要设有相反的两圈刻度线了吗？

学生经过交流认识到要看角的另一边是与哪个零刻度线重合。如果与外圈的零刻度线重合，就读外圈。如果与内圈的零刻度线重合，就读内圈。

师总结：确定一个角的度数不能只看一条边，还要看另一条边在哪一个零刻度线上，然后决定读外圈刻度还是读内圈刻度。

【设计意图：学生在量角时的一个难点就是不能确定是看外圈刻度还是内圈刻度。通过课件出示量角器上的角，学生出现争论，在交流中认识到判断一个角是多少度，要看另一条边是从哪个零刻度线开始的，为下面量角时能正确地读出角的度数做好铺垫。】

(2) 出示纸量角器的复印件，你能在纸量角器上画出一个 60 度角吗？

师巡视，展示开口不同方向的角。提问：谁来说一说你是怎样看出这是一个 60 度的角呢？画出的这些角有什么不同呢？

(3) 你能利用纸量角器画出一个 150 度的角吗？

师巡视，展示学生的不同画法。师：这两个角有什么不同吗？

【设计意图：在量角器上画角，需要考虑左右零刻度线与中心点，通过画指定度数的角基本上攻克了量角的难点，为学生正确地量角做好铺垫。】

(4) 用量角器量角的度数。

谈话：刚才我们是利用纸量角器来画角，现在你能利用一个真正的量角器来量出一个角的度数吗？

出示下图(图 3)：

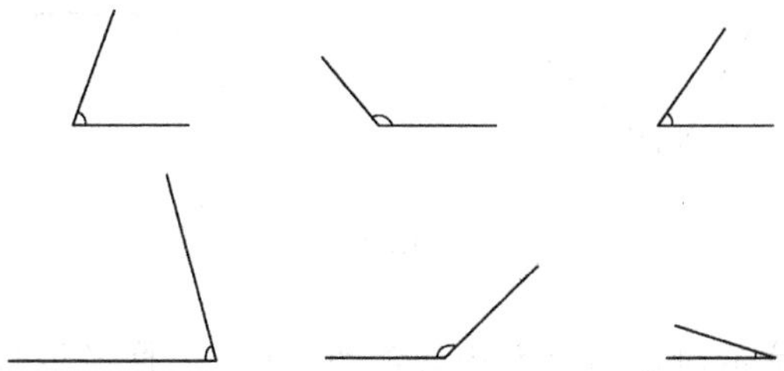

图 3

师：第一横行的角有什么特点呢？第二横行的角有什么特点呢？

学生交流回答。

师：通过量角，你认为如何量出一个角的度数呢？需要哪几个步骤呢？

引导学生总结量角的步骤。

(5) 通过量角认识到角的大小与两边画的长短无关。

教师出示(图 4)：

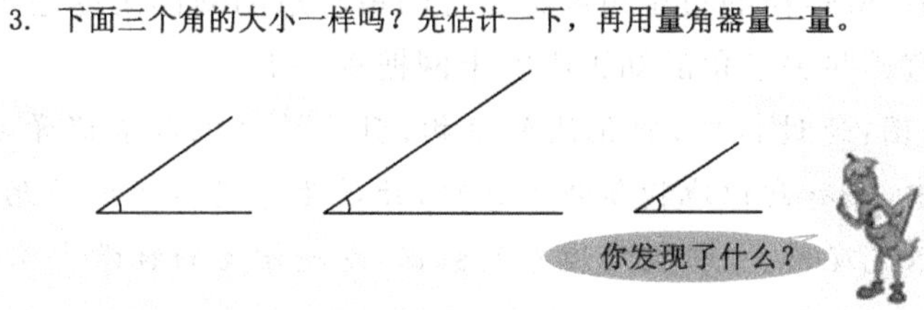

图 4

让学生先估计哪个角大、哪个角小。

学生多估计中间的角比较大。

然后再通过测量角的度数认识到角的大小与两边画出的长短无关。

【设计意图：先判断再测量，引发学生的认知冲突，使学生深刻地认识到角的两边画出的长短与角的大小无关。】

三、应用延伸

出示下面两个角(图 5)：

你能尝试着量出这两个角的度数吗？

【设计意图：这节课的教学目标是初步掌握量角的方法，通过测量这两个角

图 5

的大小，提高学生量不同方向角大小的能力，进一步挖掘学生的潜力。】

四、梳理内化，系统总结

师：这节课我们主要学习了什么？你想知道的东西获得了吗？这些收获你是怎样获得的呢？

五、联系生活，拓展视野

量角在生活中有什么用呢？

课件演示：沙发靠背一般向后倾斜 11 度左右；滑梯的角度在 40 度～50 度之间比较合适；最轻松的写字角度是 15 度；最舒适的阅读角度是 45 度。

你还知道哪些关于角的知识呢？上网搜索一下。

【设计意图：通过梳理，固化认知结构；引导学生把本节课学习的知识应用到生活实际中，并有意识地搜集相关材料，让学生感受量角的应用价值，培养学生用数学的眼光观察、分析生活现象的意识，发展学生的数学素养。】

给学生创造感知平均数本质特点的机会

——四年级上册《平均数》教学设计与意图

一、创设情境，提出问题

师：同学们，大家都喜欢玩什么游戏呀？今天老师也带来了一个好玩的游戏。你们看，这是什么游戏呢？（套圈）

我校三(1)班也进行了一次男、女生套圈比赛，想不想去看一看呢？

师：看，男生队出场了。都有谁？他们的成绩又如何呢？一起来看看！（出示统计图）这是男生套圈成绩统计图，从图中你能获得哪些数学信息呢？

师根据学生回答相机板书：小明 6，小刚 9，小强 7，小宁 6。

同学们观察得很仔细，看！女生队闪亮登场了。都有谁呢？她们的战况又如何呢？（出示统计图）

师：这是女生套圈成绩统计图，从中你又能知道哪些信息呢？

师根据学生相机板书：小芳 10，小美 4，小丽 7，小秀 5，小香 4。

提问：知道了这两队的套圈成绩，既然是比赛，就要分出个高低来，男生套得准一些还是女生套得准一些？你有什么方法比一比吗？如果有需要，就在小组内讨论一下。

指名学生口答，鼓励学生畅所欲言。

学生可能有的方案：① 比总数；② 去掉一个人；③ 比每个小组中的最大数或是最小数；④ 比较每个组最中间的数。相机引导学生分析这些方法是否公平科学。

谈话：看来只比个人成绩，或不管人数是否相等只看总成绩都不是一个让大家没有意见的办法，难道就没有一个相对公平的方法吗？（引出平均数）

师：平均是什么意思？

生：就是把男生套圈个数变得一样多，把女生套圈个数也变得一样多。

【设计意图：对于这节课的教学不少公开课创设问题情境是分层出现的，

第一层先出示男生女生每人套的一样多，但人数不同，引出直接比较每人套的个数。第二层出示男生、女生的人数一样多，但每人套的不一样多，引导学生得出比较总数。第三层出示男生、女生人数不一样多，并且套的个数也不一样多，引导学生得出比总数不行，需要把每个人变得一样多，从而引出平均数，这样教学亦步亦趋、稳扎稳打，以学生的“最近发展区”为教学设计的基点，学生学得有效。但是，也有值得商榷的地方，那就是铺垫过多，学生学得不够主动，没有思维的空间，情境也有不合理的地方（实际比较中不可能套的一样多）。我在教学中直接呈现这个问题：男生女生不一样多，并且套的个数也不一样多。这是一个现实的、有意义的、富有挑战性的问题情境，通过师生讨论交流认识到比总数、去掉一个人、比每个小组中最大数或最小数等都不合理，学生会自然而然地想得把每个组套的变得一样多（平均数），从而使平均数的比较意义得以彰显。】

二、自主探索，解决问题

（1）男生平均每人套中的个数。

师：请大家观察男生套圈成绩统计图，我们怎样求出男生平均每人套中多少个呢？

学生可能有的方法：① 移多补少法。

提问：这样移动以后他们同样多了吗？男生平均每人套中几个说明：我们把多的移给少的，这种方法叫移多补少。

板书：移多补少。

师：那有没有其他的方法求男生套圈的平均数呢？

② 先合后分（指名学生汇报，同时播放课件。）

板书：6＋9＋7＋6＝28（个）

　　28÷4＝7（个）

提问：28从哪里来？为什么除以4？这种先求总数，再平均分的方法，我们叫先合后分。（板书：先合后分）

提问：平均7个指的是每个人实际都套了7个吗？平均7与小强套7，这两个7表示的意思一样吗？

生：不是的，平均数7代表的是男生队的整体成绩，小强套7个是小强的个人成绩。

（2）女生平均每人套中的个数。

引导：女生套中的平均数是多少呢，先不要忙着去算。猜测一下，你感觉女生套中的平均数可不可能是10，可能不可能是4呢？你感觉平均数是多少呢？

师：让我们来验证一下。（指名学生移）

师：你是用什么方法，你喜欢哪种方法呢？为什么？

（3）提问：现在用7和6进行比较，男生准一些。你们觉得公平吗？为什么？

生：公平，因为7与6代表的都是这两个队的整体平均成绩。

师：计算一组数据的平均数再比较，相对公平，这就是我们研究平均数的价值。

【设计意图：通过交流使学生探索得出两种求平均数的方法，课件演示使学生清晰深刻地认识到平均数的本质，体会到用平均数来比较两个小组的整体成绩比较公平。】

（4）拓展。

师：既然男生队赢了，老师也想加入男生队，15个圈，老师投中了2个，猜一猜，平均数是变大了还是变小呢？现在男生队的平均数是多少呢？你比较喜欢用哪种方法？为什么要除以5呢？如果老师套中了12呢？男生队套圈成绩的平均数会怎样变化呢？

师：看来其中一个数量的变化，会引起平均数的变化。难怪有人说平均数是一种非常敏感的统计数据。任何一个数据的风吹草动，都会引起它们的变化。这就是平均数的第二个特点。

【设计意图：通过老师在课堂教学中创设改变平均大小的即时情境，使学生通过计算体会到平均数的敏感性，感受平均数与个体数据的关系。】

三、练习巩固，学以致用

（1）基本练习。

① 一个池塘平均水深110厘米，小明的身高145厘米，他下河游泳有没有危险？

② 篮球队的平均身高160厘米，李强身高155厘米，可能吗？篮球队可能有身高超过160厘米的队员吗？

③ 请看下面这则招工广告。（图1）

招工广告

全厂职工每月平均工资为 2 500 元。

图 1

小赵前去应聘，结果 1 个月后却只得到 1009 元，小赵如果和老板打官司，谁会赢呢？

（2）拓展题。

小美的 3 门课程平均成绩是 95 分，语文成绩是 92 分，英语成绩是 95 分，数学的成绩是多少分？

你是怎样想的呢？

【设计意图：学生在解决这几道实际问题时会感受到平均数的现实意义，提高学生应用数学知识分析问题与解决问题的能力。学生对于拓展题有两种解决问题的方法，在对平均数深刻理解的情况下，学生会用移多补少的方法来思考这个问题，只有当数学的成绩为 98 分时，才能“移”3 分给语文，从而使平均分正好是 95 分。这种方法与计算的方法相比非常简便，学生在对比中欣喜地感受到运用“平均数”的本质特点来解决问题之巧妙，这种思维成功的喜悦会极大地调动学生的数学学习兴趣。】

（3）想想做做第 2 题。

① 估一估。出示教材彩带图（图 2），教师提问：估计平均长度可能不可能是 14 厘米，可能不可能是 24 厘米？

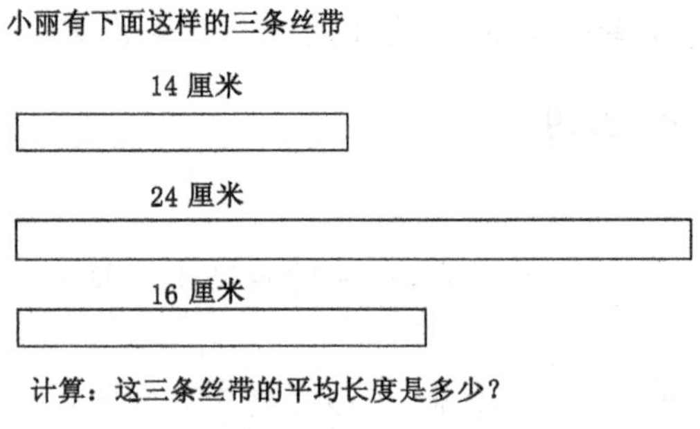

图 2

师：老师估计这三根彩带的平均长度是 20 厘米，你认为对不对？组织学生小组讨论（图 3）。

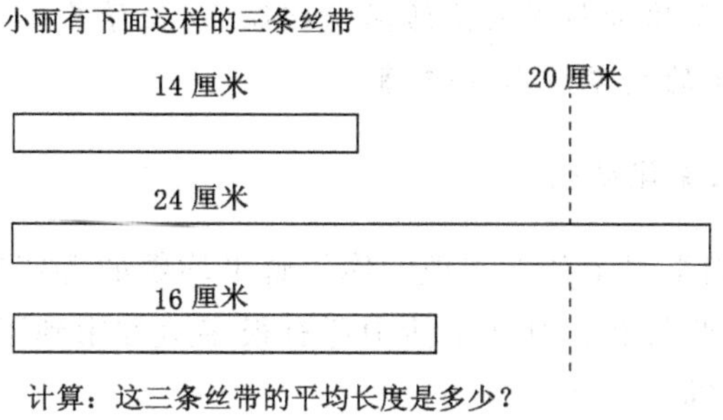

图 3

生：第二条丝带只比 20 厘米长了 4 厘米，而第一条丝带比 20 厘米短 6 厘米，第三条丝带比 20 厘米短了 4 厘米，它们一共短了 10 厘米。所以它的平均长度不可能是 20 厘米。

师：如果我们把第三条丝带延长 3 厘米，现在这三条丝带的平均长度是多少厘米呢？不计算。

请你猜一猜。

师：如果第一条的长度减少 6 厘米，它们的平均长度会怎样变化呢？

师：如果第一条丝带减少 3 厘米，第三条丝带的长度增加 3 厘米，它们的平均长度会怎样变化呢？

② 学生进行计算，得出平均长度，验证讨论结果。

师：如果第三条丝带变长，变为 19 厘米，其他两条不变，平均长度会怎么样？不计算，你能猜一猜平均数是多少吗？

生：增加了 3 厘米，有 3 条彩带，平均数就增加了 1，是 19 厘米。

师：让我们一起来检验一下。

师：现在第一条丝带缩短了，变为了 5 厘米。不计算，你能猜一猜平均数是多少吗？你是怎样猜的？让我们来验证一下。

【设计意图：通过改造习题，丰富习题的内涵，尽可能地发挥习题拓展思维的功能，培养数感，使学生进一步感知平均数的本质特点。】

(4) 你知道吗？

校舞蹈队参加市舞蹈比赛，评委亮分如下：96、91、95、96、84、99、97。请大家算一算校舞蹈队的最后所得平均分是多少？

$(96+91+95+96+84+99+97)\div 7=94$(分)

评委宣布最后得分是 95 分。你知道是怎么回事吗？学生交流后汇报。

【设计意图:把平均数与现实生活问题相联系,使学生感受平均数在现实生活中作用,培养学生的数学应用意识。】

四、全课总结,深化认识

师:这节课我们学习了什么知识?你了解平均数的哪些知识?平均数有什么特点?你还有哪些收获?其实生活中还有很多地方用到了平均数的知识,希望课后同学们能够继续关注它。

习得探究方法，经历探索过程

——五年级下册《和与积的奇偶性》教学实录与评析

【教学内容】

苏教版小学数学五年级下册第50～51页《和与积的奇偶性》。

【教学目标】

(1) 使学生经历“分类、猜想与验证”若干个非零自然数的和与积的奇偶性规律的探索过程，初步知道它们的和与积的奇偶性基本规律。

(2) 在自主探索规律的过程中，初步掌握举例验证与推理验证的方法，并能应用这些方法探究新的数学规律，积累探索规律的数学活动经验，感受数学规律的价值，促进抽象与推理等数学核心素养的提升。

【教学过程】

一、分类思考，建立猜想，举例验证

师：自然数按是否是2的倍数分为两类，一类是奇数，一类是偶数，怎样快速判断一个数是奇数还是偶数呢？

生：个位是1、3、5、7、9的数是奇数，个位是0、2、4、6、8的数是偶数。

师：218、213 214 218、147、847 645 147是奇数还是偶数呢？

生快速地判断出这几个数的奇偶性。

师：看来判断一个数是奇数还是偶数，只要看它的个位。如果把这两个数相加，213 214 218＋847 645 147，怎样来判断这两个数和的奇偶性呢？你是怎样想的呢？（板书课题：和的奇偶性）

生：这两个数的和是奇数。

师：你是怎样快速地判断出来的呢？

生：我是用它们的个位8加7等于15，这两个数的和是奇数。

【评析：通过复习使学生把判断一个数奇偶性的注意力聚集到这个数的个

位上，单刀直入引导学生判断两个数的和是奇数还是偶数，学生自然会想到只要把它们的个位进行相加，为后面的举例验证做好铺垫。】

师：任意两个自然数的和一定是奇数吗？

生：不一定。

师：看来这个问题很复杂，为了便于研究，我们需要先分一分类，任意两个自然数相加可以分为哪些情况呢？

生：偶数＋偶数；奇数＋奇数；偶数＋奇数。

师：除了这三种情况，还有没有别的情况呢？

生：没有。

师：奇数＋偶数不也是另外一种情况吗？

生：运用加法的交换律，这和偶数加奇数是一样的。

师：它们的和是什么数呢？让我们先来猜一猜。

生：偶数＋偶数＝偶数；奇数＋奇数＝奇数；偶数＋奇数＝奇数。

师：到底这三个猜想对不对呢？你打算怎样去验证这三个猜想呢？

生：举个例子来验证。

【评析：引导学生先分类再猜想，使学生学会从整体上来思考问题，这是一种面对复杂问题时重要的研究方法，避免面对复杂问题时思维陷入混乱，培养学生有序思考的意识。】

师：举例是一门学问，你认为在举例中还需要举两位数、三位数、四位数的例子吗？

生：不需要，因为判断一个数是奇数还是偶数只要看这个数的个位，所以只要举一位数加一位数的例子就可以了。

师：举一位数加一位数的例子，其实就是它们的个位加上个位。

师：我们用个位是0、2、4、6、8的数来代表所有的偶数，用个位是1、3、5、7、9的数来代表所有的奇数。请同学们来填写下面的三个表格。（表1～表3）

表1　　偶数＋偶数＝偶数

	0	2	4	6	8
0	0	2	4	6	8
2	2	4	6	8	10
4	4	6	8	10	12
6	6	8	10	12	14
8	8	10	12	14	14

表 2 **奇数＋奇数＝偶数**

	1	3	5	7	9
1	2	4	6	8	10
3	4	6	8	10	12
5	6	8	10	12	14
7	8	10	12	14	16
9	10	12	14	16	18

表 3 **偶数＋奇数＝奇数**

	0	2	4	6	8
1	1	3	5	7	9
3	3	5	7	9	11
5	5	7	9	11	13
7	7	9	11	13	15
9	9	11	13	15	17

师：你们有什么发现呢？

生：偶数与偶数、奇数与奇数相加的和都是偶数；偶数与奇数相加的和是奇数。

师：由此证明了什么呢？

生：偶数＋偶数＝偶数，奇数＋奇数＝偶数，偶数＋奇数＝奇数。

【评析：学生认识到只要举一位数加一位数的例子就可以概括所有奇数与偶数，借助这三张表格使学生做到了穷举所有两个自然数相加的例子，实现了完全归纳推理，使规律成为必然。这也是本节课的创新之处。】

师：观察这三个结论，你有什么问题要提出来吗？

生：为什么会有这样的规律呢？

师：是呀！为什么会有这样的规律呢？偶数是 2 的倍数，是由 n 个 2 组成的。

师：如果用字母来表示偶数？你认为怎样表示呢？

生：$2n$。

师:怎样用图与字母来表示奇数呢?

生:把小方格增加一个或减少一个,用字母 $2n+1$ 来表示。(图 1)

图 1

师:第一个奇数可以用 $2m+1$ 表示,第二个奇数可以用 $2n+1$ 来表示,谁来说明一下为什么奇数加奇数等于偶数呢?

生 1 在课件移动小方格把上面的图形变成下面的图形来说明奇数加奇数等于偶数。(图 2)

图 2

生 2:因为 $(2m+1)+(2n+1)=2m+2n+2=2(m+n+1)$

师:搞清楚了奇数+奇数=偶数,那么偶数+偶数=偶数、偶数+奇数=奇数这两条规律也就不言自明了。

小结:回顾一下刚才两个数和的奇偶性的探索过程,我们是怎样探索的呢?

生:我们是把这个问题先分类,再猜想,然后举例验证。

【评析:通过举例归纳出和的奇偶性规律,不代表学生真正理解了这三个规律,还要激发学生思考为什么会有这样的规律,唤起学生的问题意识,引导学生采用数形结合与符号表示的方法,深度理解规律形成的原因。】

二、练习引入多个数相加,组织推理验证

练习一:你能不计算,判断和是奇数还是偶数吗?

246+118　　1 023+2 048　　1 357+731

师出示：这些偶数加在一起是什么数呢？

师依次出示：28＋42＋806＋3 120＋…＋2 016＋……

师：这些数的和是什么数？

生：这些数的和是偶数，不论多少个偶数相加，和都是偶数。

师：其实这些偶数还可以写成文字，变成下面的形式：偶数＋偶数＋……偶数＝偶数。

师：不论多少个偶数相加都是偶数，这说明了什么呢？

生：相加的和是偶数，与偶数的个数没有关系。

师：在此基础上，你又会想到什么问题呢？

生：若干个奇数相加的和是什么数？

师出示：奇数＋奇数＋奇数…奇数……

师：请同学们小组讨论一下，然后把结论写在研究单上。

生汇报：若干个奇数相加时，如果奇数的个数是偶数个，和是偶数。如果奇数的个数是奇数个，和就是奇数。（图 3）

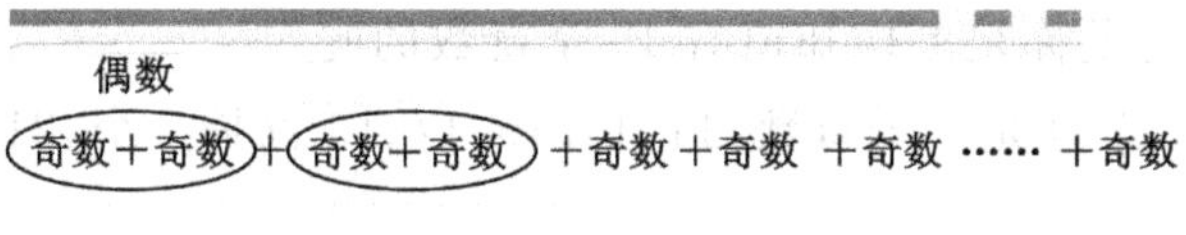

奇数的个数	和的奇偶性
2、4、6	偶数
3、5、7	奇数

图 3

师：什么叫奇数的个数是偶数个？什么叫奇数的个数是奇数个呢？

引导学生结合课件汇报得出结论。

生使用电子教鞭在课件上尝试讲解：当奇数的个数是 2、4、6……，和是偶数。当奇数的个数是 1、3、5……，和就是奇数。所以，偶数个奇数连加，和是偶数；奇数个奇数连加，和是奇数。

师：谁能利用得出的结论来说明两个自然数相加的情况呢？

生：两个偶数相加，和是偶数，因为不论多少个偶数相加，和都是偶数。

生：两个奇数相加，也就是偶数个奇数相加，所以是和是偶数。

生：偶数＋奇数，里面只有一个奇数，是奇数个奇数。

师：为了得到上面这些结论，我们有没有采用举例验证的方式呢？

生：没有。

师：这种验证的方式叫作推理验证。（师板书：推理验证）

【评析：由两个偶数引出多个偶数相加，并抽象为文字，使学生认识到多个偶数相加和是偶数，与偶数的个数无关。在充分讨论的基础上，借助课件中的电子教鞭，学生使用抽象的文字进行推理验证，得出若干个奇数相加的和与奇数的个数有关的规律。教师引导学生用得出的规律说明两个数相加的情况，从而沟通规律之间的联系，上升为更加普遍的规律，并让学生认识到验证的方法不再是举例，而是推理。】

练习二：判断下面算式的和是奇数，还是偶数？

(1) 17＋35＋23＋41

(2) 311＋225＋473＋609＋907

(3) 1＋3＋5＋7＋…＋29

(4) 2＋4＋6＋8＋…＋30

师：第3道题你是怎样知道有15个奇数的呢？

生：1、3、5、7、9是5个奇数，11、13、15、17、19也是5个，21、23、25、27、29也是5个。

师：如果把后两道算式合并在一起，就成了这样的算式1＋2＋3＋4＋…＋29＋30，这其实是多个奇数加上多个偶数，这个算式结果是什么数呢？

生：是奇数，因为有15个奇数，和是奇数，其他是偶数。奇数加上偶数，和是奇数。

师：看来多个偶数与多个奇数相加，它们的和是什么数，我们只要关注什么就可以了呢？

生：只要关注奇数的个数就可以了，与偶数的个数无关。

【评析：及时进行练习，巩固多个奇数相加和的奇偶性规律，从而引出多个偶数与多个奇数相加，使学生在思辨中认识到多个自然数相加的和的奇偶性只与奇数的个数有关。】

练习三：有一档电视节目叫最强大脑，最强大脑里的闪电心算，我们是可望而不可及的，但是如果降低难度，只判断和的奇偶性，大家敢于接受挑战吗？

课件依次出示：28、31、60、72、14、199。

生：偶数。

生：我看到了其中有两个奇数。

师：如果老师给出的数再大一些，出题的速度再快一些，挑战开始。

教师依次出示下面的数字：33、155、70、54、221、99、22、43、68、52。

生：和是奇数。

师：为什么是奇数呢？

生：奇数。这里面有5个奇数，合在一起是奇数，所以结果就是奇数。

师：刚才我们玩了一把最强大脑的游戏，希望不久的将来，我们班有同学能走上真正的“最强大脑”的舞台，展现自我的风采。我们今天探索了和的奇偶性（出示课题），我们是怎样进行探索的呢？

生：我们先把问题进行分类，然后提出猜想，再举例或是推理进行验证。

【评析：应用规律玩“最强大脑”这个游戏，用知识内在的魅力吸引学生，体验数学游戏挑战成功的愉悦感，提高学生的学习兴趣，培养学习数学的自信心。】

三、迁移探究方法，尝试探究积的奇偶性

师：你还可以提出怎样的探索性问题呢？

生：差的奇偶性、积的奇偶性、商的奇偶性。

师：请同学们使用今天的探索方式，先分类、提出猜想，再举例或者是推理验证，找一找积的奇偶性有什么规律呢？

学生汇报自己的发现。

偶数×偶数＝偶数；

偶数×偶数×偶数×…×偶数＝偶数；

奇数×奇数＝奇数；

奇数×奇数×奇数×奇数×…×奇数＝奇数；

奇数×偶数＝偶数；

奇数×奇数×奇数×奇数×…×奇数×偶数＝偶数。

师：多个奇数相乘为什么等于奇数呢？

生：因为两个奇数相乘等于奇数，再乘下一个奇数，还等于奇数，如果再乘下一奇数，还是奇数，因此不论多少个奇数相乘都等于奇数。

师出示：这个式子的结果是奇数，还是偶数呢？

1×3×5×7×9×…×997×999，如果再×4呢？（生答略）

师：请同学们利用这种方式去研究差的奇偶性与商的奇偶性，写成一篇数学小论文。

在总结出探究方法后，学生应用这些探究方法成功地得出积的奇偶性规律，迁移了研究方法，增强了探究的兴趣，树立了数学探究的信心，促进了数学核心素养的提升。本节课是教学“如何探索规律”，教学重点不是得出和与积的奇偶性规律，而是探究这些规律时所用探索方法的习得，探究意识的树立，以及积累到的数学活动经验。

在解决实际问题中深度理解

——五年级下册《公因数与最大公因数》教学实录与反思

【教学内容】

苏教版五年级下册第 41～42 页例 3、例 4 的《公因数与最大公因数》。

【教学目标】

(1) 理解公因数，学会用列举的方法求两个数的公因数与最大公因数的方法。

(2) 在解决实际问题的过程中体会数学与生活的密切联系，培养学生分析、归纳等思维能力以及模型思想。

(3) 激发学生主动探索的积极性，培养合作交流的良好习惯，获得成功的体验。

【教学过程】

一、复习导入

师：你能列举出积是 12 的乘法算式吗？

生：1×12＝12，2×6＝12，3×4＝12。

师：像这样 1、12、2、6、3、4 就是 12 的因数(板书)。我们就是这样一对一对找一个数的因数。

二、教学公因数与最大公因数

师(出示作业纸)：请你求出这些数的因数——1、2、3、4、5、6、7、8、9、10、11、12。

组织学生报结果。(图 1)

师：观察这些数的因数，你有什么发现呢？

生：这 12 个数的因数中都有 1。

请你写出1～12的所有因数

1的因数：1	7的因数：1 7
2的因数：1	8的因数：1 2 4 8
3的因数：1 3	9的因数：1 3 9
4的因数：1 2 4	10的因数：1 2 5 10
5的因数：1 5	11的因数：1 11
6的因数：1 2 3 6	12的因数：1 7 3 4 6 12

图 1

师：1 就是这些数公有的因数，简称公因数。

师：请同学们仔细观察，说一说，哪个数还是哪些数的公因数呢？

生：2 是 2、4、6、8、10、12 的公因数。

生：3 是 3 的公因数。

师：3 是 3 的公因数，这样说对不对呢？

生：不对。几个数都有这个因数，这个数才能叫作这几个数的公因数。

师：请同学们继续观察这 12 个数的因数，我们能不能说 2 是 8、9、10 的公因数呢？

生：不能，2 虽然是 8 和 10 的因数，但它不是 9 的因数。

师：那么可以怎样说？

生：2 是 8 和 10 的公因数。

师：刚才我们找到了 12 个数、6 个数、4 个数的公因数，这节课我们主要来研究两个数的公因数。

师出示：你能求出 18 与 12 的公因数吗？你们是自己试着求一求，还是要老师来教呢？

生：我们自己去求。

师用实物投影仪展示学生的回答(图 2)：

18的因数：1、2、3、6、9、18

12的因数：1、2、3、4、6、12

18与12的公因数：1、2、3、6

18与12的最大公因数：6

图 2

师：1、2、4、6 是 18 与 12 的公因数，6 是其中最大的一个，称为 18 与 12 的最大公因数。

师：反思一下，我们是怎样求这两个数的公因数的呢？

生：我们先用一一列举的方法求这两个数的因数，再找出它们公有的因数，比较大小确定最大公因数。

师：下面这个集合图，你会填吗？（图 3）

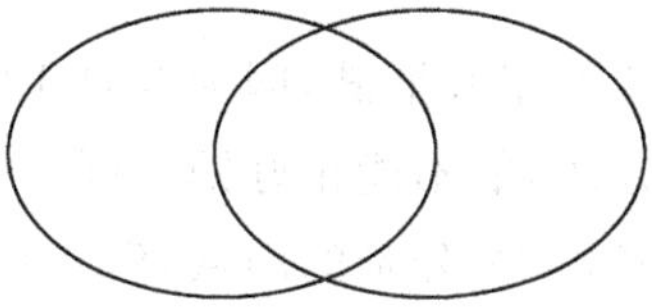

图 3

学生填完后，校对结果，引出 18 与 12 各自独有的因数。

师：求下面分数中分子与分母的最大公因数：$\frac{6}{9}$；$\frac{20}{24}$。

组织学生讲求分子与分母最大公因数的过程。

三、情境应用，感受公因数的作用

1. 解决实际问题练习 1

师：究竟公因数有什么作用呢？让我们看这样一个实际问题：小红家的卫生间是长方形，长 18 分米，宽 12 分米，小红爸爸准备装修卫生间，要在地面上铺正方形地砖，到了市场去选择地砖，有这样 4 种，分别是边长 6 分米的、边长 4 分米的、边长 3 分米的、边长 5 分米的，这 4 种地砖质量相当，花色他也都很喜欢。让我们来思考一下，帮助小红的爸爸做出一个选择，并说出你的理由。

生：我建议小红的爸爸选择边长 6 分米与 3 分米的方砖。

师：为什么呢？

生：因为用边长 6 分米与 3 分米是 18 与 12 的公因数，用它们去铺能正好把卫生间的地面铺满。

师：真的可以铺满吗？让我们用课件来验证一下。（图 4）

师：的确可以铺满，为什么可以正好铺满呢？你能不能用今天学的知识来解释这个问题呢？

生：因为这个边长 6 是 12 与 18 的公因数。

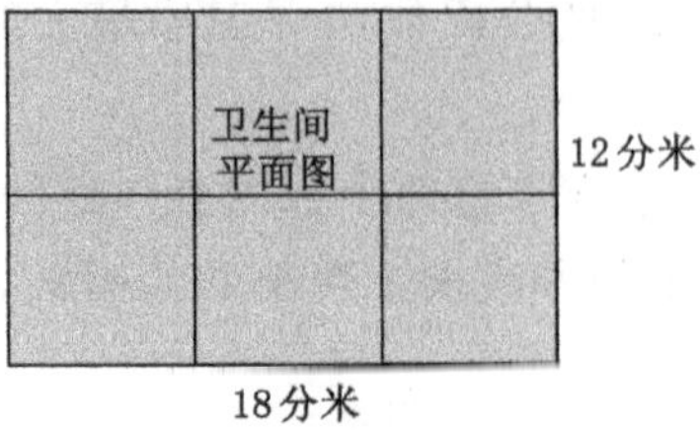

图 4

生:边长 3 分米的方砖能正好铺满,因为 3 是 18 与 12 的公因数。

师:边长是 4 分米的方砖,能不能正好铺满呢? 请你说明理由。

生:不能。因为 4 分米是 12 分米的因数,但不是 18 分米的因数。

师:如果边长 4 分米的方砖去铺,会出现什么情况?

组织学生用课件去验证。(图 5)

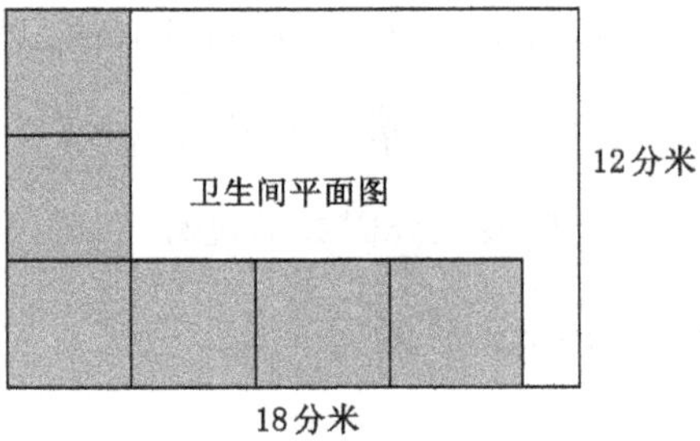

图 5

师:4 是 12 的因数,但不是 18 的因数,我们能不能说 4 是 12 与 18 的公因数?

生:不能。

师:看来学习公因数真的很有用,否则我们可能会愚蠢地选择这种边长 5 分米的方砖,费时费工又费料。

师:除了边长为 6 分米、3 分米的方砖,边长是多少分米的方砖也能正好铺满这个房间呢?

生:边长 1 分米与边长 2 分米的方砖。

师:为什么呢?

生:1、2 也是 18 与 12 的公因数。

2. 解决实际问题练习 2

(1) 把下面两根彩带剪成长度一样的短彩带且没有剩余，每根短彩带最长是多少厘米？(图 6)

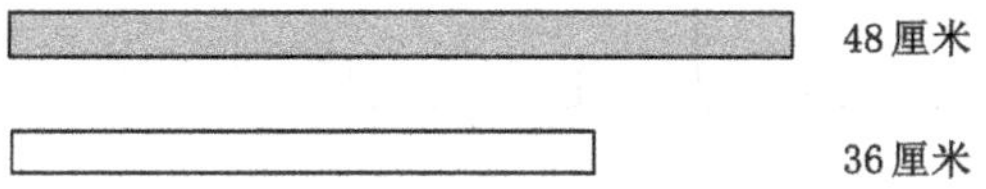

图 6

师组织学生读题理解题意，然后提问：“剪成长度一样的短彩带且没有剩余，每根短彩带最长”其实就是求什么的？

生：其实就是求 48 与 36 的最大公因数。

师：让我们快速求出 48 与 36 的最大公因数。

生：最大的公因数是 12。

师出示(图 7)：

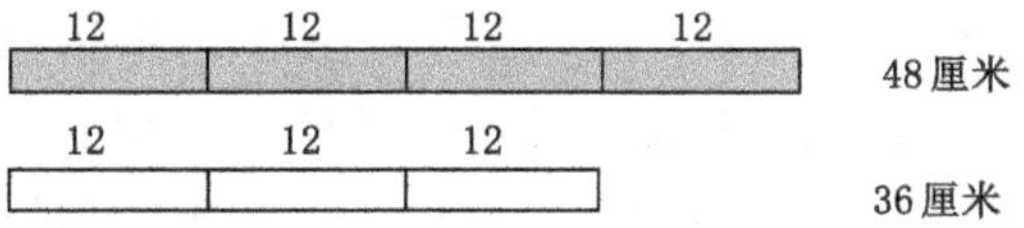

图 7

师：从图上我们可以很形象看出 48 厘米被分成这样的 4 段，36 厘米被分成了同样长的 3 段。

(2) 男生 48 人，女生 36 人，分别排队，要使每排人数相同，每排最多排多少人？

师：读完这题，你有什么发现呢？

生：这题也是求 48 与 36 的最大公因数。

师：虽然这两题的“故事情节”不一样，其实需要运用的知识是一样的，都是求 48 与 36 的最大公因数。

3. 探索规律

师出示(图 8)：

你发现了什么规律呢？

学生交流自己的发现。

	1	2	3	4	5	6	7	8	9	10	11	12
与2的最大公因数												
与4的最大公因数												

图 8

【教学思考】

教科书是这样编排的:通过边长6厘米、边长4厘米的正方形去铺长18厘米、宽12厘米的长方形,引出两个数的公因数,然后例题介绍用一一列举的方法求两个数的公因数,接着是模仿性练习,最后是解决实际问题的练习。如果这样按部就班教学,很容易使学生把目光局限在求两个数的公因数上面,并且例题中“铺长方形”的素材不会得到充分利用,它在此处毕竟仅仅起到引出公因数的作用,不能促进学生对公因数的深度理解。

在教学中,我先组织学生找1～12这个12个数的因数,然后组织学生观察有什么发现,学生多能发现这些数的因数中都有1,引出公因数。然后提问:哪个数是哪些数的公因数,4是不是8、9、10的公因数呢?通过引导辨析,培养学生的观察能力,打开学生的思维视野,使学生初步理解公因数的概念。公因数与最大公因数在解决实际问题中的应用其实是对公因数深度理解的过程,因此把原例题作为练习,更能发挥它的作用。从实践效果来看,确实收到了预想的效果。

解决实际问题练习2的教学目的主要是使学生感受最大公因数的应用,体会到这些现实问题虽然背景信息不一样,但是都可以用求最大公因数的方法来解决,培养了学生的抽象概括能力,形成模型思想。

指向数学核心素养的提升

——六年级上册《认识“黄金比”》教学实录

【教学内容】

苏教版小学数学六年级上册，关于黄金比的“你知道吗”栏目。

【课前思考】

“黄金比”是苏教版六年级上册《比的认识》一课后“你知道吗”栏目中介绍的内容。学习材料非常简单，四句话加上两幅图，一幅是古希腊巴特农神庙，另一幅是国画。两幅图主要是让学生感受到在建筑、绘画中由于符合黄金比，可以给人带来美感。从实际情况看，尽管学生对“黄金比”的知识及应用充满好奇，但教材很少的篇幅介绍显然难以满足学生的认知需求与探究欲望，因此有必要开展一次专题式的综合与实践活动，让学生真正感受到“黄金比”的神奇，并以此培养学生搜集信息的能力、综合运用有关的知识与方法解决实际问题的能力，积累数学活动经验，培养学生的问题意识与应用意识，提升学生的数学核心素养。

本节课的教学内容经过挖掘，梳理出三个知识点，黄金比（尺），黄金矩形与黄金螺旋线。具体设计时，参照北师大版与青岛版的教材，我主要从“你知道吗”栏目中的四句话展开设计，第一句话：“你听说过黄金比吗?”在课前组织学生搜集黄金比的信息，搜集自己能够看得懂的，并做成5张PPT。但是从学生作业来看，学生搜的材料比较庞杂，也理解不了这些材料内容。第二句话：“黄金比的比值约是0.618。”此句话是要揭示黄金比的含义。黄金比概念的引入，既要保证数学的严谨性，又要照顾到学生的心理发展特点。第三句话：“把黄金比应用于造型艺术，可以给人以最美的感觉。”在教学中要通过黄金比引出“黄金矩形、黄金螺旋线”，结合具体事物让学生感受到美。第四句话：“黄金比在日常生活中有着广泛的应用。”在教学中相机给学生创造解决问题的机会，培养学生的数学应用意识，提升学生的数学核心素养。

【教学目标】

(1) 知道黄金比、黄金矩形、黄金螺旋线的相关知识，能初步运用相关知识解决实际问题。

(2) 在独立思考、合作交流的过程中增强学生的探究意识与应用意识，培养学生的问题意识和创新精神，激发学生学习数学的兴趣。

(3) 了解黄金比中蕴含的数学文化价值，运用黄金比解释生活现象，体会数学的美学价值和生活价值。

【学习准备】

计算器，课件。

【教学过程】

一、引入“你知道吗”栏目

师出示课题：我们知道两个数相除叫作两个数的比，看了课题“黄金比”，你有什么问题要提出吗？

生：什么是黄金比？学习黄金比有什么用呢？为什么叫作黄金比？

设问：在数学上，究竟是什么样的比像黄金一样贵重呢？学习了比的知识以后，课本上有这样一个栏目“你知道吗”，黄金比出现在了我们的视野里。齐读，注意声音响亮。(图 1)

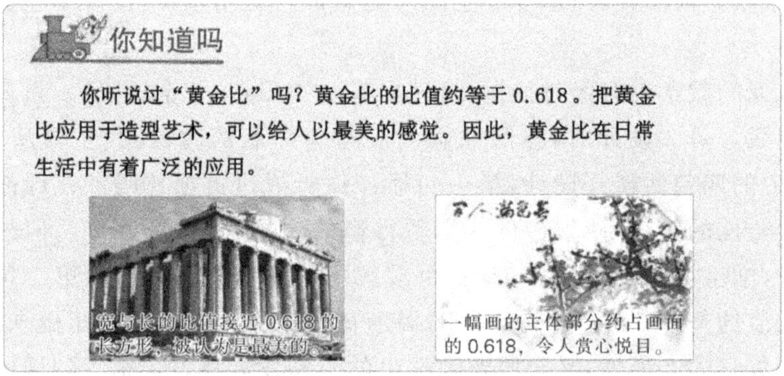

图 1

师：黄金比的比值约是 0.618。黄金比的准确值是多少呢？想知道吗？出示课件：这是它的前 850 位，这是它的第 851 位到 2 000 位，它与圆周率一样是一个无限不循环小数。

设问：圆周率是圆的周长与直径的比值，我们自然要问：黄金比到底指的是谁与谁的比值呢？

二、引入黄金比

师：维纳斯雕像自从被发现的那一天起，就被公认为是迄今为止希腊女性雕像中最美的一尊雕像。多少年以来，人们对它倾注了不计其数的赞美和歌颂。断臂维纳斯雕像是完全符合黄金比的。这是它的整体高度，肚脐所在的位置叫作黄金分割点，根据课前你对黄金比的了解，你知道黄金比是指哪部分与哪部分之间的比值约是 0.618 吗？（图 2）

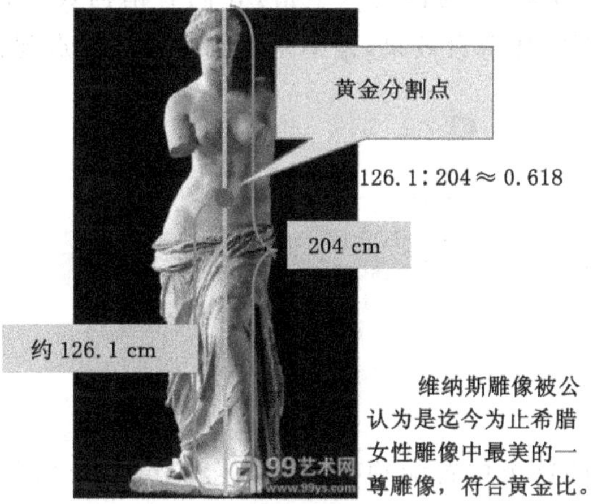

图 2

生：脚跟部至肚脐之间的长度与整体身高之间的比值是 0.618。

师：究竟是不是这样的呢？我们来看一看具体的数据。这座雕塑中，不算底座，脚跟部至肚脐之间的长 126.1 厘米。整体高度为 204 厘米。计算器算一算，它们之间的比值是不是约等于 0.618 呢？

生算：126.1∶204≈0.618

师：从这里可以看出黄金比指的是哪一段与哪一段的比值呢？

生：下半身与身高的比值。

师：也就是较长的这一段与全长的比值。

师：这是一个感恩节晚会的舞台，我们请来了主持人何灵。这是舞台的长，有请主持人何灵上台，他站在了舞台的正中间。（图 3）让我们审视一下整个舞台效果，你有什么想说的吗？

图 3

生：感觉不是太美观，看着不舒服。

师：如果是十分正规的会议，当然需要站在这个正中间位置，但这是一台晚会，需要轻松活泼一些，给大家带来美的享受。你知道在这种情况下，主持人都站在什么位置吗？谁来指一指呢？（生指）我们有请何灵站过去。（课件演示，图 4）现在再看一下整体舞台效果，是不是比刚才要好一点呢？

图 4

生：是的。

师：何灵所站的这个位置大约是这个舞台的黄金分割点。实验表明，站在这个位置，声音被传送出去会更加清晰明亮一些。

师：如果我们把这个舞台的长看作成线段 AB，那么何灵所在的位置就是黄金分割点。你认为哪一段与哪一段的比值约是 0.618 呢？（图 5）

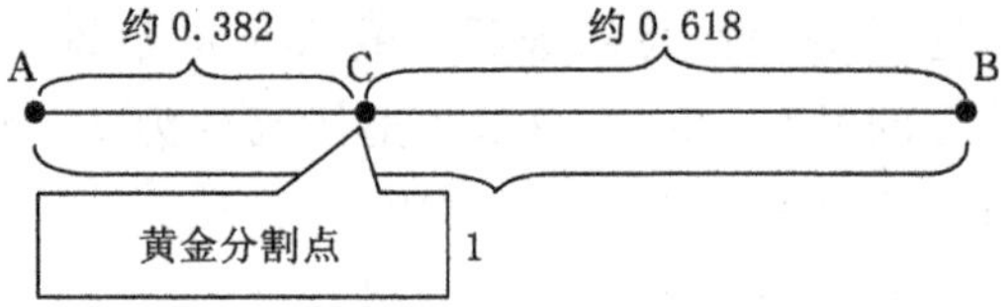

$BC:AB\approx 0.618$
$AC:BC\approx 0.618$
$BC:AB=AC:BC$

图 5

生：BC 与 AB 之间比的比值约是 0.618。

师：BC ∶ AB 的比值约是 0.618，这个比就叫作黄金比。如果我们把 AB 假设为 1，那么 BC 就是多少呢？

生：BC 就是 0.618。

师：除了 BC 与 AB 之间比的比值约是 0.618，请你估算一下，还有没有哪两段之间比的比值可能也是 0.618 呢？

生：0.382∶0.618 约等于 0.618，AC∶BC 的比值约是 0.618。

学生用计算器来验证。

师：这样我们就会得出这样的关系：BC∶AB＝AC∶BC，这两个比叫作黄金比：其实只要是在一条线段上，找到黄金分割点，就必然会出现（师生一起比画）较长线段∶全长＝较短线段∶较长线段≈0.618。

师：这次晚会我们请来了被称为“国民闺女”的关晓彤来表演时装秀，这是国民闺女关晓彤的身材数据，她的身材符合黄金比吗？（图 6）

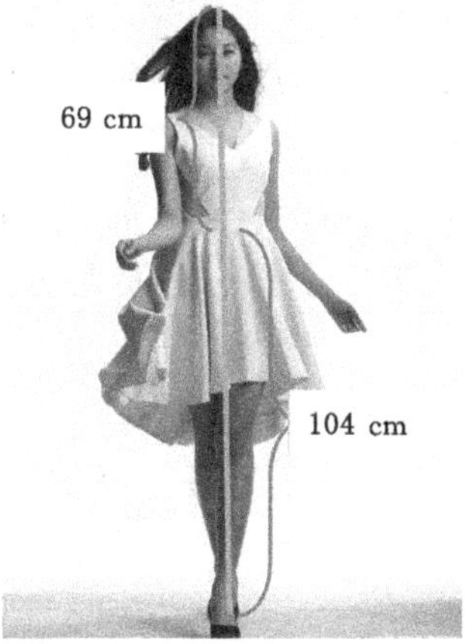

图 6

生：69÷104≈0.666 3，0.666 3 是大于 0.618，不符合黄金比。

师：0.666 3 是大于 0.618，这说明了什么呢？

生：说明下半身短了。

师：我们绝大多数人的身材是不是符合黄金比的。为了走好时装秀，你猜关晓彤来表演之前会做怎样的准备工作呢？

生：会穿高跟鞋！

师：对！穿高跟鞋其实就是增加这个比的后项，后项变大了，比值就会怎么样？（小下来）问题来了，究竟关晓彤需要穿多高的高跟鞋呢？不妨假设要穿的高跟鞋的鞋跟高 x 厘米，只要列出方程就可以了。

学生尝试列出方程。

69∶(104＋x)＝0.618

104＋x＝69÷0.618

x≈7.65

师：关晓彤的时装秀表演完了，何炅要来报下一个节目。假设这个舞台的长是20米，何炅站在了黄金分割点上，你猜一猜何炅应站在舞台靠左的什么地方呢？

生列式计算：20－20×0.618＝20－12.36＝7.64(米)

三、教学黄金矩形

师：何炅报的下一个节目是什么呢？原来是一个心理学实验游戏。在1876年，德国心理学家费希纳做过一个心理学实验，精心设计了各种比例的长方形，邀请592位朋友来参观，并选出个人认为最匀称的长方形。你们选择哪一个呢？

大多数学生多数会选择第四个长方形。

师：这可真就奇了怪了，你们与两百多年前的人们一样，不约而同地选择了第四个长方形，大多数人认为第四个长方形是最匀称的，你觉得可能的原因是什么呢？

生：第四个长方形宽与长的比约是0.618。

师：我们来看一看具体的数据，是不是这样呢？学生分别计算出下面长方形宽与长的比值。(图7)

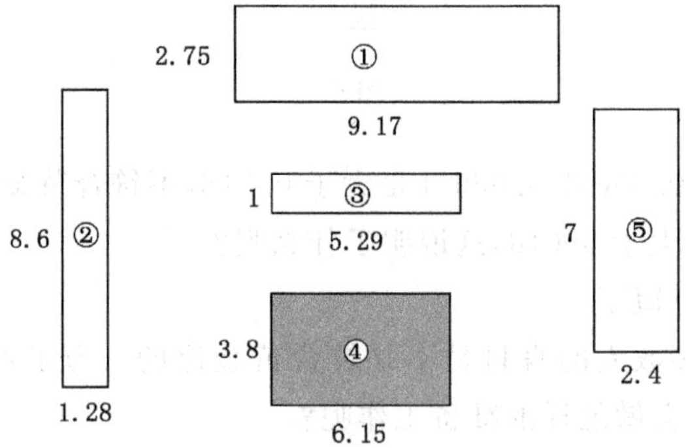

图7

师：长方形又称为矩形，当宽与长之间的比值是0.618时，它能给大多数的人带来美感，我们称这样的长方形为黄金矩形。这儿有一个长方形，我们称之为黄金矩形，如果我们以长为1，那宽就是？

生：宽是0.618。

师：如果从这个长方形中去掉一个最大的正方形，它的边长是多少呢？那么剩下的这个长方形还可能一个黄金矩形呢？请你算一算。

生：1－0.618＝0.382；0.382÷0.618≈0.618。（图8）

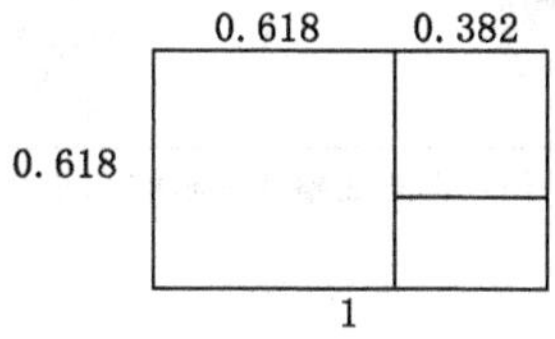

图8

师：如果再去掉一个最大的正方形，边长是多少？那么剩下的长方形还是不是黄金矩形呢？谁来算一算说一说。

生：0.618－0.382＝0.236；0.236÷0.382≈0.618。（图9）

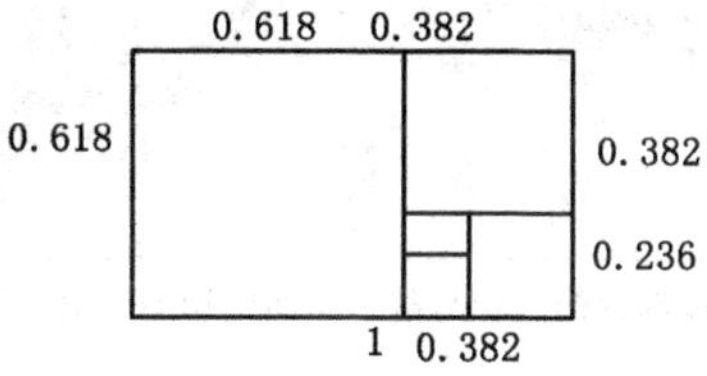

图9

师：像这样不断地切下去，剩下的长方形仍然还是黄金矩形，无穷无尽，黄金矩形不愧为黄金矩形啊。其实在古代，人们也发现了这一秘密。课本上有这样一幅图：古希腊巴特农神庙，其中宽与长比的比值就接近0.618，被认为是最美的。看来从古至今，人们对于美的感受是差不多的。

师：这幅水墨画（图10），整体上看，这是一个黄金矩形。更为重要的是这幅画的主体部分的面积与整体面积之间的比值约是0.618，这是多么让人赏心悦目啊，但如果改变一下主体部分的面积与整体面积之间的比值，现在你有怎样的感受呢？（图11）

生：有点过密了，看上去不舒服了。

这幅画主体部分的面积约占画面整体面积的 0.618，令人赏心悦目

图 10

这幅画主体部分的面积与整个画面面积的比值大于 0.618

图 11

四、引出黄金螺旋线

在建筑绘画当中有黄金比，在数字中有没有黄金呢？

师出示数列：1，3，4，7，11，18，29，47，76，123……

师：这样数列后一个数是前两个数的和，叫斐波那契数列。请同学们求相邻两数之比，求比值（除不尽的保留四位小数），要求学生逐一汇报，较对答案。

学生计算后，提问：你有什么发现呢？

生：比值越来越接近 0.618。

师：刚才我们是以 1，3 开头的，那么以任意别的自然数开头是不是也可以得到这样的结果呢？接下来我们借助一种叫电子表格的软件来进行计算。请大家任意说出三组数。

学生任意说了三组数：2，5 开头；6，10 开头；7，8 开头。

师：你有什么发现呢？

生：最后都约等于 0.618 033 989，任意两个自然数开头，斐波那契数列越到后面，相邻两个数的比值就越接近黄金比的准确比值。（图 12）

数列1	相邻两个数的比值（保留9位小数）	数列2	相邻两个数的比值（保留9位小	数列3	相邻两个数的比值（保留9位小数）
2		6		7	
5	0.4	10	0.6	8	0.875
7	0.714285714	16	0.625	15	0.533333333
12	0.583333333	26	0.615384615	23	0.652173913
19	0.631578947	42	0.619047619	38	0.605263158
31	0.612903226	68	0.617647059	61	0.62295082
50	0.62	110	0.618181818	99	0.616161616
81	0.617283951	178	0.617977528	160	0.61875
131	0.618320611	288	0.618055556	259	0.617760618
212	0.617924528	466	0.618025751	419	0.618138425
343	0.618075802	754	0.618037135	678	0.6179941
555	0.618018018	1220	0.618032787	1097	0.618049225
898	0.618040089	1974	0.618034448	1775	0.618028169
1453	0.618031659	3194	0.618033813	2872	0.618036212
2351	0.618034879	5168	0.618034056	4647	0.61803314
3804	0.618033649	8362	0.618033963	7519	0.618034313
6155	0.618034119	13530	0.618033999	12166	0.618033865
9959	0.618033939	21892	0.618033985	19685	0.618034036
16114	0.618034008	35422	0.61803399	31851	0.618033971
26073	0.618033982	57314	0.618033988	51536	0.618033996
42187	0.618033992	92736	0.618033989	83387	0.618033986
68260	0.618033988	150050	0.618033989	134923	0.61803399
110447	0.618033989	242786	0.618033989	218310	0.618033988

图 12

师：回到斐波那契数列，再看一看黄金比的这条线段（图 13）。你看一看，他们之间有什么联系吗？

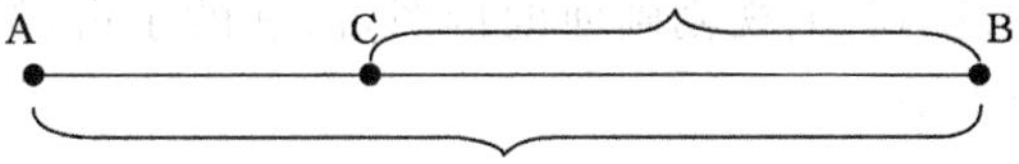

图 13

数列：1，3，4，7，11，18，29，47，76，123……

生：47 就是那个小段，76 就是那个大段，123 就是全长。47÷76 就是用小段除以大段。76÷123 其实就是用大段除以全长。

师：掌声送给他，这种数列看似很复杂，其实它们与这个线段在实质上是一致的。

师(出示蒙娜丽莎的图片):据说,这是世界上目前最昂贵的油画,她的微笑是被称之天底下最温馨的微笑。它是怎样构图的呢?相继出示正方形,边长分别为1,1,2,3,5,8,13,21。(图14)

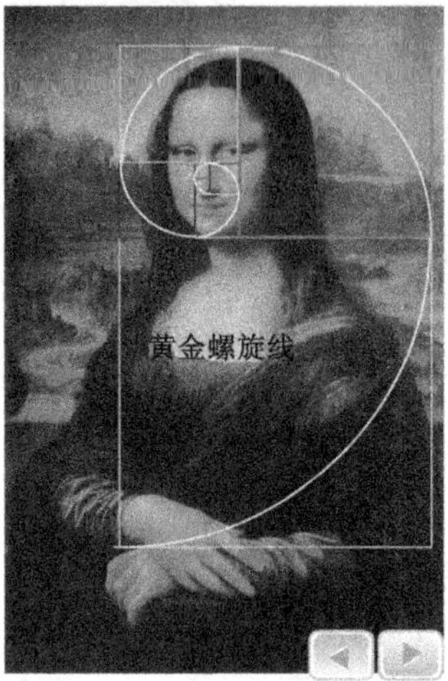

图14

师:其实这是什么呢?

生:斐波那契数列,13除以21得0.619。

师:如果我们把每个正方形画一个四分之一的圆弧,这样连起来,就成了一条曲线,隐含着黄金比值0.618的螺旋线,我们称之为黄金螺旋线。蒙娜丽莎这幅画就是按这种规律来构图的。

师:奇妙的大自然与现实生活,随处可以看到这种黄金螺旋线,你看贝壳上的花纹、植物叶子的排列、电视剧画面的构图,浩瀚的宇宙,都有0.618的影子,都有黄金螺旋线的影子。

师:这节课你有什么收获与体会呢?你还有什么问题呢?

生:① 黄金比最早是由谁发现的?② 怎样找到这个黄金分割点?

师:两千多年前古希腊的数学家、哲学家毕达哥拉斯发现的。有一天在他在街边听到打铁的声音,觉得非常好听,最后发现了黄金比。听,那来自远古的打铁声……

师(播放打铁的有节奏的声音):回家后他把这种有节奏的声音用数学的方式表达了出来,这个过程钻研了好多天,最后发现了黄金比。

师:伟大的发现往往始于生活中的小事,让我们也做一个有心人,留心周围的一切，其实我们的周围处处都有数学，随处都有黄金比的影子。

五、延伸拓展

师：你看，跳芭蕾舞的演员会把脚尖踮起来，让自己的舞姿更加婀娜多姿；蝴蝶头尾之间的距离与翅膀张开的宽度符合“黄金比”，从而能更加轻盈地飞舞；许多植物的叶子相邻的两片叶子所错开的角度往往是 222.5 度，或者是 137.5 度，这样枝叶重叠部分的面积最小，暴露的面积最大，有利于叶子充分进行光合作用；一般情况下，乐曲、电影把最高潮的起点放在作品的 0.618 处；在地球的黄金纬度，留下了许多人类历史遗迹，我们苏州就正处于这一黄金纬度，所以才有了“上有天堂，下有苏杭”的美誉。

师播放克莱因语录：

绘画能使人赏心悦目，

语文能动人心弦，

信息技术能使人获得智慧，

科学可改善物质生活，

体育可以锻炼意志，

而数学能给予以上的一切。

——克莱因

师：热爱数学吧！

【课后反思】

本节课由学生根据“黄金比”提出问题，组织学生阅读“你知道吗”，根据圆周率是圆的周长与直径的比值，引导学生思考黄金比是谁和谁的比值。学生提取已搜集到的数学信息，当感觉到说不清楚时，引发了学习需要。使用“维纳斯雕塑”与“何炅主持”两个情境引入黄金比的意义，利用“何炅主持”与“关晓彤穿高跟鞋”这两个情境进行巩固练习，使学生对“黄金比”的定义有了更加深刻的认识。接下来引入黄金矩形，通过从黄金矩形中不断减去一个最大的正方形，发现总是能得到一个黄金矩形，从而培养了学生的推理能力。由斐波那契数列引入黄金螺旋线，感知大自然中的黄金螺旋线，感受到黄金比的美。总而言之，本节课以课本的“你知道吗”这四句话为设计的起点，抓住“黄金比、黄金矩形、黄金螺旋线”这三个内容，组织学生经历知识的形成与发展过程，联系现实生活，体验“黄金比”的神奇，大大增强了学生对于数学的亲近感与学习兴趣，指向了学生的数学核心素养的提升。

三次猜想，推理验证

——五年级下册《圆的面积》教学实录及思考

圆是儿童在小学阶段要学的最后一个平面图形，也是在小学阶段唯一要学习的曲线图形。在学习本节课之前，学生已经学习了长（正）方形、平行四边形、三角形、梯形的面积，对平面图形的面积推导积累了较为丰富的经验，能运用数方格的方法，以及切拼、平移、旋转等方法求平面图形的面积。圆的学习在第一、二学段的数学教学中占据着重要的地位，具有较高的教育价值。由于圆是曲线图形，探索它的面积公式比线段围成的图形要稍难一些。教师应引导学生在探索的过程中进一步体会“转化”的策略，渗透极限思想，增强学生的空间观念，发展儿童的数学思维，提升数学核心素养。

一、创设情境，引起探究需要

师出示一个自动旋转喷水器动画，提问：它旋转一周所喷灌的地方是一个什么样的图形呢？

生：圆形。

师：关于圆我们已经知道了些什么？

学生依次说出圆心、半径、直径、周长等相关的知识点。

师：根据这个情境，你会提出什么样的问题呢？

生：自动旋转喷水器旋转一周所喷灌的土地面积是多少？

二、建立猜想，引发验证需要

师：要求自动旋转喷水器旋转一周所喷灌的土地面积就是求什么呢？

生：这其实就是求圆的面积。

师：通过圆周长的探索学习，我们得出了这样一个结论：圆的周长是它直径是 π 倍，也就是三倍多一些。对于圆的面积，你会有怎样的猜想呢？

生：圆的面积是不是与直径之间有固定不变的倍数关系呢？

生：圆的面积与半径之间会不会有固定不变的倍数关系呢？

师：出示半径为 4 厘米、3 厘米、5 厘米的圆。我们怎样知道这些圆的面积，有什么方法吗？

生：我们可以采用数方格的方法来求出圆的面积。

师：为了数与计算的方便，我们借助了与圆有一定关系的正方形，先数出四分之一圆的面积，再计算出整个圆的面积。（图 1）

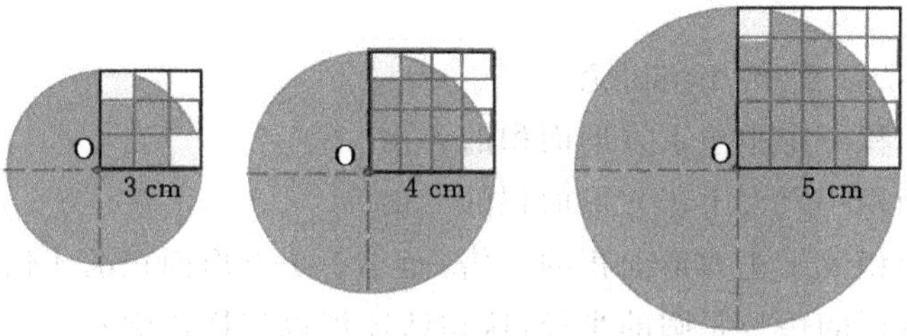

师指导：由于圆是曲线图形，像对角线两端的两个方格，非常接近满格的算作满格，其余不满一格的按半格计算。

学生填一填，然后依次汇报，完成下表。（表 1）

表 1

圆的半径/厘米	$\frac{1}{4}$圆的面积/平方厘米	圆的面积/平方厘米	圆的面积大约是半径的几倍（精确到十分位）
3	7	28	9.3
4	12.5	50	12.5
5	19.5	78	15.6

师：你有什么发现呢？

生：我们发现用圆的面积除以半径以后，商并不是一个固定不变的数。

师：用圆的面积去除以它的直径呢？

生：圆的直径是它半径的 2 倍，圆的面积与它半径之间不是固定不变的倍数关系，因此它一定与它的直径之间没有固定不变的倍数关系。

学生尝试用计算器验证面积与直径之间也没有固定的倍数关系。

师：看来圆的面积与半径和直径都没有明确的倍数关系，那么它与什么有关系呢？请看下图（课件依次出示图 2 中的 3 个图形）。

师：从这 3 幅图中，你们能得出圆的面积与小正方形的面积之间有怎样的

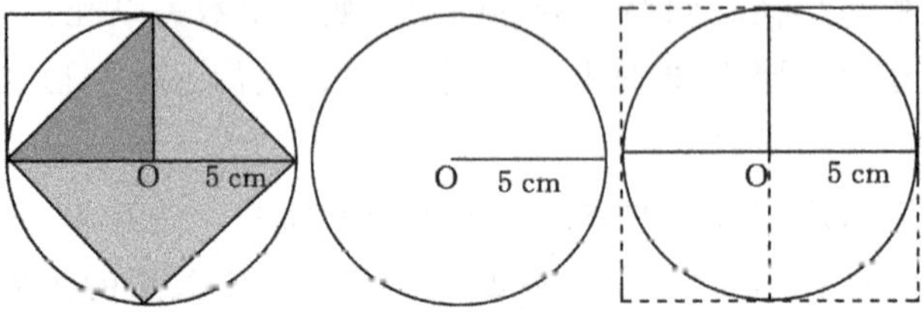

图 2

关系呢？先独立思考，再小组讨论。

生：圆的面积一定小于正方形面积的 4 倍。

生：圆的面积一定大于正方形面积的 2 倍。

师：圆的面积大于正方形面积的 2 倍，而小于正方形面积的 4 倍。

师：小正方形的边长是圆的半径，这句话还可以怎样说呢？

生：圆的面积大于它半径平方的 2 倍，而小于它半径平方的 4 倍。

师：根据这 3 幅图，你又会提出怎样的猜想呢？

生：圆的面积会不会与它的半径的平方之间有固定的倍数关系呢？

师出示下面的表格，学生填写。（表略）

师：你有什么发现呢？

生：我发现圆的面积大约是它的半径平方的 3.1 倍。

生：圆的面积大约是半径平方的 3 倍多一些。

师：据此，你又会提出怎样的猜想呢？

生：这个倍数大约都是 3.1，会不会就是圆周率呢？圆的面积会不会就是圆的半径平方的 π 倍呢？

师：同学们真了不起！我们不断地提出猜想，又不断地否定，下面我们就来验证第三个猜想是否正确。

三、转化推导，验证猜想

师：同学们回忆一下，以前我们用什么方法来推导平面图形的面积计算公式呢？

生：通过剪、拼、旋转等方法把新图形转化成已经学过的图形。

师：圆的面积计算公式是不是也能这样获得呢？

生：我们可以试一下，把圆转化成已经学过的图形。

师：好！要注意从哪儿下手剪拼，最有可能转化成所学过的平面图形。

生：既然圆的面积和它的半径平方有关，我们想沿着圆的半径剪开。

师：究竟可不可以，我们试试看。先把圆 4 等分。谁来摆一摆。

学生操作如下（图 3）：

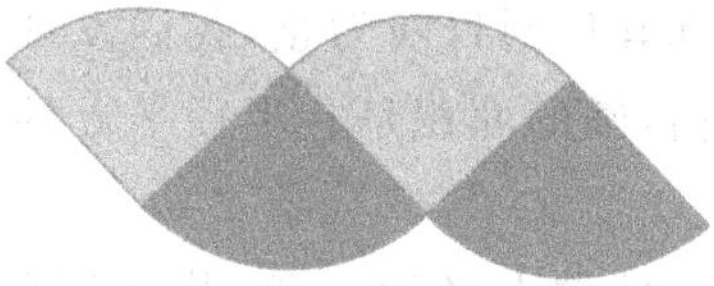

图 3

师：你还想把圆等分成多少份呢？（8 份）我们把现把这个圆的平均分成 8 份，再观察这个图形，你会有什么发现？

学生操作如下（图 4）：

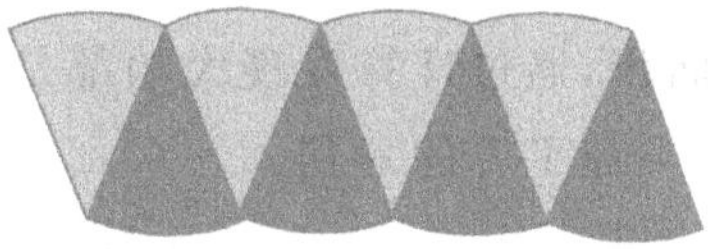

图 4

师：你们想自己也动手拼一拼吗？老师在你们的材料袋里放了将圆 16 等分的纸片，拿出来拼一拼，贴在研学单上。

师：从这些展示的几组由圆转化而来的图形中你发现了什么？

生：随着份数的增加，平行四边形的底这条曲线看起来就越来越直了。

师：想象一下，照这样再平均分下去会怎样呢？

生：拼成的图形会变成一个长方形。

课件演示圆等分成（64 份、128 份、256 份……，图 5），学生由衷地发出赞叹声。

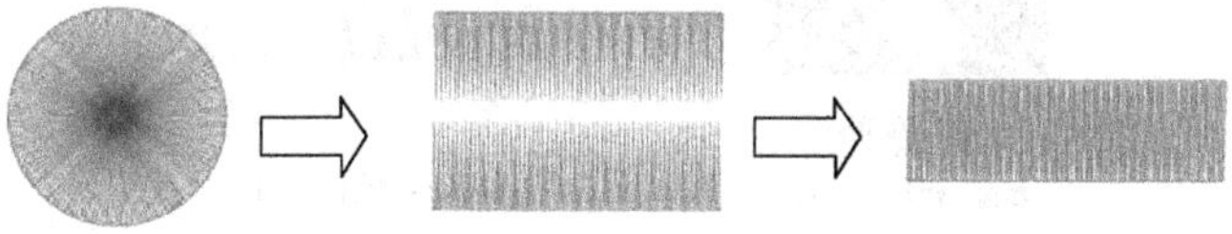

图 5

师：你有什么发现呢？谁来代表你们小组汇报一下。

生：长方形的底是圆周长的一半，用字母表示就是 πr，长方形的底宽相当于平行四边形的高，是圆的半径 r。圆的面积公式就是：$S=\pi r\times r=\pi r^2$。

师：通过这个推导过程，验证了我们的猜想，那就是？

生：圆的面积果然是它半径平方的 π 倍！

师："果然"一词用得真好！到目前为止，我们发现了圆蕴含着这样的规律：圆的周长是它半径的 2π 倍，圆的面积是它半径平方的 π 倍。回想一下，我们是怎样探索圆的面积的呢？

生：我们是从圆的周长是它直径的 π 倍，推想圆的面积会不会也是直径或者半径的固定的倍数。

师：然后呢？

生：我们发现圆的面积除以直径或者半径不是一个固定不变的数，借助边长是半径的小正方形，发现圆的面积小于圆的半径平方的 4 倍，而大于圆的半径平方的 2 倍。

生：数格子求出圆的面积，通过计算发现大约都是它的半径平方的 3.1 倍，我们就在猜想会不会是它半径平方的 π 倍。

师：再然后呢？

生：我们把圆转化成长方形，从而推导出圆的面积的计算公式，从而验证了圆的面积果然是它的半径平方的 π 倍。

师：我们在其中运用了推想、猜测、转化等探究数学问题的策略。其实，16 世纪德国数学家开普勒就对圆的面积进行过深入的探究（课件视频介绍，图 6）。

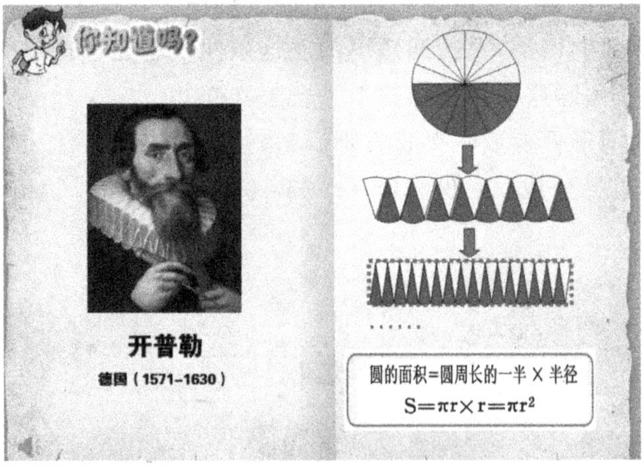

图 6

师：看到古人有这样的成就，你想说些什么？（生答略。）

师：同学们真了不起，在不到40分钟的时间里就经历了古人近千年的探究过程。我们也把掌声送给自己！

【教后反思：在上面的教学过程中，教者首先组织学生猜测：圆的面积可能与什么有关系？学生很自然地会去猜测圆的面积与半径或者直径有关系。教师点拨：圆的周长除以它的半径或者直径的商是一个固定不变的数，那么，对于圆的面积你会有怎样的猜想呢？生通过圆的周长计算的类比推理，自然而然地会提出这样的第一个猜想：圆的面积除以它的半径或者直径，是一个固定不变的数。学生通过数格子的方式得出圆的面积，用圆的面积除以它的半径与直径没有得出一个固定的倍数。此时研究似乎走进了一个“死胡同”，学生经历一个此路不通，另寻他径的过程，探究欲望被充分地调动起来。通过组织学生观察圆的面积与那个小正方形之间的关系，学生经过推理发现圆的面积与它的半径平方之间的倍数关系范围，从而很自然地提出了第二个猜想：圆的面积与它的半径平方之间的倍数会不会是一个固定不变的数呢？学生再用圆的面积除以它半径的平方，发现了商大约都是3倍多一点。提问：据此，你又会有怎样的猜想呢？学生据此提出了第三个猜想：圆的面积除以它的半径平方的商，会是一个固定不变的数吗？这个倍数是3倍多一点，会不会就是圆周率呢？至此，学生3次提出猜想，在迂回中不断接近问题的本质。为了验证猜想，学生把圆转化成已知图形，从而推导出圆的面积公式。教师适时引导学生总结探索方法，授之以渔，学生经历了猜测、推想、操作、转化的真学习过程，提升了数学核心素养。】

运用情境,体验知识形成的过程
——六年级下册《用方向与距离确定位置》教学实录与评析

一、复习巩固,精确准备新知起点

师:在茫茫的大海上,有一座灯塔,老师是这座灯塔上的观察员,我以自己所在的灯塔为中心点,画出了一幅这样的海域平面图(图1)。你能从这幅图上回忆起我们曾经学过的哪些数学知识呢?

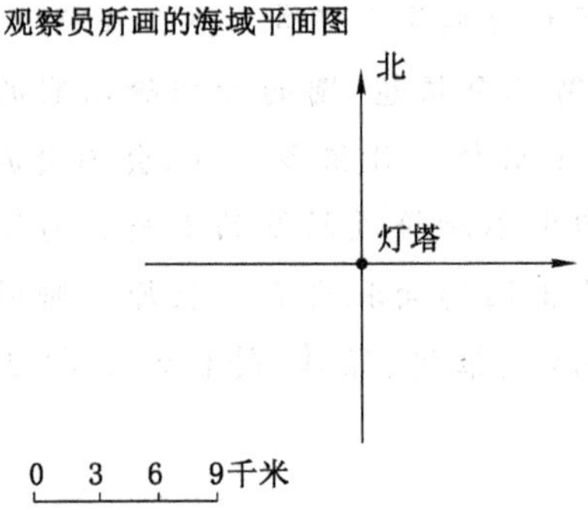

图1

生:在地图上,上北下南左西右东。

生:还有四个方向,东北、东南、西北与西南。

师:这幅图上的比例尺表示的是什么意思呢?

生:图上1厘米表示实际距离3千米。

师:如果要想表示12千米,应当画多长的线段呢?

生:应当画4厘米的线段,用12÷3=4厘米。

【评析:找准新知的生长点,通过简单复习巩固,为后面的新知探索做好了知识与思维的准备。】

二、创设情境，引发学习需要

师：这一天，在茫茫的大海上，风高浪急，驶来了一艘轮船。不幸的是，这艘轮船上发生了火灾，大火烧毁了这艘轮船的动力系统和通信系统。船行不了，与外界又失去了联系。在这个万分危急的时刻，我发现了这一情况，你猜，我会怎样做呢？

生：赶紧确定这艘轮船的所在位置，上报给海上救援中心。

师：听，我当时打给海上救援指挥中心的一段语音：“距离灯塔 15 千米”(声音断断续续)，发生危险的这艘轮船可能在哪些位置呢？请同学们在研学单上画出自己的想法。

教师巡视，用希沃软件展示典型的答题情况(图 2)：

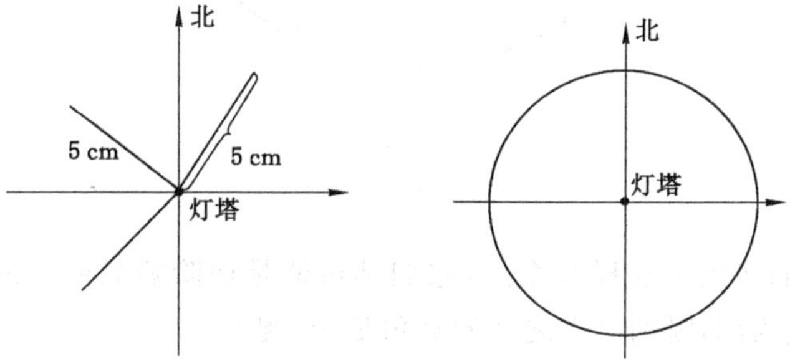

图 2

师：第一位同学画得线段是多长？(5 厘米)遇险轮船一定在这三个位置吗？(不一定)。

生：只要距离灯塔 15 千米的位置都有可能，所以就是一个圆。

师：第二位同学画的是一个圆，这个圆的圆心是？(灯塔所在的位置)半径是多少？(5 厘米)这个圆表示的是什么意思呢？

生：圆上任意一点距离灯塔都是 15 千米，画在纸上是半径 5 厘米，都有可能是这艘遇险船只的所在位置。

师：如果仅凭提供的这个信息，我们能不能迅速确定遇险船只的所在位置呢？

生：不能，如果没有其他信息，我们就需要沿着这个圆进行搜救。

师：(播放第二段语音：声音断断续续，30°方向)你觉得这艘轮船可能在什么地方呢？请你表示出这只遇险船只可能所在的位置。

组织学生现场演示把量角器的0刻度线对准南北或是东西，演示找到的8个可能位置。(图3)

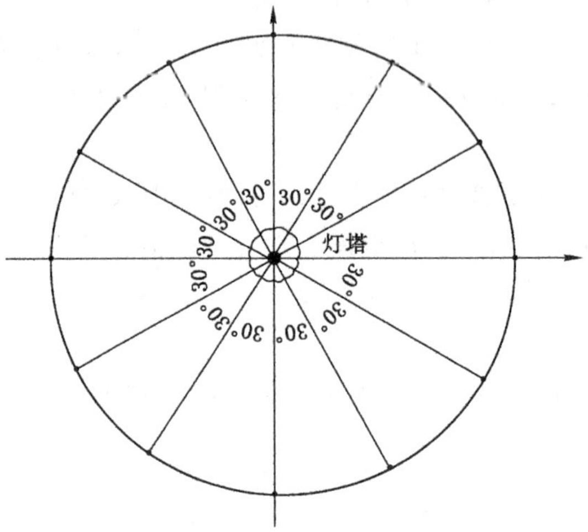

图3

师：同学们找到了这样8个点，它们都可能是遇险船只所在的位置。我们以其中一个点为例，哪两个点之间的夹角是30°呢？

生：表示南的这条线与偏西的这条线之间的角度是30°。

师：可能在8个位置，现在能确定遇险船只的位置吗？

生：不能。

师：请大家听观察员的第三段语音："北偏东。"(声音断断续续)怎样理解北偏东呢？

师：谁来指一指这个遇险船只的位置。

有的学生认为是a点，有的学生认为是b点。(图4)

师：北偏东30°，a点与b点，到底是哪一个呢？谁来说一说你的想法。

生：是a点，先确定北，再顺时针旋转偏向东30°。

生：b点是东偏北30°。

师：是的，北偏东30°。我们一般是先确定北或者南，这叫以南或者北为基准，再偏向东或是偏向西。

师：这个b点应当怎样说才规范呢？

生：b点在灯塔北偏东方向60°，距离灯塔15千米处。

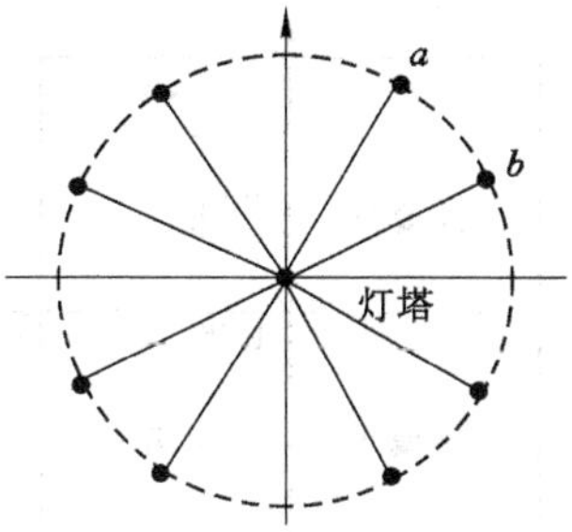

图 4

师：为什么要以南北为基准呢？请大家发表自己的想法。

生：因为在生活中很多情况下用指南针来辨别方向，指南针一端指向南，一端指向北。

师放录音：据研究表明，地球每天都在自西向东进行自转，地球外核的电子随地球的自转产生了磁场，磁场的方向是南北向的，其中的 N 极对着地球的北极，S 极对着地球的南极。因为这样的原理，我国古代的祖先发明了用指南针来辨别方向。

师：我们来看看其他的方向。依次出示：北偏东、北偏西、南偏东、南偏西。

【评析：通过三段语音创设情境，学生先确定了距离灯塔 15 千米的遇险船只在一个圆上，第二段语音锁定了在圆上有 8 个地点可能是遇险船只所在的位置，第三段语音确定了遇险船只可能在两个位置，通过辨析，学生认识到了“北偏东 30°”的真实含义。情境串的使用，引导学生先确定距离，再确定方向，使学生经历了用方向和距离确定位置知识的形成过程，积累了丰厚的数学活动经验。教师联系日常生活经验，帮助学生搞清楚了为什么以南北为基准。学生在学习过程中兴趣盎然。】

三、巩固练习，内化认知深度

师：这艘遇险船只究竟在什么位置呢？因为风高浪急，我这个观察员向海上救援中心的报告，队长没有听清楚，能请你们再完整地报告一遍吗？

生：报告队长，遇险船只在灯塔的北偏东方向 15 千米处，船上情况不明，速来救援，报告完毕。（图 5）

师：队长收到了报警信息，便打开了海域卫星实时监控。监控显示，在灯塔附近有三只船 B 船、C 船、D 船，谁来写一写 B 船与 C 船的位置。（图 6）

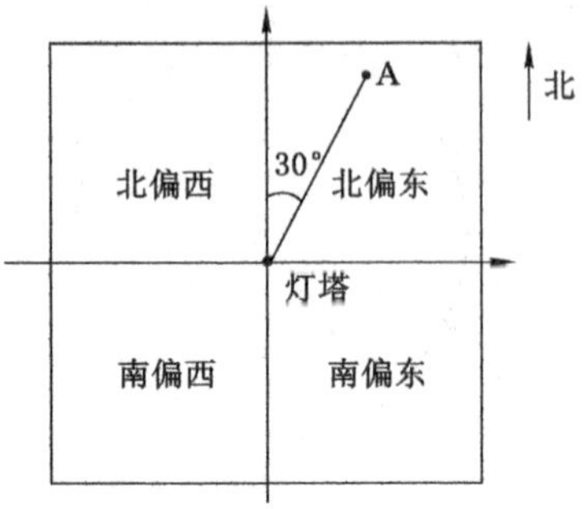

A号船在灯塔北偏东 30°方向15千米处。

图 5

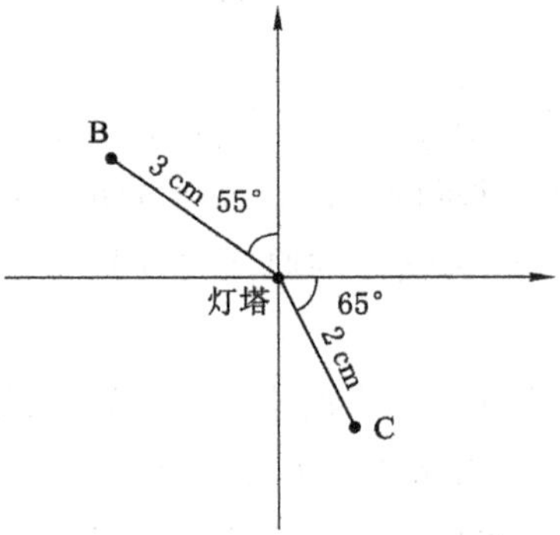

图 6

生：B 船在灯塔北偏西 55°方向 9 千米处。

生：C 船在灯塔南偏东 65°方向 6 千米处。

师：有不同的意见吗？

生：C 船在灯塔南偏东 25°方向，距离灯塔 6 千米处。

师：你们同意谁的意见呢？

生：以南北为基准的，因此 C 船应当是在灯塔南偏东 25°方向 6 千米处。

师：D 船在南偏西方向，谁来指一指。

师：我们发现他用的手掌，这表示的是一个什么呢？

生：这表示的是一个面。

师：南偏西 45°方向，谁来指一指。

学生指的是一条线。

师：南偏西 45°方向，距离灯塔 15 千米处。D 船在什么位置呢？请你判断一下，谁来指一指呢？

学生指出的是一个点。

师：摁住这个点不要动，见证奇迹的时刻到了。

学生用手摁住的这个地方与课件演示的地方几乎完全重合，全班响起热烈的掌声。（图 7）

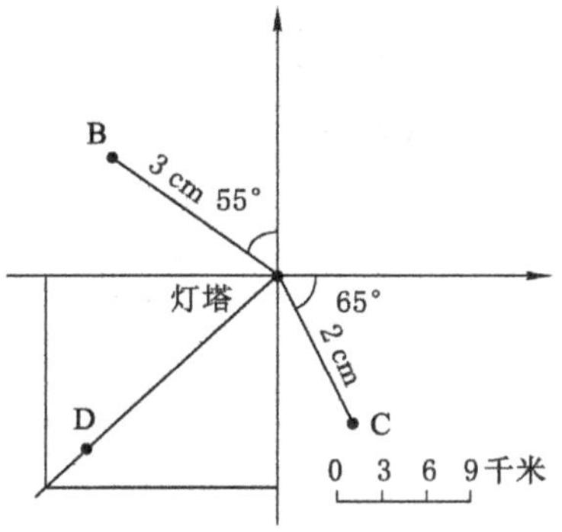

图 7

师总结：从这里可以看出确定位置，用方位确定了一个面，用角度确定了一条线，用距离确定了一个点。

师：大家都知道，站在灯塔看 A 船，A 船在灯塔北偏东 30°方向，15 千米处。假设大家都在这只遇险船只（A 船）上，闪烁的灯光就是希望，灯塔在遇险船只的什么位置呢？

生：灯塔在 A 船南偏西 30°方向，距离灯塔 15 千米处。

师：站在灯塔处看 A 船与站在 A 船看灯塔有什么不同与相同吗？

生：角度与距离相同，但是方向正好相反。（图 8）

【评析：通过情境创设引出了北偏西、南偏西、南偏东等其余 3 个方位，做巩固练习的过程中学生进一步熟悉了确定位置的表述方式；通过“站在灯塔处看 A 船与站在 A 船看灯塔有什么相同与不同”这个问题的辨析，使学生理解了由于观测点的不同会影响位置的描述，突出位置关系是相对的。】

四、梳理贯通，构建认知联系

师：我们在小学阶段几次学过确定位置，下面我们一起来梳理一下。

一年级时我们学过（图 9）：

师：这其实是在一条线上确定位置，我们用序数来确定位置，也就是用一个

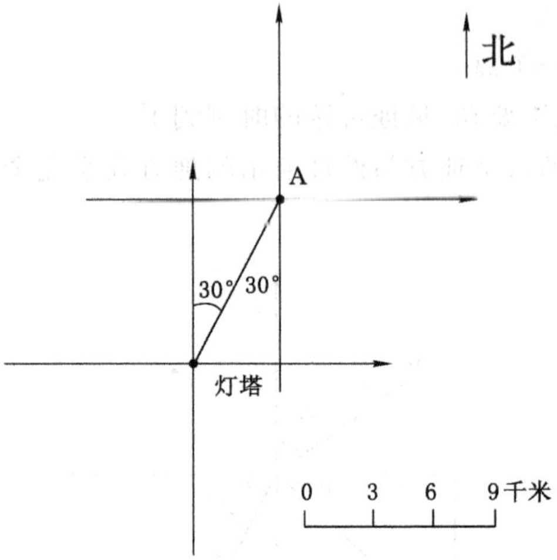

图 8

量来确定位置。

五年级时学过(图 10):

师:北偏东 30°是方向,15 千米是距离,这就是今天我们所要学习的用方向和距离确定位置。(板书,图 11)

师:用数对和用方向与距离确定位置有什么共同之处呢?

生 1:都是找交点的,数对是列与行的交点,今天学习的是用方向与距离的交点来确定位置。

生 2:都要先确定一个点,作为参照物,这样才可能确定另外一个点的位置。

师:这其实是在一个面上确定位置,需要两个量,两个量的交点,就确定了位置。

【评析:带领学生系统梳理小学阶段学过的确定位置,在对比中找到相同点,都是要先确定一个点,作为参照物,在一条线上确定位置,用另一个量来确定位置;在一个面上确定位置,两个量的交点,就确定了位置。这也为后面学生提出在如何空间里确定位置的问题打好思维基础。】

五、梳理收获,延伸思考

这节课你有什么收获呢?还有什么问题要提出吗?

生:怎样在立体空间里确定一个物体的位置呢?

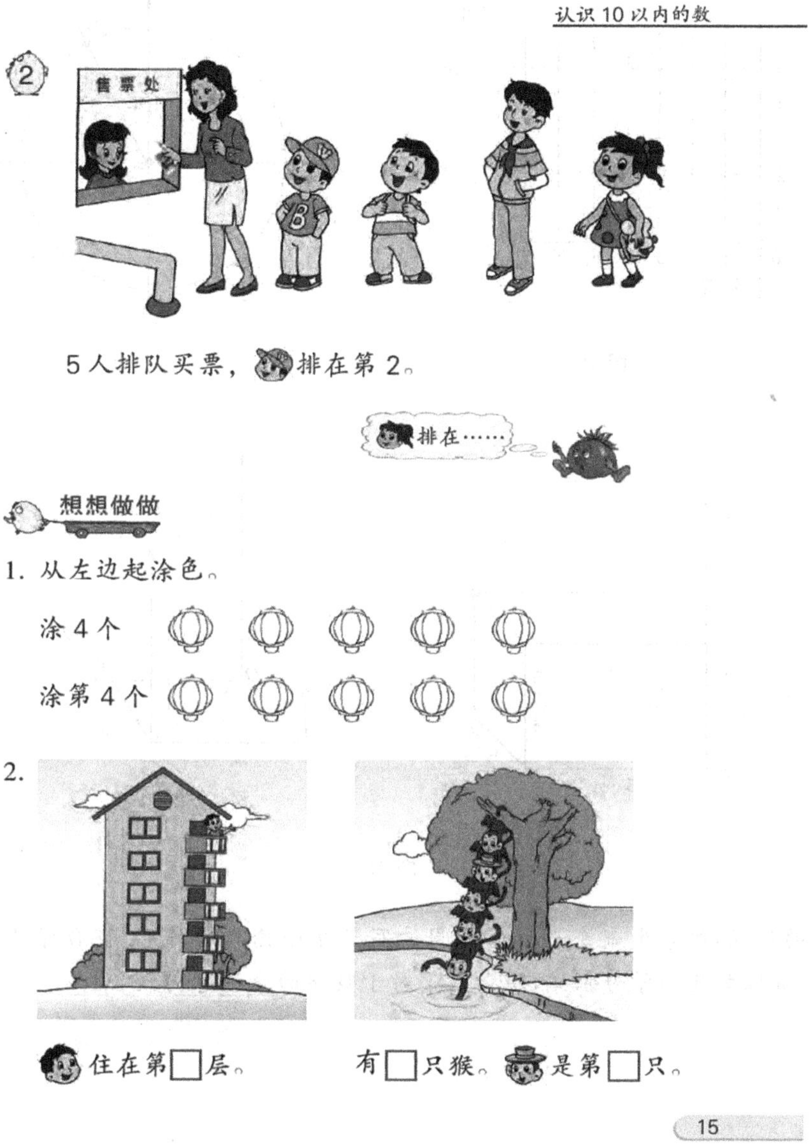
认识10以内的数

②

售票处

5人排队买票，排在第2。

排在……

想想做做

1. 从左边起涂色。

涂4个

涂第4个

2.

住在第□层。

有□只猴。是第□只。

15

图9

师：看了这两幅图，你有什么启发呢？（图12）

师布置作业：上网搜索阅读，写一篇怎样确定物体位置的小论文。

【评析：根据前面的梳理，学生很自然地会提出怎样在立体空间里确定一个

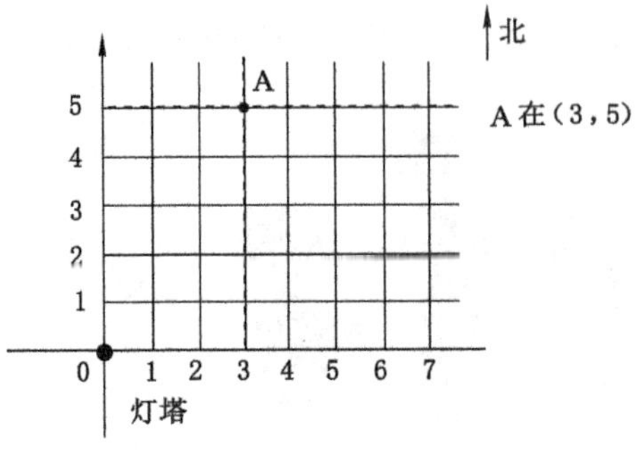

图 10

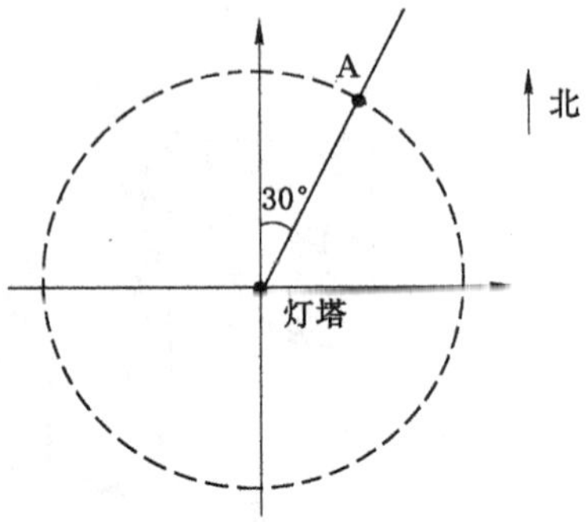

图 11

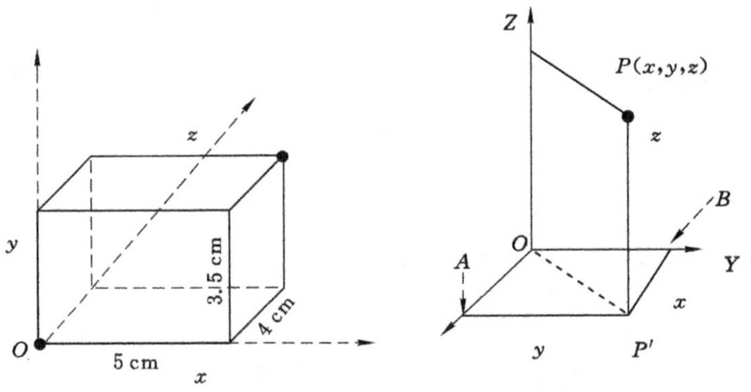

图 12

物体的位置，给学生布置一个课外阅读写数学小论文的作业，整合学生的学习经验，开阔学生的学习眼界，增强孩子对于数学的亲近感。】

问题引领，自主探索，提升数学核心素养

——以五年级上册《钉子板上的多边形》教学为例

核心素养是指学生应具备的适应终身发展和社会发展需要的必备品格和关键能力。数学核心素养包括哪些方面，众说纷纭。不过，它应是数学学科特有的，与数学学科特质密切相关的必备品格和关键能力，这一点毋庸置疑。抽象、推理与模型无疑是最具学科特质的数学核心素养。《钉子板上的多边形》是苏教版小学数学五年级上册教材第 108～109 页的教学内容，这个内容是根据《义务教育数学课程标准》(2011 年版)对教材修订后增加的内容，这个规律最先是由奥地利数学家乔治·皮克发现的，因此又可称之为“皮克定理”。这节课的教学内容极具探索性，充分展现这一数学知识的“趣”与“难”的魅力，发挥数学活动的教育价值，将有助于学生的抽象、推理、模型等数学核心素养的提升。这节课的教学目标是使学生在操作、观察、猜测、验证等活动中，发现钉子板上围出的多边形与它的边所经过的钉子数，以及多边形内部钉子数的关系，会用含有字母的式子表示发现的规律，使学生在探索规律、发现规律和表达规律的过程中，进一步感受数学抽象的意义，培养比较、分析和简单推理的能力，增强发现问题、提出问题的意识，积累数学活动经验，建立数学模型。由于这节课是一节新添加的探索规律类的教学内容，因此相对来讲，成熟的课例较少。下面结合这节课的具体教学过程，谈一谈如何培养学生的数学核心素养。

一、问题引领，建立猜想，激发探究需要

谈话：数学是思维的体操，能够提高智力。让头脑做“体操”需要用到数学工具。钉子板是一种数学工具，很多人用它来给自己的大脑做“运动”。为了便于研究，人们用点子图来代替钉子板。这上面的一个点就代表一枚钉子，每行钉子之间的距离是 1 厘米，每列钉子之间的距离也是 1 厘米。有一位奥地利数学家乔治·皮克，喜欢在钉子板上画一些有创意的多边形。看，他画了这样一只“河马”，怎样计算下面这只卡通“河马”的面积呢？(图 1)

图 1

生:先分割,求出面积以后,再加在一起。

师:起先乔治·皮克和大家一样也是把这只河马“大卸八块”求出面积后(出示学生算得的结果),然后再加起来。但是,这样做太——

生:太麻烦了。

师:于是乔治·皮克就在想啊——,哎,你猜他在想什么呢?

生:能不能找到一个简便方法来求钉子板上多边形的面积?

师:你和数学家乔治·皮克想到一起了,他在想能不能找到钉子板上多边形面积计算的简便方法呢?他先从最简单的想起,他先在钉子板上画出这样的三边形、四边形和五边形。(图 2)

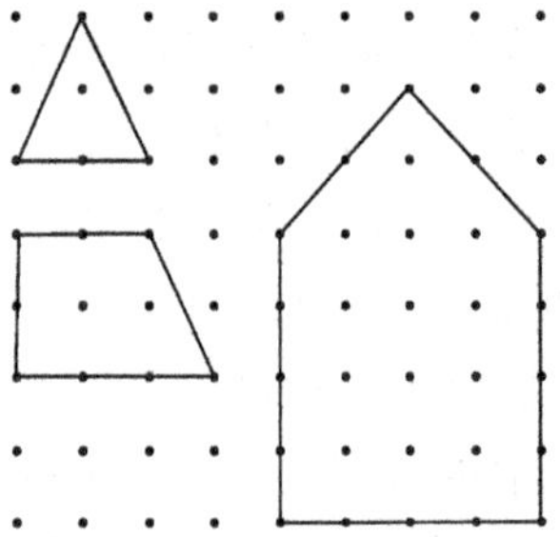

图 2

师:比较这 3 个图形的面积,我们会发现这 3 个图形的面积怎么样呢?

生:越来越大。

师:除了发现面积越来越大,还能发现什么呢?

生:边上的钉子数也越来越多。

生:周长越来越长。

生:内部钉子数越来越多。

生:多边形角的个数也越来越多。

师：看到这里，皮克就在想，多边形的面积会不会和其中的一个或几个因素有一种固定关系呢？那样我们就可以根据这种固定的关系来求多边形的面积了。猜一猜，在钉子板上，多边形的面积最可能与什么有关呢？和什么无关呢？

生：最可能和边上的钉子数有关，和多边形的角无关。

生：最可能和边上的钉子数有关，和多边形的周长无关。

生：最可能和内部的钉子数有关，和多边形的周长无关。

师：大家都猜钉子板上多边形的面积与边上的钉子数有关，那么现在我们就先来研究多边形的面积与边上的钉子数有没有明确的关系。

教学思考：解决现实生活问题或进一步学习要面临的问题是激发学生探究需要的重要手段与途径，基于问题的学习，通过教师的巧妙设计使学生置身于具有挑战性的、有意义的生活问题情境或数学问题情境中去，从而激发探究的需要，使学生的内心世界与数学世界相互交融共鸣，接受数学理性的熏染。钉子板上的多边形面积计算其实质是一种思维游戏，与现实生活联系不大，如何激起学生学习的需要，是教学设计的难点。如果按照教材编排的顺序直接让学生收集相关数据，探索多边形的边上钉子数与面积的关系，如此教学，过程扎实有序，学生最终都能够抽象概括出“皮克定理”，但会使学生成为“操作工”，并不知道为何要这样去做，不知道为何而学，怎样去探索，显然不利于学生学习主动性的发挥。课堂实践表明这样教学会让课堂索然无味，更不利于学生数学抽象、逻辑推理、应用意识等核心素养的培养。解决现实生活中的问题是激发学生探究意识、培养应用意识的重要途径，但并不是所有的教学内容与现实生活都能直接扯上关系，更多情况下应用意识的培养是为了进一步学习研究的需要。学生用先分割再合并的方法求比较复杂的钉子板上多边形的面积，过程很烦琐，自然而然会产生找到一种简便计算方法的想法，这种想法会引领并激发学生的思考。教师通过出示在钉子板上围成的面积越来越大的三边形、四边形和五边形，引领学生建立猜想：多边形的面积可能与边上钉子数、内部钉子数或多边形的周长有关，激发了学生探究的需要，为学生主动探索做好了心理铺垫。这种对于未知力求搞清楚的数学情感是数学核心素养的重要表征。

二、自主探究，逐步抽象，建造数学模型

师：请同学们拿出自主学习单(1)(图 3)。

师：请同学们用算与数的方法把这 4 个多边形的面积求出来，并把它们边上的钉子数也数出来，并填写在下面的表格中。看一看，你会有怎样的发现呢？

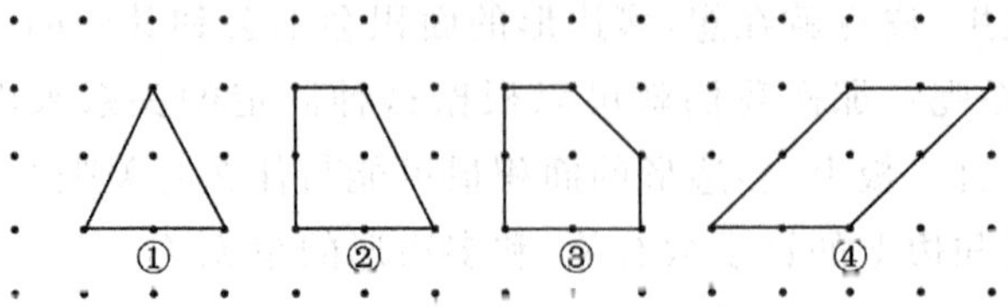

图 3

（表 1）

学生独立填后，然后汇报，教师出示结果。

表 1

图形编号	多边形的面积/平方厘米	多边形边上的钉子数/枚
①	2	4
②	3	6
③	3.5	7
④	4	8

师：观察这 4 组数据，你们有什么发现呢？

生：多边形的面积是多边形边上钉子数的一半。

师：如果我用 s 表示多边形的面积，n 表示边上的钉子数。s 等于什么呢？

生：$s=n\div 2$。

师：这个规律是显然易见的，但是这几个图形都是老师提供给你的，那么这个结论到底对不对呢？我们还要怎样呢？

生：还要自己画图形验证一下。

展示两个同学的画图，通过口算面积与数出边上钉子数进行验证，一个内部钉子为 1 枚，符合结论；另一个内部钉子不是 1 枚，不符合结论。

师：这是什么原因呢？难道是我们发现的规律有问题吗？认真观察这个不符合结论的图形，与前面的 5 个图形有什么不同呢？

生：前面 5 个图形内部只有 1 个钉子，我们画的图形内部有 3 枚钉子。

师：发现符合这个结论的同学请举手，你画的多边形内部是不是只有 1 枚钉子呢？

生：都只有 1 枚钉子。

师：看来，要想使这个结论成立，应当加上一个什么条件呢？

生：围成的多边形内部只能有 1 枚钉子。

师：钉子板上多边形的面积不仅和多边形边上的钉子数有关，还和多边形内部的钉子数有关。我们把图形内的钉子数用 a 来表示，s 表示多边形的面积，n 表示边上的钉子数。由此可以得出这样的结论：

生：$a=1, s=n\div 2$。

师：请同学们拿出自主学习单(2)(图 4)，当多边形的内部有两枚钉子，多边形的面积与边上的钉子数有什么关系呢？请同学们先独立填表(表 2)，再看一看你有什么发现。

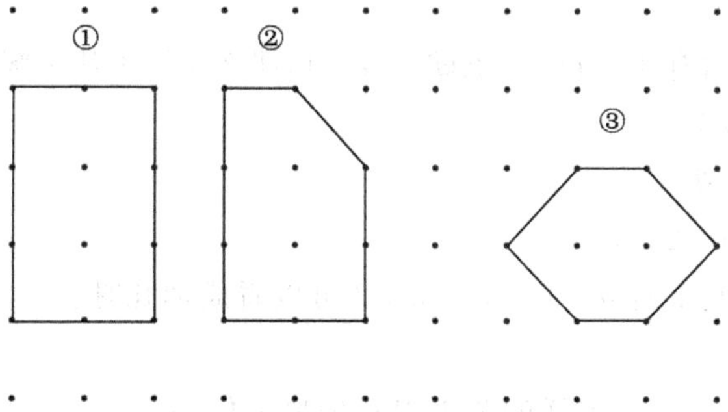

图 4

表 2

图形编号	多边形的面积/平方米	多边形边上的钉子数/枚
①	6	10
②	5.5	9
③	4	6
④		

生：边上的钉子数除以 2 再加 1 就是多边形的面积。也就是当 $a=2, s=n\div 2+1$。

师：如果 $a=3$，你推测多边形面积与边上的钉子数有什么关系呢？

生：$a=3, s=n\div 2+2$。

师：这个规律对不对呢？让我们来验证一下，先画一个多边形，使它的内部有 3 枚钉子。

出示(图 5)：

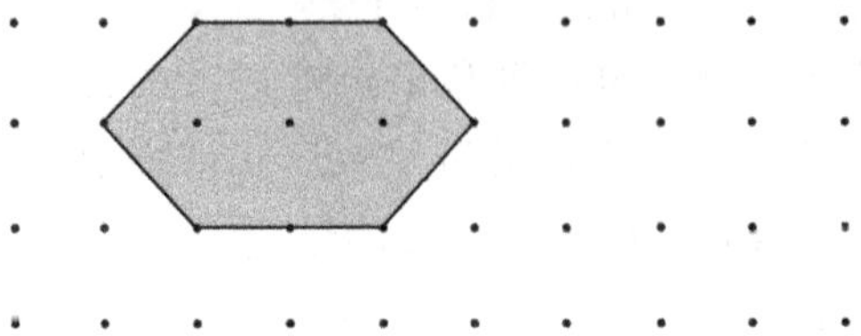

图 5

师生共数出钉子数为 8，$8\div2+2=6$，实际计算发现这个多边形面积果真为 6 平方厘米。

师：如果图形内有 4 个钉子，也就是 $a=4$，那么 s 等于什么呢？

生：$a=4$，$s=n\div2+3$。

师：如果 $a=5$ 呢？

生：$a=5$，$s=n\div2+4$。

师：让我们一起来看 $a=1$ 时，$s=n\div2$ 可以看成加几呀？

生：加 0

师：当 $a=0$，s 与 n 有怎样的关系呢？先猜一猜？

生：$a=0$，$s=n\div2-1$

师：在钉子板上尝试画一个内部钉子数是 0 的多边形，然后找一找它们之间有怎样的关系。

展示学生画的内部钉子数为 0 的多边形，数出边上钉子数，然后计算出面积，验证是否存在 $s=n\div2-1$ 的关系。

师出示：钉子板上围出的多边形面积用 s 表示，它边上的钉子数用 n 表示，它里面的钉子数用 a 表示。

$a=0$，$s=n\div2-1$

$a=1$，$s=n\div2+0$

$a=2$，$s=n\div2+1$

$a=3$，$s=n\div2+2$

$a=4$，$s=n\div2+3$

$a=5$，$s=n\div2+4$

……

师：观察这组我们发现的结论，你有什么发现呢？

生：都是用 $n\div2$，加上的数都比内部钉子数少 1。

师：如果 $a=a$ 时，s 等于什么呢？你能用一个式子把所有的结论都表示出来吗？哪位同学愿意到黑板上面写出来。

生：$a=a$，$s=n\div2+a-1$

师：一个公式能把所有情况都概括在内，这是多么奇妙的数学现象啊！由于这个规律是乔治·皮克最先发现的，因此又称为“皮克定理”。

师：a 是内部钉子数，可以代表哪些数呢？(能不能是小数呢？)

生：a 是任意的自然数。

师：n 是边上的钉子数，能不能也是任意的自然数呢？

生：只经过一枚、两枚钉子不能围成一个多边形，n 应当是等于 3 或者大于 3 的自然数。

【教学思考：在学生探索出当内部钉子数有 1 枚时，多边形边上钉子数是多边形面积的 2 倍，教师没有指出这些图形的内部钉子数只有 1 枚，而是让学生任意画一个多边形进行验证。当发现不符合规律时，教师没有马上指出问题所在，而是组织学生观察：这个不符合规律的图形与其他图形有什么不同？这是一个培养学生观察能力、分析能力的绝佳机会。当学生暂时不能发现规律时，教师不要忙着包办代替。教学实践表明，此处只要教师退一步慢一步，一般情况下学生都能发现这些图形间的不同。教师在教学中不能越位，应当敢于等待，等待学生自己发现，对于找到问题答案的学生要给予大力鼓励，让学生们能够充分享受到发现秘密的成功喜悦，促进学生自主探究规律。

推理是由一个或几个已知的判断(前提)，推导出一个未知结论的思维过程。推理是发现、提出数学命题以及论证命题正确与否的重要手段。《义务教育数学课程标准》(2011 版)指出：推理是数学的基本思维方式，也是人们学习和生活中经常使用的思维方式。推理包括合情推理和演绎推理，借助合情推理人们可以发现一个结论，再通过演绎推理证明结论是否正确。人们正是通过这两种推理，从而使数学这棵大树不断枝繁叶茂的。教学多边形的内部钉子数是 3、4、5、0 枚时，教师引导学生进行合情推理出相关结论，然后组织学生在钉子板上任意画一个多边形进行验证，组织全班交流：有没有不符合规律的多边形？在验证与交流中提高学生的逻辑推理与交流的能力。

抽象性是数学最本质的特性。数学抽象是指舍去事物的一切物理属性，得到数学研究对象的思维过程。数学抽象主要包括从数量与数量关系、图形与图形关系中抽象出数学概念及概念之间的关系，从事物的个体背景中抽象出一般规律和结构,并且用数学符号或数学术语予以表征。[①] 在引导学生得出一组关于钉子板上多边形面积计算的结论后,教师引导学生观察这组结论,组织学生用一个字母式子表示出所有的结论,提升了学生的抽象概括能力,增强了符号意识,体验用字母式子表达规律的简洁性,帮助学生建造了一个数学模型。】

三、应用规律,证明规律,培养理性精神

师:这个规律有什么用呢?让我们再来看这只河马,开始我们是残忍地把这只河马"大卸八块",然后再组装起来,现在还需要吗?大家能用皮克公式算出这个多边形的面积吗?(图6)

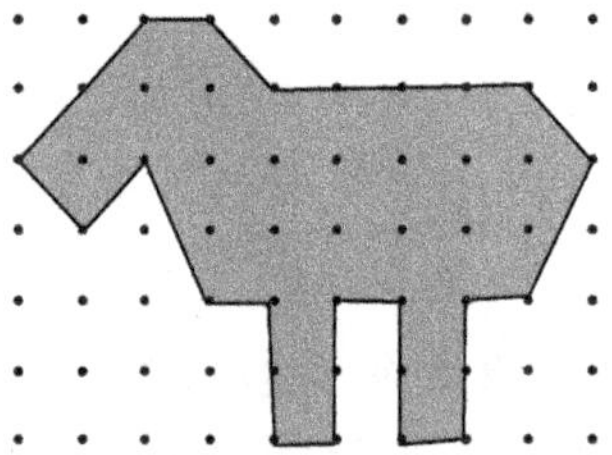

图6

学生用皮克定理求出这个多边形的面积。

师:请大家计算下面这个多边形的面积。(图7)

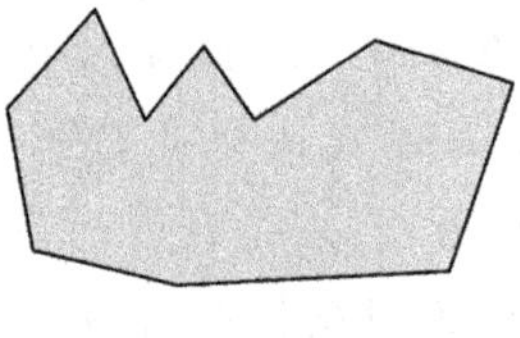

图7

学生发怔,不会计算这个多边形的面积。

生:没有钉子板。

师:让我们蒙上钉子板,我们会发现,现在你会计算吗?

生:不能计算。

师:为什么?

① 洪燕君:《〈普通高中数学课程标准(修订稿)〉的意见征询——访谈张奠宙先生》,载《数学教育教育学报》2015年第6期。

生：因为这个多边形不是经过钉子板上的这些钉子围成的。

师：也就是说不是用钉子板上的钉子围成的多边形，就不能使用这个规律来求面积。看来这个规律和钉子板有很大的关系，在钉子板上的多边形的面积计算为什么会有这样的规律呢？

请大家看课件(图8)：

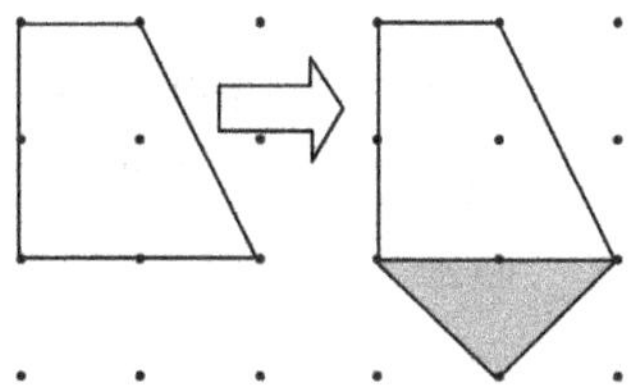

图 8

师：这枚钉子向下移动，什么变了，什么没有变呢？

生：边上钉子数没有变，内部钉子数多了一个。

生：面积变大了，增加了1平方厘米。

师：这就是为什么当 $a=2$，$s=n\div2$ 要加1的原因。

师：如果我们把这个点再向下移动两个格，什么没有变，什么变了？(图9)

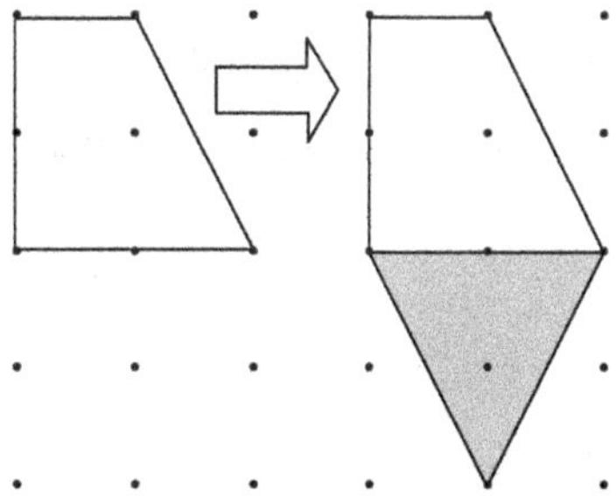

图 9

生：边上钉子数没有变，图形内部多了两枚钉子，增加了两个面积单位。

师：这就是为什么当 $a=3$，$s=n\div2$ 要加2的原因。

师：如果我们把这枚钉子向上移动一个格子，又会发生什么状况呢？(图10)

生：边上钉子数没有变，内部钉子数变成了0，面积减少了1个面积单位。

师：这就是为什么当 $a=0$，$s=n\div2$ 要减1的原因。

师：边上钉子数不变的情况下，我们发现多边形的内部每增加或减少一枚

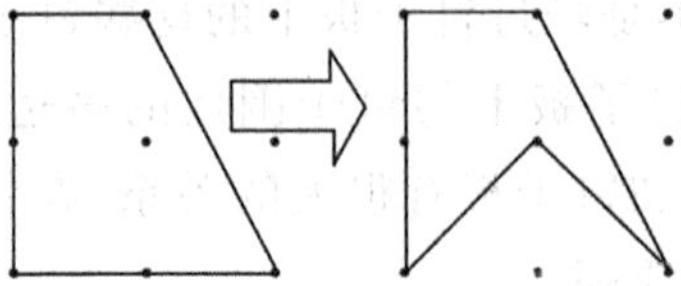

图 10

钉子,多边形的面积就会增加或减少一个面积单位,于是钉子板上多边形的面积就有了这样的规律。我们不仅要用数学的眼光去发现规律,还要思考规律背后的东西,这样我们才算是真正理解了规律。

【教学思考:张奠宙先生认为数学核心素养不仅指能力,它有“真、善、美”三个维度,能够欣赏数学的智慧之美、感觉数学好玩、喜欢数学是数学核心素养的充分体现。组织学生用“皮克定理”求卡通“河马”的面积,学生感觉很有意思,课堂教学首尾呼应,学生的喜悦之情溢于言表,在应用规律解决问题的过程中发展学生的应用意识,提升儿童的关键能力,培养儿童的数学核心素养。组织学生运用规律去求出不是用钉子板围出的多边形的面积,使学生发现这种方法的使用范围,只有在钉子板上围出的图形才能用这种方法解答,很自然引出在钉子板上为什么会有这种规律的问题,在教学中教师展示多边形边上的一枚钉子的位置移动,让学生逐步认识到内部钉子数每增加一个,多边形的面积就会增加一个面积单位。通过直观图形让儿童由表及里地认识规律,经历逻辑推理与交流的过程,在这个过程中,孩子们的数学智慧得以生长,以数学的眼光看待事物的理性得以涵养。】

经历抽象概括的过程

——六年级下册《面积变化的规律》教学设计及意图

【教学内容】

苏教版小学数学教材六年级下册第 48～49 页《面积变化的规律》。

【教材简析】

本节课是一节综合实践活动课，学生在《比例》这个单元里，初步知道了图形的放大或缩小，由于边的长度都是按相同的比进行变化的，因此形状没有改变，但是图形面积变化的倍数与边的长度变化的倍数是不一样的。究竟它们之间有规律吗，有什么样的规律呢，这就是本节课的研究主题。本节课通过对相关规律的研究，进一步深化学生对图形变化概念的理解，为计算放大或缩小图形之间的面积找到一种方便的算法。教师要在探索规律的过程中促进学生掌握探索规律的方法，树立学好数学的信心。

【教学目标】

(1) 使学生能自主探究出图形按比例放大(缩小)后和放大(缩小)前对应边长的比与面积比之间的关系，进一步体会比例的应用价值。

(2) 使学生经历量一量、估一估、算一算等活动，积累数学活动经验，培养观察、比较、综合和归纳推理等能力。

(3) 使学生在探究面积变化规律的过程中，获得成功的体验，体会数学规律的奇妙，提高数学学习的兴趣，增强学好数学的信心，发展对数学的积极情感。

【教学重点】

发现按比例放大或缩小的情况下图形面积变化的一般规律。

【教学过程】

一、创设情境，引入新课

师出示了一个长方形，现在把这个长方形按比例缩小。(图 1)

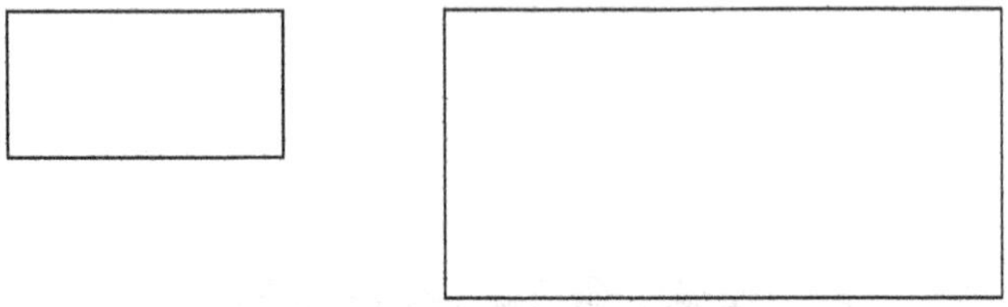

图 1

师：缩小后的长方形长与宽是多少？缩小前的长方形长与宽是多少？它们之间对应边的长度比是多少呢？请大家把结果填在下面的这张表格中。（表 1）

表 1

		缩小后	缩小前	缩小后与缩小前的比
长方形	长/厘米			
	宽/厘米			

师：你们能提出怎样的数学问题呢？

生：这两个长方形的周长比与面积比各是多少呢？

师组织学生计算并得出：这个长方形，缩小后的长方形和原来的长方形比，周长比为 1∶3，面积比 1∶9，填在表格中。（表 2）

表 2

		缩小后	缩小前	缩小后与缩小前比
长方形	长/厘米			
	宽/厘米			
	周长/厘米			
	面积/平方厘米			

师：从这张表格中你们有什么发现呢？

生：对应边的比是 1∶3，周长比也是 1∶3，面积比变成 1∶9。

组织学生讨论：为什么周长比是 1∶3，面积比变成 1∶9 呢？

学生表述理由后，教师课件演示。

师：根据这个图形，你会提出怎样的猜想呢？

生：其他的平面图形按比例缩小后，周长比会不会也不变呢？面积的比又会发生怎样的变化呢？

【设计意图：儿童在日常生活中常接触到的是地图，地图的比例尺多是按比例缩小，教学中开门见山，直接由一个长方形缩小引出对应的长度比、周长比和面积比。多数的教学设计是先教学图形的放大，再教学缩小，而先教学图形的缩小，则有利于学习素材的选择和教学活动的开展。通过讨论与课件演示，学生初步理解了长方形按一定的比例缩小后，周长比为什么没有变，面积比却变了。引发学生猜想：其他平面图形按比例缩小后，面积比会发生怎样的变化？这一段教学组织学生联系熟悉的知识，开展熟悉的活动，从中发现和提出新的数学问题，接受和理解新的学习任务，使学生以积极的心态参与到探索规律的活动中。】

二、自主探究，发现规律

1. 举例探索，感悟发现

出示教材第48页正方形、三角形和圆按比例缩小的图形。(图2)

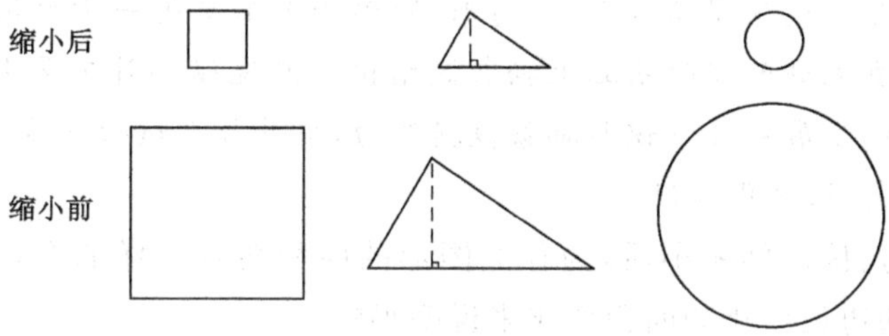

图2

学生自主探索：这些图形分别是按几比几缩小的？缩小后与缩小前图形面积的比各是多少？先量一量、算一算，再把下面的表格填写完整。(表3)

学生填写表格。

表3

		缩小后	缩小前	缩小后与缩小前的比
正方形	边长/厘米			
	面积/平方厘米			
三角形	底/厘米			
	高/厘米			
	面积/平方厘米			

续表 3

		缩小后	缩小前	缩小后与缩小前的比
圆	半径/厘米			
	面积/平方厘米			

思考：比较每个图形缩小后与缩小前的长度比和面积比，你能发现什么规律呢？生个别说一说。

2. 抽象概括，探得规律

如果把一个图形按 1 ∶ n 的比例缩小，缩小后与缩小前图形的面积比是(　　)∶(　　)。

【设计意图：《义务教育数学课程标准》(2011 年版)明确指出教师要“向学生提供充分从事数学活动的机会，帮助他们在自主探索和合作交流的过程中真正理解和掌握基本的数学知识与技能、数学思想和方法，获得广泛的数学活动经验”。组织学生通过研究正方形、三角形、圆形等图形来进一步验证面积的变化规律，使学生在充分研究的基础上抽象概括出一般规律。引导学生用含有字母的比表述规律，发展符号意识与抽象概括能力，提升数学核心素养。】

3. 追问成因，深化认识

引发思考：按比例缩小后，为什么图形的面积会有这样的变化呢？你能用上面长方形的边长变化和面积变化来说明吗？

预设：长方形现在的长是 9 厘米，宽 3 厘米，面积是 9×3＝27(平方厘米)，原来的长方形的长是 3 厘米，宽 1 厘米，面积是 3×1＝3(平方厘米)。如果按 1∶3的比缩小后，面积(9÷3)×(3÷3)来计算，(9×3)÷(3×3)＝27÷9，在这个过程中可以发现，对应边的比是1∶3，而面积比则是1∶9。

【设计意图：在学生找到规律之后，引导他们去思考图形的面积变化为何有这样的规律，去发现规律背后隐含的内容，通过追本溯源，刨根问底，能够有效地激起学生的探究欲望，树立探究本源的意识，发展学生的数学思维能力。】

4. 迁移推理，拓展结论

师：同学们，想一想：如果把一个平面图形按指定的某个比放大，放大前后图形面积的变化规律又是什么呢？

预设：如果把一个图形按 n ∶ 1 的比放大后，放大后与放大前图形的面积比是 n^2 ∶ 1。

师：你能用一个图形的放大来说明这个问题吗？

引导学生任选正方形、三角形和圆的其中一个图形进行逆向研究(或是直接用公式来进行推导),组织学生相互交流。

生:圆形原来的半径是 2 厘米,面积是 $\pi\times r^2=\pi r^2$(平方厘米),如果按 4∶1 的比扩大后,半径就是原来四倍,面积 $(r\times4)^2\times\pi=64\pi$ 来计算,$\pi\times(r\times4)\times(r\times4)=\pi\times r^2\times16=16\pi r^2$,在这个过程中可以发现,放大的圆形与原来圆形的面积比是 16∶1。

【设计意图:学生在探究出图形按 1∶n 的比缩小以后面积的变化规律,再引导学生类比推导图形按 n∶1 的比放大后面积变化的规律。让学生逆向研究图形面积的变化方式,学生对图形按比例放大面积的变化规律的认识水到渠成,组织学生通过公式进行推导,抽象概括出规律,培养了学生类比推理的能力。通过这一环节给学生营造了一个积极思考、踊跃交流的宽松氛围,充分放手让学生自主、探究与合作学习,让学生成为自主探究的主人。】

三、应用规律,解决问题

师:这幅方洲小学校园平面图是按什么比例尺画出来的?1∶1 000 表示什么意思?这里的 1∶1 000 是长度比,还是面积比呢?

生:比例尺是长度比,不是面积比。

师:现在我想知道方洲小学教学楼的实际占地面积是多少,可以怎样求呢?

生:先求出方洲小学的图上面积,然后再乘以面积扩大的倍数。

小结:解决这些实际问题,先测量出某建筑或设施的相关图上距离,如长方形的长和宽,再计算出图上面积,最后运用面积变化规律算出该建筑或设施的实际占地面积。

四、回顾反思,总结质疑

师:这节课我们发现了怎样的规律呢?

生 1:把一个平面图形按 1∶n 的比缩小,缩小图形与原来图形的面积比是长度比的平方,即 1∶n^2。

生 2:把一个平面图形按 n∶1 的比放大,得到的放大图形与原来图形的面积比是长度比的平方,即 n^2∶1。

师:我们是怎样发现这些规律的呢?

预设:举例归纳、举例验证、类比推理。

师:回顾探索规律的过程,你还有什么问题要提出吗?还想继续探究什么呢？

预设：正方体的棱长如果按比例放大或是缩小，体积比会出现怎样的变化规律呢？

【设计说明：在总结梳理阶段，引导学生回顾发现规律的过程，渗透学习方法的习得，引发学生继续思考：还有什么问题要提出呢？把学生的目光引向更加广阔的未知领域，拓宽研究的视野，打开研究的思路，提高探究数学问题的兴趣。】

注重构建，完善认知

——五年级下册《分数与除法的关系》教学设计与说明

【教学内容】

苏教版小学数学五年级下册第53～54页例2、例3，以及随后的“试一试”和“练一练”。

【教学目标】

(1) 使学生结合具体情境，探索并理解分数与除法的关系，会用分数表示两个整数相除的商，会用分数表示不同单位数量换算的结果，进一步深入理解分数的意义。

(2) 使学生在探索分数与除法关系的过程中，进一步发展数感，提升分析比较、抽象推理等思维能力，感受到数学思考的逻辑性和严密性，培养认真观察、积极思考的习惯。

【教学过程】

一、系统梳理，铺垫结构

提问：对于分数 $\frac{3}{4}$，大家已经有了哪些认识呢？你能用不同的形式表示出 $\frac{3}{4}$ 吗？

预设(图1)：

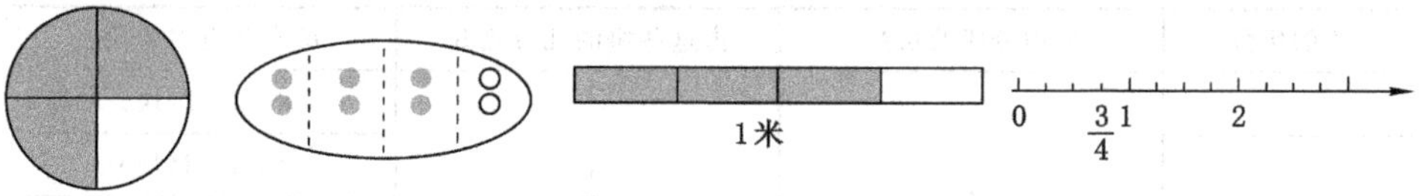

图1

根据学生的回答形成下图(图 2)：

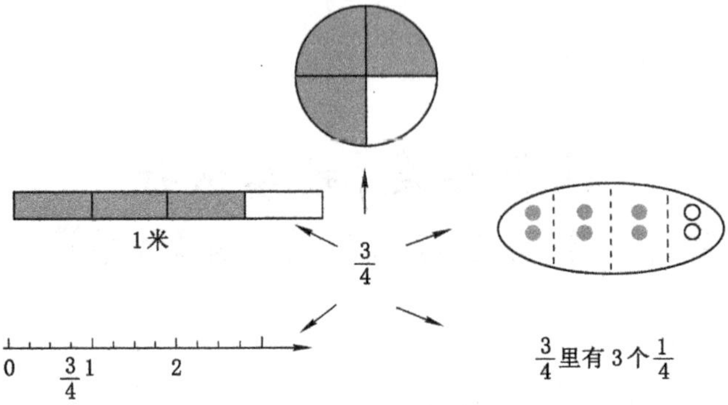

图 2

【设计说明：在教学之初，先让学生自己用图表示出对于$\frac{3}{4}$的理解，引导学生对分数的已有认知进行梳理，形成整体架构，有利于新知在此基础之上的架接生长。】

二、情境引入，探究新知

1. 创设情境，引出问题

课件依次出示：把 8 块饼、4 块饼、1 块饼、3 块饼平均分给 4 个人，每个人分得几分之几？（分得 $\frac{1}{4}$）为什么每人分得的都是 $\frac{1}{4}$ 呢？（都是把这些饼平均分给 4 个人）

课件依次出示：把 8 块饼、4 块饼、1 块饼、3 块饼平均分给 4 个人，每个人分得多少块呢？根据学生的回答形成下表(表 1)：

表 1

饼的块数	平均分成的份数	占这些饼的几分之几	每人分得多少块？
8	4	$\frac{1}{4}$	8÷4=2(块)
4			4÷4=1(块)
1			1÷4=$\frac{1}{4}$(0.25)(块)
3			3÷4=？(块)

重点提问：把 1 块饼平均分给 4 个人，每人分得多少块呢？每人分得的还够 1 块吗？

预设：不够，$1\div 4=0.25$(块)。

点拨：结果用小数表示，还可以用什么数来表示呢？($1\div 4=\frac{1}{4}$块)如果拿走一个$\frac{1}{4}$块，还剩多少块？(还剩$\frac{3}{4}$块)

总结：从这里我们可以看出两个数相除，它的结果可以是整数、小数或者分数。每份饼占总量的几分之几，我们用$\frac{1}{4}$表示出部分与整体之间的关系。这一份的具体数量，我们除了可以用小数表示，还可以用分数$\frac{1}{4}$块来表示。

【设计说明：以列表格的形式加强对比，使学生认识到把一些饼平均分给 4 个人，每个人得到它的四分之一，一块饼的四分之一是$\frac{1}{4}$块，使学生感受到这两个分数的不同，一个表示的是部分与整体的关系(分率)，一个表示的是具体数量。在此处使学生对于“量”与“率”这两个容易混淆的知识有了清晰的认知。】

2. 小组合作，操作探究

提问：如果把 3 块饼平均分给 4 个人，每人分得的还够 1 块吗？每人分得多少块呢？组织学生操作探究：老师给大家提供了 3 张圆形纸片代表 3 块饼，平均分给 4 个人。想一想，你打算怎样分？分一分，每人分得多少块？说一说，小组内交流方法。

组织学生展示。

预设：(1) 这个小组展示的是一块一块地分，现场演示分给 4 个人。提问：每次分得的是一块饼的几分之几？是多少块呢？分了 3 次后，每个人手里得到多少块呢？学生拼出的是$\frac{3}{4}$块。

(2) 展示把 3 块饼一起分，平均分成 4 份，每人分得其中的 1 份。提问：每位同学得到的是 3 块饼的几分之几呢？(3 块饼的$\frac{1}{4}$)3 块饼的$\frac{1}{4}$是多少块呢？你能摆一摆吗？学生摆后发现也是$\frac{3}{4}$块。

电脑演示两种分法，得出不论怎样分，都是$\frac{3}{4}$块，因此 3 除以 4 的结果是$\frac{3}{4}$。

3. 引申理解，深化新知

提问：把3块饼平均分给5个人，每人分得多少块？现在什么变了？（平均分的份数变了）怎样列式？你怎样知道答案是$\frac{3}{5}$块呢？你能在头脑里分一分，然后说出分的过程吗？

生说平均分的过程，教师出示相应的课件。

提问：像这样继续分下去，平均分给7个人，每人分得多少块呢？（$3\div7=\frac{3}{7}$块）如果平均分给8个人呢？（每人分得$\frac{3}{8}$块）

【设计说明：组织学生操作探究，模拟这种平均分的情境，现场展示分给4个人，使学生亲眼看到每个人分到了$\frac{3}{4}$块。学生亲身经历这个平均分的过程，再通过课件的演示，使不同水平的学生都能够认识到$3\div4$的结果。接下来引申到平均分给5、7、8个人，通过表象操作、课件演示，使学生再次经历平均分的过程，强化了两个数相除可以用分数表示结果，使学生感知分数的本质"能够表示不能整除情形下平均分以后得到的那个结果的大小"。】

4. 揭示新知，形成结论

提问：两个数相除，结果是整数，过去我们已经学习了，今天在这里不再讨论了。我们重点看一看结果是分数，观察这些算式，左边都是一个整数除以一个整数，右边是一个分数，它们之间有着怎样的联系呢？小组内互相说一说。

$$1\div4=\frac{1}{4}\text{（块）}\quad 3\div7=\frac{3}{7}\text{（块）}$$

$$3\div4=\frac{3}{4}\text{（块）}\quad 3\div8=\frac{3}{8}\text{（块）}$$

$$3\div5=\frac{3}{5}\text{（块）}$$

预设：两个整数相除，结果可以用分数来表示，除数相当于分母，被除数相当于分子。

提问：刚才同学们是用文字来描述的，像这样有无穷无尽个等式，那么我们能不能用一个等式来表示分数与除法之间的关系呢？（$a\div b=\frac{a}{b}$）这里的b能为零吗？($b \neq 0$) 提问：(　　) $\div 6 = \frac{(\quad)}{6}$，括号里可以填什么数呢？（点拨：括号里可以填 6 吗？可以填 7 吗？）当商不能用整数来表示，就可以用分数来表示。

【设计说明：引导学生观察得出的算式，抽象概括出分数与除法之间的关系，通过提问点拨，使学生认识到被除数大于除数，结果也可以用分数来表示，避免学生对于分数的意义仅仅限于“份数”的认知，打破了学生的认知藩篱。】

三、分层练习，深化新知

1. 出示填空题，请你根据分数与除法的关系填一填

(1) $7 \div 12 = \text{—}$

$\frac{5}{9} = (\quad) \div (\quad)$

(3) $(\quad) \div n = \frac{m}{}(n \neq 0)$

2. 填空

9 分米＝(　　)米　　35 克＝(　　)千克　29 分＝(　　)时

点拨：29÷60 的结果，你愿意使用分数表示，还是愿意使用小数来表示呢？（分数）

总结：在这种情况下，用小数比较麻烦。正是因为比较麻烦，我们才引进了用分数来表示。

3. 课本 56 页第 6 题（图 3）

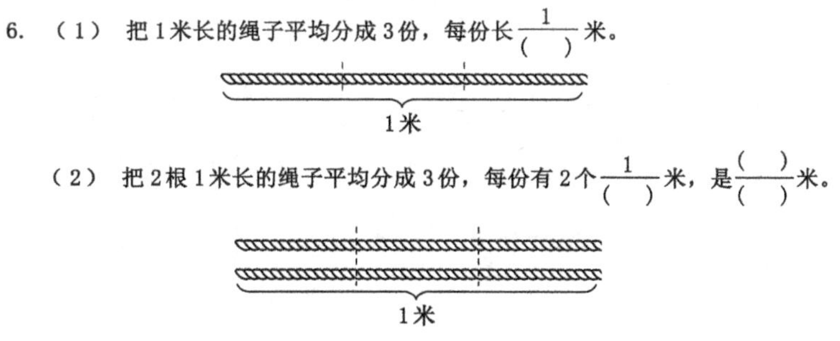

图 3

学生填完以后，提问：这里的 $\frac{1}{3}$ 米可以根据哪个算式得到？$\frac{2}{3}$ 米呢？如果

是3根1米的绳子被平均分成了3段，每份长多少米呢？如果是5根1米的绳子呢？

4. 想一想，填一填

(1) 把一袋糖果平均分给5个小朋友，每人分得这袋糖果的$\frac{(\quad)}{(\quad)}$。

(2) 如果这袋糖果是2千克，每人分得这袋糖果的$\frac{(\quad)}{(\quad)}$，是$\frac{(\quad)}{(\quad)}$千克。

(3) 如果这袋糖果是3千克，每人分得这袋糖果的$\frac{(\quad)}{(\quad)}$，是$\frac{(\quad)}{(\quad)}$千克。

【设计说明：通过4道层次练习，使学生再次认识到两个数相除，得数用分数来表示的方便性。通过应用练习再次深化了学生对于分数与除法之间关系的本质认识，把用分数表示“量”与“率”区别开，提升了学生的数学素养。将习题改编得具有开放性，在自主练习中培养了学生思维的发散性。】

四、系统梳理，拓展结构

1. 梳理认知

提问：通过今天的学习，你对于$\frac{3}{4}$又有了怎样的认识呢？

预设：$\frac{3}{4}$还可以表示3÷4的商。根据学生的回答出示下面这幅图(图4)：

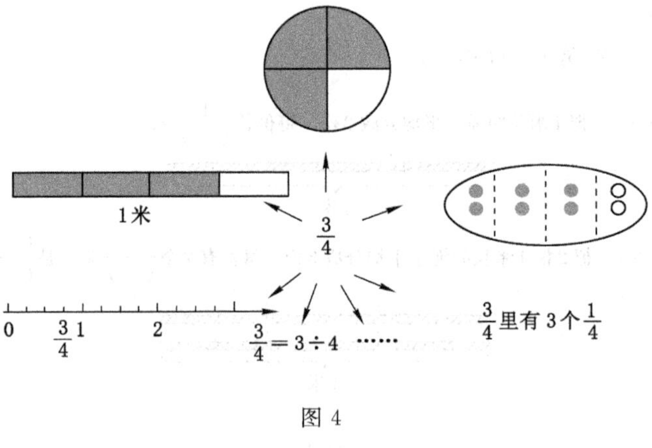

图4

总结：我们从不同角度认识了$\frac{3}{4}$，相信随着学习的不断深入，我们对$\frac{3}{4}$的认识会越来越全面。

2. 拓展结构

师出示下面的表格(表 2),用被除数除以除数,就得到了这些分数,你有什么发现吗?

表 2

除数＼被除数＼商	1	2	3	4	5	6
1	$\frac{1}{1}$	$\frac{2}{1}$	$\frac{3}{1}$	$\frac{4}{1}$	$\frac{5}{1}$	$\frac{6}{1}$
2	$\frac{1}{2}$	$\frac{2}{2}$	$\frac{3}{2}$	$\frac{4}{2}$	$\frac{5}{2}$	$\frac{6}{2}$
3	$\frac{1}{3}$	$\frac{2}{3}$	$\frac{3}{3}$	$\frac{4}{3}$	$\frac{5}{3}$	$\frac{6}{3}$
4	$\frac{1}{4}$	$\frac{2}{4}$	$\frac{3}{4}$	$\frac{4}{4}$	$\frac{5}{4}$	$\frac{6}{4}$
5	$\frac{1}{5}$	$\frac{2}{5}$	$\frac{3}{5}$	$\frac{4}{5}$	$\frac{5}{5}$	$\frac{6}{5}$
6	$\frac{1}{6}$	$\frac{2}{6}$	$\frac{3}{6}$	$\frac{4}{6}$	$\frac{5}{6}$	$\frac{6}{6}$

提问:如果在这张表格上画一条线,这条线上的分数有什么特点呢?(即白色方框处)

预设:这条线上分数的分子与分母相同,这条线以上的分数分子大于分母,以下的分数分子小于分母。

总结:如果把表格上的数据依次无限地写下去,就可以得到无穷无尽个分数,这些分数又有什么特别的名称呢?这将是我们以后要学习的内容!

【设计说明:梳理知识结构,与课初的复习首尾呼应,进一步完善了学生的认知结构。利用表格除法,让学生感悟到分数的真正来源是自然数除法的推广,引出了真分数与假分数,学生经历了一次数系的扩充,拓展了学生的认知结构,为进一步认识分数埋下伏笔,使学生对于分数这一概念逐步达到了关系性的理解。】

归纳推理，深度学习

——四年级下册《多边形的内角和》教学设计及意图

【教学内容】

苏教版小学数学四年级下册 96～97 页《多边形的内角和》。

【教学目标】

(1) 使学生通过观察、操作、计算、推理等方式探索多边形的内角和，发现多边形内角和与多边形边数之间的关系，抽象概括出计算多边形内角和的一般方法。

(2) 经历探索和发现规律的过程，积累探索规律的活动经验，感悟类比、归纳、数形结合、转化、模型等数学思想，初步形成问题意识、探究意识和创新意识，体验成功的喜悦，树立学好数学的信心。

【教学重难点】

引导学生将多边形转化成若干个三角形，发现分成的三角形的内角和就是多边形的内角和，并能用数学模型表示。

【教学过程】

一、特殊到一般，诱发猜想

(1) 依次出示一条线段、两条线段，首尾连接，不能围成一个封闭图形，再出示一条线段，引导学生发现至少要有三条线段首尾连接才能围成一个封闭图形。

(2) 出示一个三角形：三角形有 3 条边，有 3 个角，三角形 3 个角的度数和叫作三角形的内角和，我们知道三角形的内角和是 180°。如果是一个四边形呢？

(3) 出示：这是一个长方形与一个正方形，它们的每个内角都是 90°，它们的内角和是 90°×4＝360°。长方形与正方形是特殊的四边形，根据这些，你能提出怎样的猜想呢？(图 1)

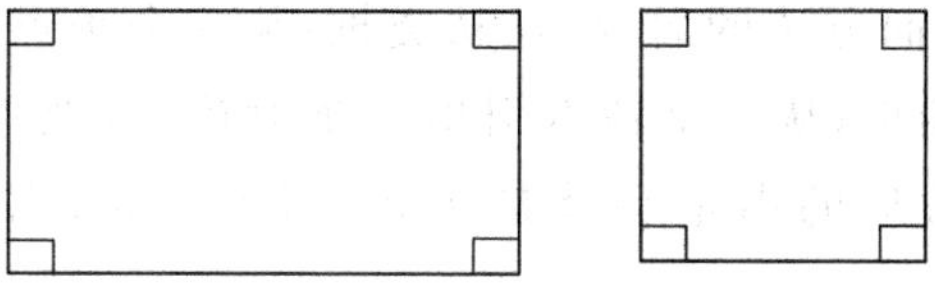

图 1

预设：是不是任意一种四边形的内角和都是 360°呢？

【设计意图：这是一节引导学生进行推理归纳提升数学思维的综合实践课。在学习本节课之前，学生已经认识了三角形的内角和是 180°，了解了多边形的基本特征。教学中由三角形的内角和以及长方形与正方形的内角和引发对于四边形内角和的猜想，勾起学生的探究欲望，为下面的探究学习做好心理铺垫。】

二、自主探究，建立模型

(1) 出示一个四边形，这是一个一般四边形，你能自己想办法求出四边形的内角和吗？

组织学生在课堂探究单上尝试画图操作。

预设 1：从一个顶点引出一条对角线，可以把四边形分成两个三角形。

预设 2：受探究三角形内角和的正迁移，学生可能会把四边形的四个角撕下来拼在一起。

组织学生比较两种方法，哪种方法更方便快速一些？学生选择画对角线，可以把四边形分成两个三角形(图 2)。教师要引导学生发现这两个三角形的内角和就是四边形的内角和，每个三角形的内角和是 180°，这个四边形的内角和就是 360°。

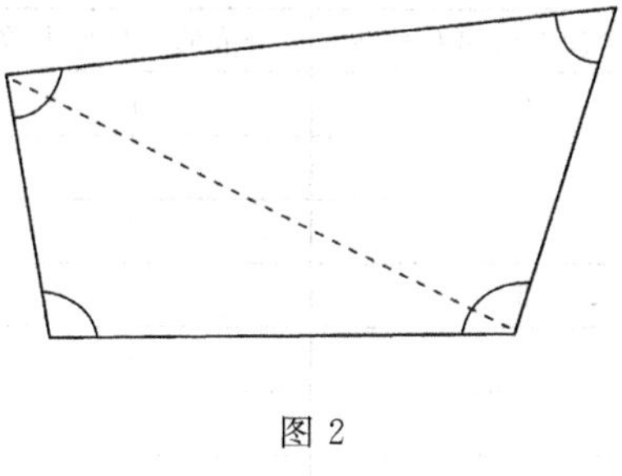

图 2

(2) 提问：五边形的内角和是多少度？六边形呢？你能自己想办法求出它们的内角和吗？

预设：学生受上面方法的启发，迁移类推：从一个顶点引出两条对角线，把五边形分成 3 个三角形；从一个顶点引出 3 条对角线，把六边形分成 4 个三角形；从而推理出五边形的内角和就是 180°×3＝540°，六边形的内角和就是 180°×4＝720°。

根据学生的回答依次出示课件(图 3)。

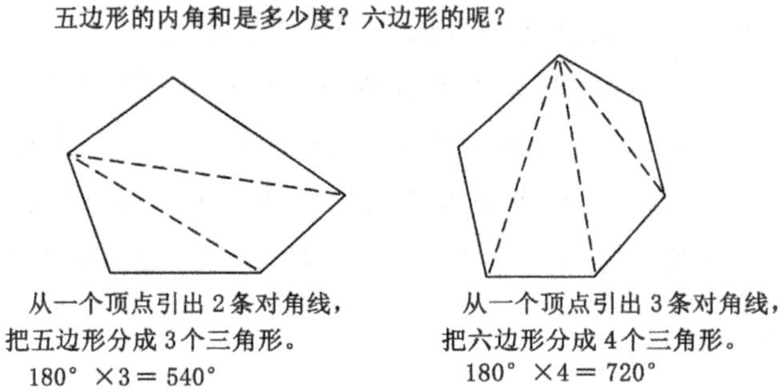

图 3

(3) 提问：如果边数再多一些，它的内角和是多少度呢？

点拨引导学生列表研究，把下表(表 1)填写完整：如果是七边形呢？从一个顶点引出几条对角线呢？分成的三角形个数是多少呢？内角和是多少呢？如果是八边形呢？从一个顶点引出几条对角线？分成的三角形个数是多少？内角和是多少呢？

师：如果边数再多一些，多边形的内角和是多少度呢？

表 1

图形名称	边数	从一个顶点引出对角线	分成的三角形个数	内角和
三角形	3	0	1	180°
四边形	4	1	2	180°×2
五边形	5	2	3	180°×3
六边形	6	3	4	180°×4
七边形	7	4	5	180°×5
八边形	8	5	6	180°×6
……	……		……	……
多边形	边数	边数－3	边数－3＋1	180°×(边数－2)

学生独立思考，小组讨论后回答结果。

【设计意图：学生要成为学习的主体而不是被动的知识接收器，就得有“活动”的机会，有“亲身经历”（用自己的身体、头脑和心灵去模拟地、简约地经历）知识的发现（发明）形成、发展过程的机会①。在这个环节中引导学生运用把一个多边形拆分成三角形的方式依次找到五边形、六边形的内角和，然后借助列表推理研究，引导学生从数据中归纳出数学规律，建构数学模型，感悟抽象、推理、建模等数学思想。】

三、深入思考，理解实质

（1）提问：经历了这个结论的推导过程，你有什么问题要提出吗？

预设：为什么多边形从一个顶点出发，引出对角线的条数是“边数－3”呢？

预设：我们以一个六边形为例，六边形就是6个顶点，只从一个顶点出发，不能向相邻的两个点引出对角线，再去掉自己本身这个点，可以连出（边数－3）条对角线，这样就把多边形分成了（边数－3＋1）个三角形，也就是（边数－2）个三角形，因此多边形的内角和就是180°×（边数－2）。（图4）

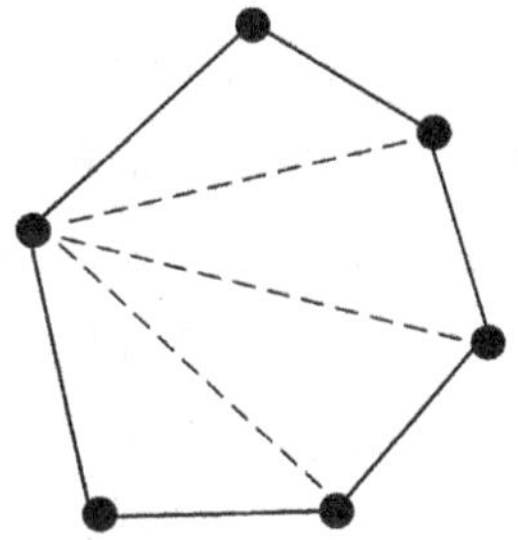

图4

【设计意图：引导学生反思推导的过程并提出问题，培养问题意识，借助六边形来说明为什么引出对角线的条数是“边数－3”，把学生的思维引向深入，思考规律背后的原因，促进学生思维深刻性品质的提升。】

（2）回想整个规律的得出过程，你有什么收获？

根据学生的回答总结得出“猜想—验证—归纳—反思”。

① 郭华：《深度学习及其意义》，载《课程·教材·教法》2016年第11期，第27页。

四、深化新知，拓展思维

(1) 运用乘法分配律引出多边形的内角和的另一种表达方式：

多边形的内角和＝180°×(边数－2)

＝180°×边数－180°×2

＝180°×边数－360°

师：这个推理出来的结论对不对呢？我们可以用一个多边形来说明问题，你能看图说一说吗？(图 5)

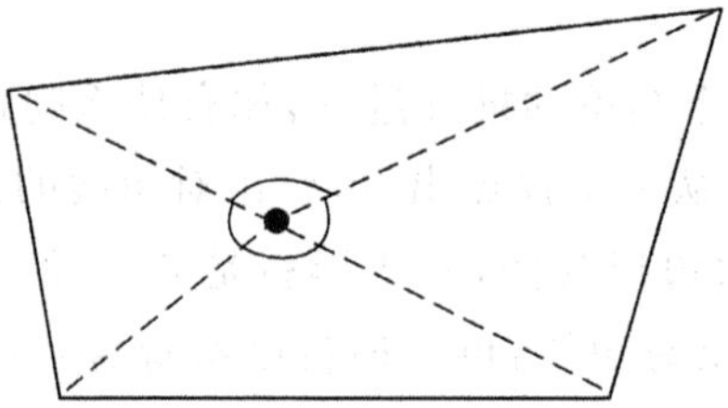

图 5

预设：这是一个四边形，在四边形内任意点上一点，每个顶点与这个点都连起来，这样就把这个四边形分成了 4 个三角形，这 4 个三角形的内角和就是 180°×4，不过在这 4 个三角形中，有这样 4 个角是不属于内角和的，这 4 个角合在一起就是 360°，所以再去掉 360°，也能求出这个多边形的内角和。

(2) 师：多边形的内角和还可以写成这种形式，多边形的内角和＝180°×(边数－1)－180°，你能借助这个五边形说明这种形式也是正确的吗？(图 6)

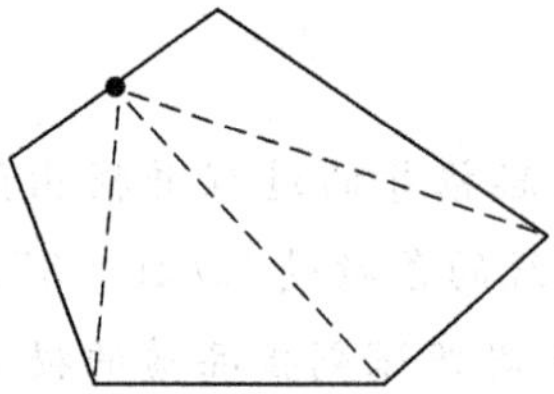

图 6

学生尝试回答。

【设计意图：运用乘法分配律，使学生得到公式的另外两种形式，引导学生数形结合说明这两种结论的正确性。把多边形分成三角形，既可以从一个顶点与其他顶点分别相连的对角线分，也可以在内部选一个点分别与顶点连线进行分，还可以选边上一个点分别与顶点连线分，殊途同归，培养学生的发散性思维和创新意识，从不同的角度再次验证结论，开掘思维的深刻性。】

五、应用研究，拓展延伸

工人师傅用地砖铺地，我们会看到形状为正三角形的地砖（正三边形），正方形的地砖（正四边形），正六边形的地砖，那么有没有正五边形的地砖呢？（图 7）

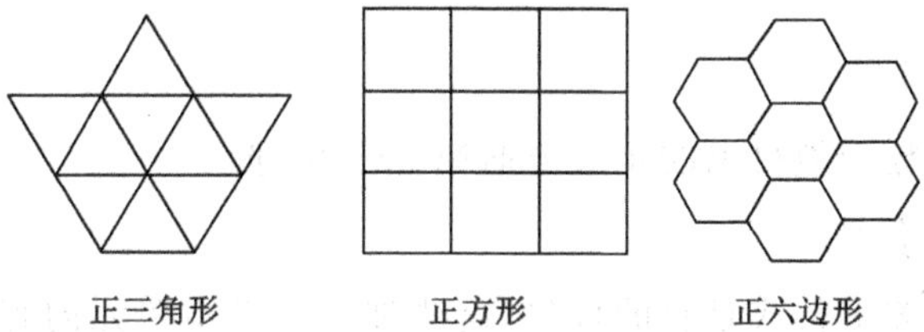

图 7

思考：地砖可不可以是正五边形的呢？我们现在把几块正五边形铺在一起，发现没有铺满，这是怎么回事呢？（图 8）

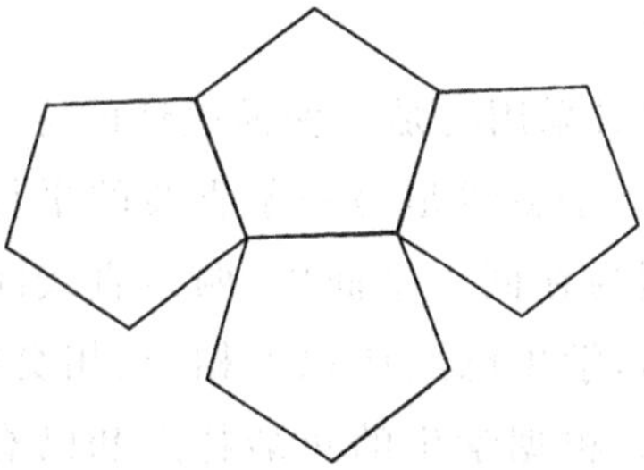

图 8

学生小组讨论后回答，预设：原来正五边形的内角和是 $180^\circ\times(5-2)=540^\circ$，正五边形的每个角的度数都是一样的，$540^\circ\div5=108^\circ$，$360^\circ-108^\circ\times3=36^\circ$，还会留下一个 36°的缺口。这就是没有正五边形地砖的原因。

提问：正三角形、正方形和正六边形，为什么可以铺满呢？你能自己说一说其中的原因吗？

【设计意图：应用多边形内角和的结论，解决正五边形不能密铺的问题，使学生通过观察计算验证，培养应用意识，提升数学核心素养。】

发现性质，运用深化

——四年级上册《认识平行》教学实录与反思

【教学内容】

苏教版小学数学教科书四年级上册第92～93页。

【教学简析】

生活中有许多平行或垂直的现象，这些都是教学本单元内容的现实背景和有意义的素材。教材第39页的例题分三步呈现，首先是路灯、运动场跑道和高压电线架的照片，由这三个实物“抽象”出需要研究的对象——三组直线，让学生讨论这三组直线哪些相交、哪些不相交，以此展开数学思考。教材这样设计有利于学生凭借生活经验形成数学概念，体会数学与生活的密切联系，使学生从数学的视角去观察世界。

教材对于平行线的定义采用的是一种描述性的定义方法：像这样不相交的两条直线互相平行，其中一条直线是另一条直线的平行线，但平行的两条直线为什么不相交呢？那是因为在同一平面内，两条直线间的距离处处相等，这是平行线的性质。在此之前，学生已经认识了相交、相交中的特殊现象“垂直”以及点到直线的距离的概念，根据学生的年龄特点和已有知识经验，儿童在认识平行的第一课时就完全能够通过猜想、验证的方式发现平行线的这一本质特征——两条直线之间的距离处处相等。这一数学本质的发现有利于深化学生对于平行的认识，从而促进学生数学核心素养的提升。

【教学目标】

(1) 结合具体的生活情境，感知同一平面上两条直线的平行关系，认识平行线，自主探索出平行线的性质。

(2) 通过自主探索和合作交流，学会用合适的方法画平行线，能借助直尺、三角尺等工具画点到直线的平行线。

(3) 在数学活动中，经历从现实空间中抽象出平行线的过程，发展空间观念，积累数学活动经验。

【教学过程】

一、借助学具，引出新知

师：同学们，这是两根小棒，如果把它们看成是两条直线这样摆放的，那么这两条直线的位置关系叫作什么呢？[图 1(a)]

生：它们的位置关系叫作相交。

师：如果把这两条直线相交成 4 个直角，那么这两条直线的位置关系叫作什么呢？[图 1(b)]

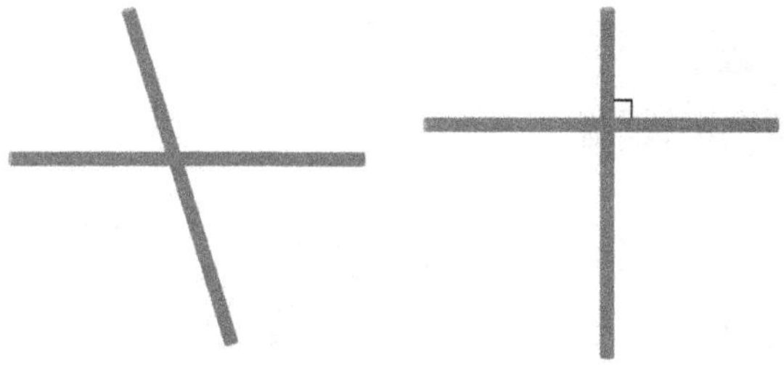

(a)　　(b)

图 1

生：这是相交中的一种特殊情况，叫作互相垂直，其中一条直线叫作另一条直线的垂线。

师：如果这样摆放，还相交吗？

生：它们看似不相交了，其实只要把这两条直线延长，它们又相交在一起了。(图 2)

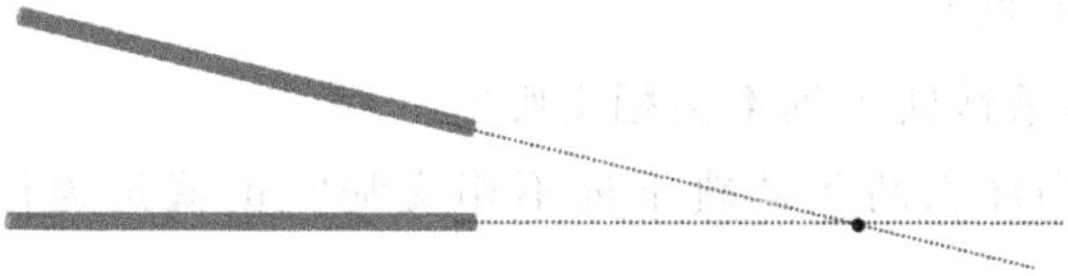

图 2

师：如果这样摆放，延长这两条直线还能相交吗？(图 3)

生：它们不能相交了。

师：是的，再向两端延长，也不能相交了。像这样不相交的两条直线叫互相

图 3

平行，其中一条直线叫作另外一条直线的平行线。如果把一条直线记作 a，把另一条直线记作 b，我们就说直线 a 和直线 b 互相平行，直线 a 是直线 b 的平行线，也可以说直线 b 是直线 a 的平行线。

师：你能说出一些互相平行的例子吗？

学生尝试说一些互相平行的例子。师投影出示（图 4）：

图 4

例如：黑板的上下两条边互相平行，秋千架的两根立柱互相平行，五线谱的横线互相平行。

二、自主探索，归纳性质

师出示铁轨的图片（图 5）：在生活中，两条铁轨是相互平行的。同学们，你有什么问题要提出吗？

生：为什么两条铁轨永远不会相交呢？

师：猜猜看，为什么两条铁轨永远不相交呢？也就是为什么平行的两条直线永远不相交呢？

生：因为这两条铁轨之间枕木的长度是一样的。

师：这两条铁轨之间枕木的长度是一样的，也就是两条直线之间的距离是相等的。这只是我们的猜想，究竟是不是这样呢？我们来验证一下。

学生测量两条平行线间的距离，学生发现图上这两条直线之间的距离都是 6.5 厘米。

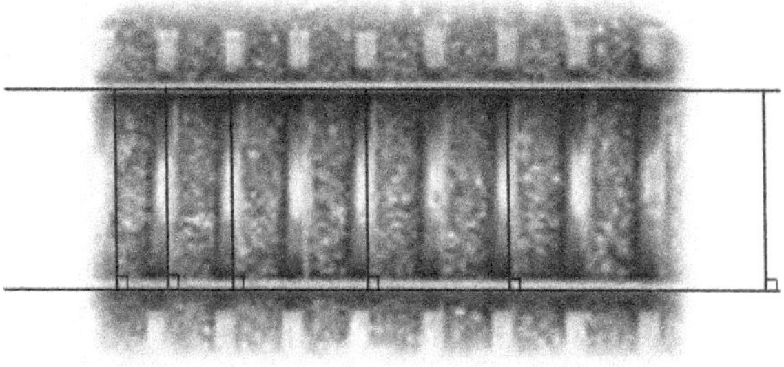

图 5

生：正是因为这两条直线之间的距离处处相等，所以这两条直线永远不相交。

三、利用性质，画图操作

师：平行线间的距离处处相等，这是平行线的性质，你能利用它的这一特性画出一组平行线吗？

生：我们可以用练习本上的格子画出平行线，也可以用直尺画出平行线。（图 6）

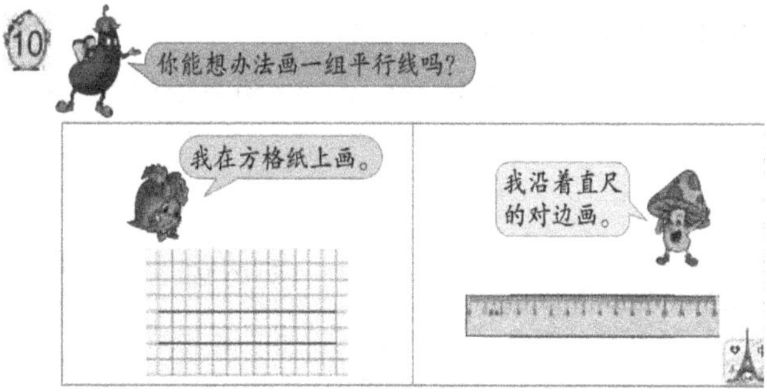

图 6

提问：为什么这样画出的两条直线是互相平行的呢？

生：因为它们之间的距离处处相等，这两条直线之间的距离始终是两个格子之间的距离，这两条直线之间的距离始终是直尺的宽度。

师：这样去画一条直线的平行，可以画多少条呢？

生：可以画无数条。

师：也就是说一条直线的平行线有无数条。

师：刚才我们是借助方格或是直尺来画平行线，它们之间的距离都是有限定的。点 A 距离直线是 3 厘米，怎样经过点 A 画出已知直线的平行线呢？

课件演示画平行线的步骤：一合、二靠、三移、四画。（图 7）你能尝试画一画吗？

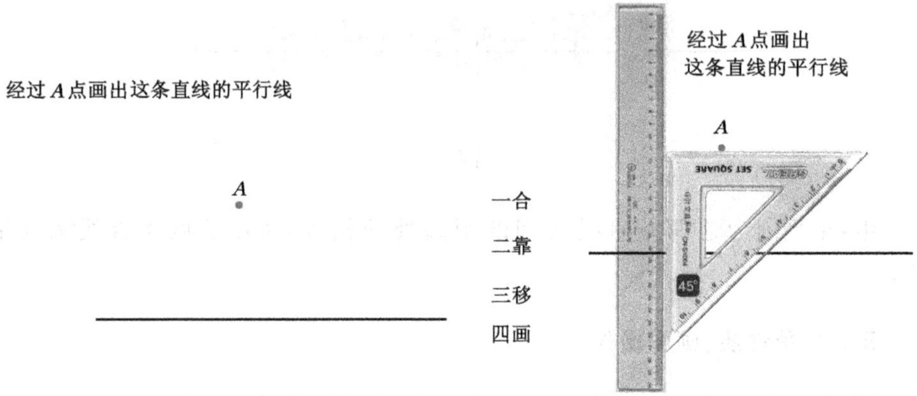

图 7

学生在练习本上尝试画出已知直线的平行线。

提问：在画图的过程中让直尺一合、二靠、三移的目的是什么呢？

生：目的是让平行线间的距离处处相等。

师：让我们来试一试，请你画出经过点 A 已知直线的平行线。（图 8）

图 8

四、建构知识，形成网络

师（出示课件）：如果稍微旋转一下这条直线，现在还平行吗？为什么不平行了呢？（图 9）

生：因为这条直线上的点到另一条直线的距离越来越短了。如果把这条直线延长以后，两条线就会相交了。

师：看来两条直线的位置关系，除了平行与相交。除此以外，还有没有别的

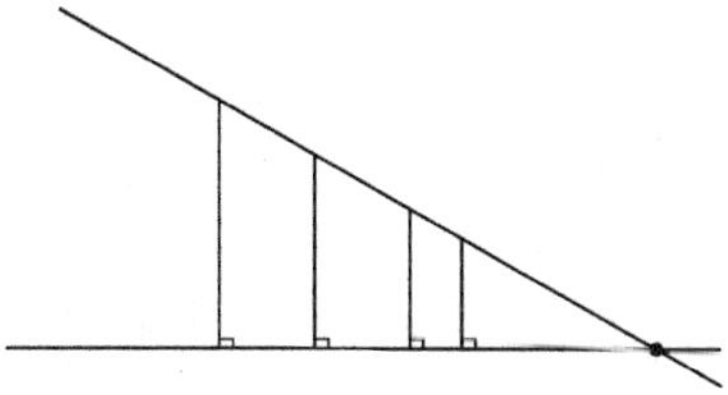

图 9

情况吗？

有的学生会说我画一条直线，再在上面画一条线。

师：这种现象叫重合，小学阶段，我们先不研究这样的现象。除了平行与相交，除此以外，还有没有别的情况呢？

生：没有别的情况了。

师：让我们来梳理一下。

师：看来两条直线之间的关系，有三种状态，一是重合（不研究），二是相交（垂直），三是平行。（图 10）如果排除重合这种现象，两条直线之间的位置是不是要么相交，要么平行呢？

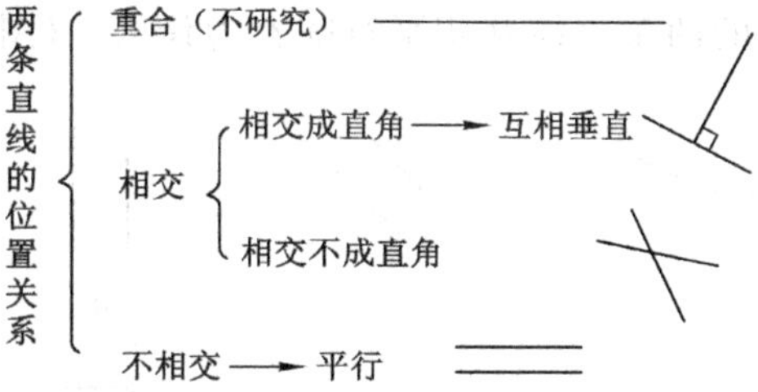

图 10

生：似乎是的。

师：老师可以用两根小棒代替直线摆出既不相交，也不平行，你们相信吗？

生：我不太相信。

老师出示一个正方体，摆出下面这种状况（图 11）：

师：这两条直线相交吗？平行吗？

生：既不相交，也不平行。

生：这两条直线不可能相交，两条线之间的距离也不是处处相等的，因此也不是互相平行的。

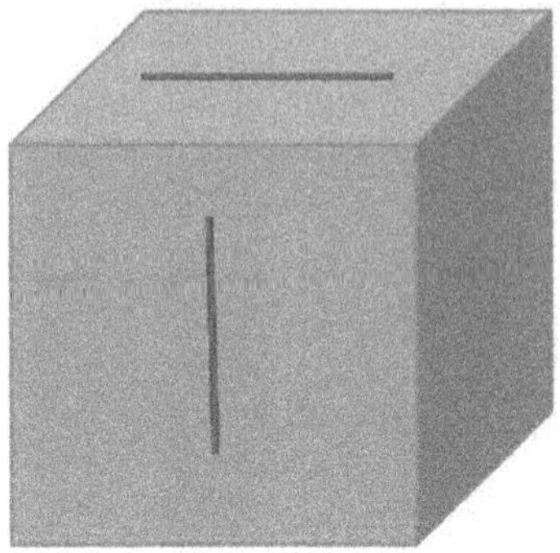

图 11

师:为什么它既不是相交,也不是平行呢?

生:因为它们不在同一个平面上。

师:看来不相交的两条直线互相平行,应当加上一个什么限定条件呢?

生:在同一个平面内,不相交的两条直线互相平行。

五、针对练习,深化新知

(1) 下面哪几组的两条直线互相平行呢? 为什么?(图 12)

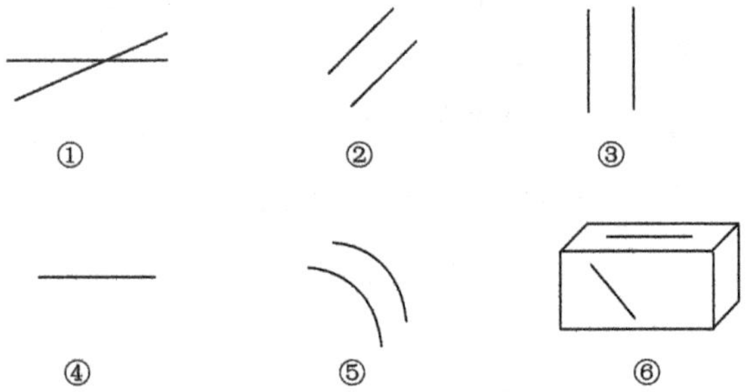

图 12

学生判断后说明理由。

(2) 把一张长方形纸照下面的方法对折两次,再打开。(图 13)

引导学生观察折痕,提问:这几条折痕互相平行吗? 量出每条折痕的长度,你有什么发现呢?

生:这几条折痕平行,长度也是相等的。

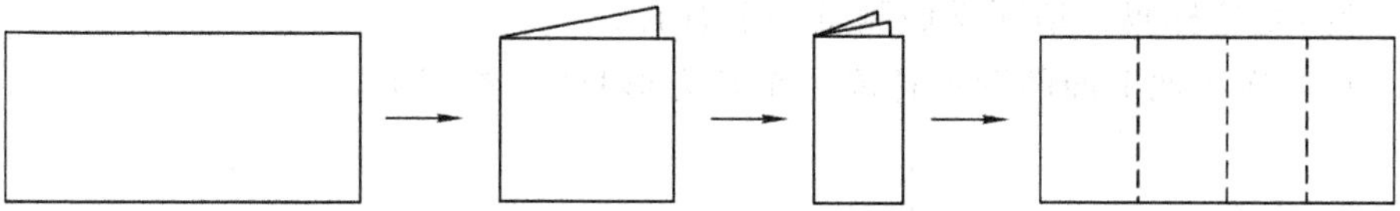

图 13

师：你还有别的折法并创造出几条折痕，使它们互相平行吗？

生尝试后汇报。

(3) 下面每个图形中哪些线段是互相平行的？各有几组平行的线段？（图 14）

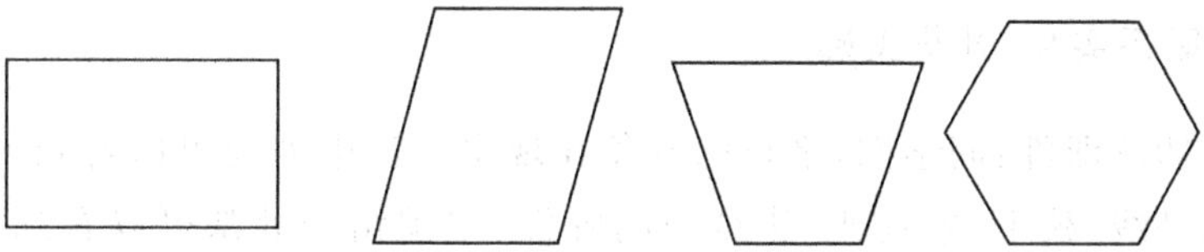

图 14

学生独立解决后，分组汇报。

(4) 课本 95 页第 11 题。（图 15）

11. 右图中，*a* 和 *b* 是两条互相平行的直线，∠1和∠2相等吗？先猜一猜，再量一量。

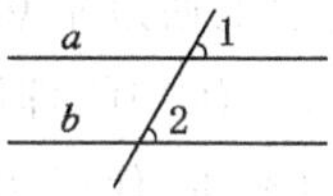

图15

学生猜一猜，通过动手测量发现∠1 和∠2 的都是 60°。

提问：除了发现∠1 和∠2 是相等的，你还能发现什么呢？

生：我还能发现∠3 和∠4 是 120°。（图 16）

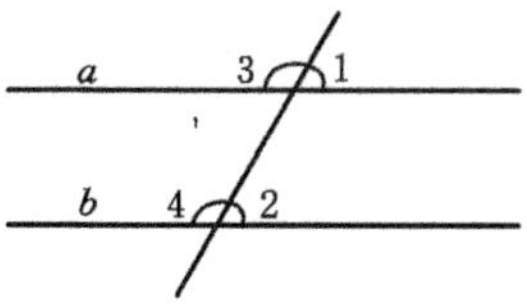

图 16

生：我还发现∠1 和∠2、∠3 和∠4 对面的角也是相等的。

师:是这样吗？请同学们测量一下看看。

(5) 你能把下面的图形补成一个长方形吗？(图 17)

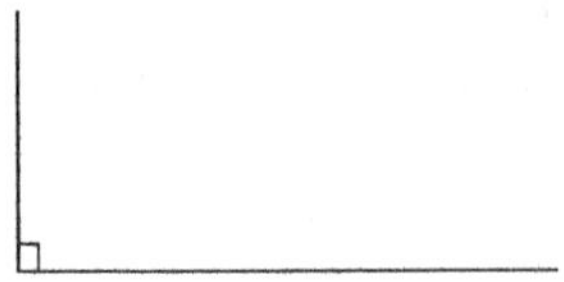

图 17

学生先尝试去画,再课件演示规范画法,学生模仿操作,画出长方形。

六、联系实际,升华美感

教师播放课件:同学们,平行的现象在现实生活中处处可以看到,你看在生活中的斑马线、秋千、攀登架,建筑中的牌楼、中国馆处处都可以看到平行的影子,阅兵中整齐的队伍、飞机释放的信号烟，文字中的字母、汉字,处处洋溢着平行美。

【教后反思】

平行的两条直线为什么不相交,这是平行线的性质,本节课紧紧扣住这一点进行设计,使学生通过猜想验证发现平行线的性质,通过观察、测量、推理、画图不断深化对这一认知的理解。教学中既注重学习过程的趣味性,又引领学生深入思考知识的本质,使学习的发生过程既有儿童的童真童趣,又具有浓浓的数学味道。再者,通过梳理构建认知结构,创设认知冲突"老师可以用两根小棒代替直线摆出既不相交,也不平行,你们相信吗?",激发学生的学习兴趣,从而理解在同一平面内,不相交的两条直线互相平行。最后,联系生活发现世间万事万物中的平行现象,从而使学生感受平行美,形成数学的眼光,促进其数学核心素养的提升。

把思维引向深入

——五年级下册《3 的倍数的特征》教学实录与设计意图

【教学内容】

苏教版小学数学五年级下册第 33～34 页例 5、练一练和“你知道吗”，第 36 页练习五第 8～10 题。

【教学目标】

(1) 使学生认识和掌握 3 的倍数特征，能判断和写出 3 的倍数，并能说明判断的理由。

(2) 使学生在经历探索和发现 3 的倍数特征的过程中，培养观察、比较和分析等思维能力，积累数学活动经验，提高归纳推理的能力，进一步发展数感。

(3) 使学生主动参与探索、发现规律的活动，获得探索数学结论的成功感受，体会数学的奇妙，增强学习数学的积极情感，树立学习的信心。

【教学重难点】

探索 3 的倍数特征。

【教学过程】

一、提出猜想，引导质疑

师：判断一下，117 是不是 2 的倍数？是不是 5 的倍数呢？

生：不是。

师：117 为什么不是 2 的倍数？为什么不是 5 的倍数呢？

生：个位上是 0、2、4、6、8 的数是 2 的倍数，个位上是 0、5 的数是 5 的倍数，它的个位是 7。

师：大家都是根据这个数字的个位确定的，谁来看着图说一说，为什么判断一个数是不是 2 的倍数，只要看个位就可以了？(图 1)

生：因为百位上 100 一定是 2 的倍数，十位 20 一定也是 2 的倍数，因此判断

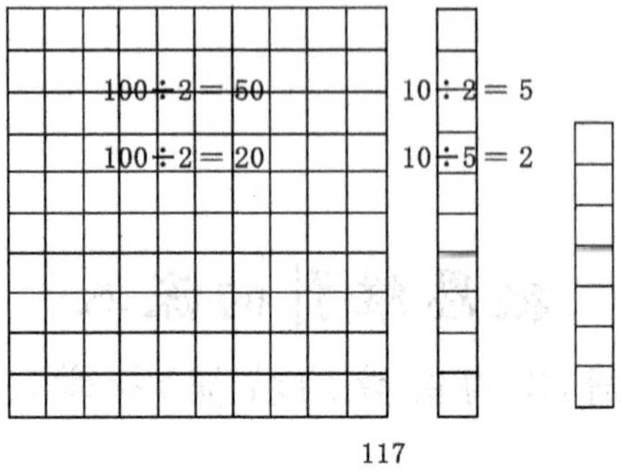

图 1

一个数是不是 2 的倍数，只要看个位。

生：因为百位 100 一定是 5 的倍数，十位 10 一定也是 5 的倍数，因此判断一个数是不是 5 的倍数，只要看个位。

师：（出示课件，图 2）任何一个自然数，他的十位、百位、千位所代表的数都一定是 2 或者 5 的倍数，因此不需要再考虑了。影响一个数是不是 2 或者 5 的倍数，只是个位的原因，如果个位是 2 或者 5 的倍数，那么这个数就是 2 或者 5 的倍数，否则它就不是。

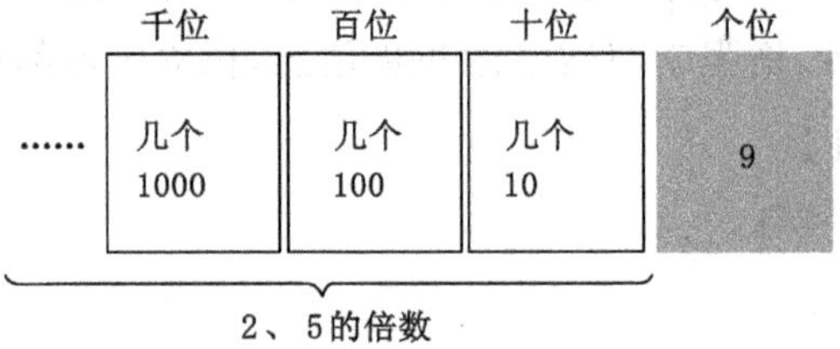

图 2

师：今天我们学习 3 的倍数特征。判断一个数是不是 3 的倍数，是不是也只要看个位呢？猜一猜。

生：我想也只要看个位就行了。

师：请你猜一猜，如果只看个位，个位可能是哪些数就是 3 的倍数呢？

生：个位上是 3、6、9 的数。

生：不行，比如 13 就不是 3 的倍数，26 也不是。如果它各个数位上的数字之和是 3 的倍数，这个数就是 3 的倍数。（这名学生在学习之前已从其他渠道知道了 3 的倍数特征。）

师：你知道为什么要把各个数位上的数字加在一起吗？到底个位上的数字能不能决定一个数是不是 3 的倍数呢？

此名学生说不出理由。

【设计意图：先复习 2、5 的倍数特征，通过数形结合的方式复习 2、5 的倍数为什么只与这个数的个位有关，从而为下面研究 3 的倍数特征为什么只会与各个数位上的数字有关提供思维路径的引导，有效促进深度学习。】

二、利用经验，组织探究

(1) 圈 3 的倍数，发现 3 的倍数的个位没有固定规律。

请同学们拿出百数表，圈出 3 的倍数。

师：在百数表中，从排列上看，你有什么发现呢？（图 3）

		3			6			9	
	12			15			18		
21			24			27			30
		33			36			39	
	42			45			48		
51			54			57			60
		63			66			69	
	72			75			78		
81			84			87			90
		93			96			99	

图 3

生：这些数都在一条斜线上。

师：让我们来观察这些 3 的倍数的个位。引导学生观察比较(81、72、63、64、45、36、27、18、9)这一列，你有什么发现呢？

生：观察个位上的数，从 0 到 9 各种情况都有，没有什么固定规律。

师：看来 3 的倍数，它的个位是没有明确的特征，只看个位是不行的。

【设计意图：学习之初，多数学生会猜测 3 的倍数与这个数的个位有关，在运用百数表描画出 3 的倍数以后，教师引导学生先观察最中间这一斜行，学生会发现 3 的倍数的个位 0～9 各种情况都有，从而确定了 3 的倍数与个位没有明确的关系，诱发了认知冲突，促进学生进入愤悱状态，激起学生的探求欲望，促使学生产生积极的学习动机。】

(2) 从百数表中发现3的倍数的规律。

师：从个位上看不出有什么规律，那么现在怎么办呢？观察这些3的倍数（最中间一斜行上的数），让我们一起来读一读：9、18、27、36、45、54、63、72、81等这些3的倍数，你有什么发现呢？

生：十位依次增加1，个位依次减小1。

师：你看到了其中的变化，有什么不变的东西吗？

生：各位上的数字加在一起是9。（板书：个位与十位上的数字之和是9。）

学生发现这些数的个位与十位上的数字加在一起是3、6、9、12、15、18。

师：观察这些数字之和，你发现他们有什么特别之处吗？

生：这些数都是3的倍数。

生：个位与十位上的数字之和是3的倍数，这个数就是3的倍数。

师：推想，如果一个数不是3的倍数，那么——

生：那么这个数的十位与百位上数位上的数加在一起应该不是3的倍数。

师：让我们看看百数表，找几个不是3的倍数。

学生找到83、97、49这些数不是3的倍数，请大家把它们的个位与十位上的数字加在一起。

生：8＋3＝11　9＋7＝16　4＋9＝13　11、16、13不是3的倍数。

（板书：个位与十位上的数字之和是：11、16、13，不是3的倍数）

(3) 通过举例推广到三位数、四位数等。

师：刚才我们是举了两位数的例子，那么三位数呢？谁来举一个任意的三位数。

生：789，7＋8＋9＝24

师：24这个数是3的倍数，我断定789应当是3的倍数。

生：569，5＋6＋9＝20。20不是3的倍数，我断定569不是3的倍数。

师：对于789、569这两个数的断定，对不对呢，我们用计算器验证一下。

组织学生用计算器来验证。

师：谁再来举个四位数？

生：5687，数字之和是26，26不是3的倍数。

师：这个数是不是3的倍数。

生：不是。

师：谁来稍微地改动一下，这个数就是3的倍数了。

生：5697，数字之和是27，是3的倍数。

组织学生用计算器来验证。

师：我们举了一位数、两位数、三位数、四位数的例子，到目前为止，我们还没有找到反例。大家可能得出什么样的结论呢？

生：个位十位百位千位上数字的和是3的倍数，也就是各个数位上的数字之和是3的倍数，这个数就是3的倍数。

【设计意图：引导学生充分观察百数表中3的倍数，归纳出3的倍数特征，然后分别举三位数、四位数的例子来进行验证，促进学生观察能力与归纳能力的提高，提升数学素养。】

三、证明规律，深化新知

师：对比3的倍数的特征与2、5的倍数特征，你们有什么问题吗？

生：为什么3的倍数不能只看个位，要看数位上的数字之和是否是3的倍数呢？

师：是呀，为什么3的倍数特征，要看各位上的数字之和？谁来看图说一说为什么判断45是不是3的倍数，要看它的各个数位上的数字之和呢？小组讨论一下。（图4）

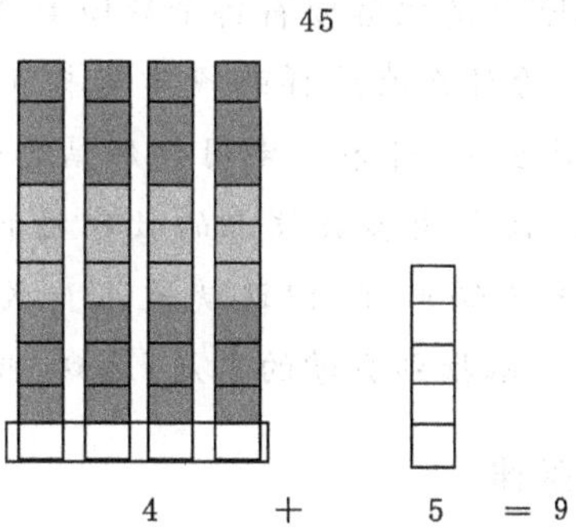

图4

学生小组讨论后汇报：十位上的每一个10除以3以后余1，共可以余4，再加上个位上的5一共是9，9是3的倍数，因此45是3的倍数。

师：谁来看图说一说为什么判断123是不是3的倍数特征，只看个位是不行的，要用1＋2＋3＝6，6是3的倍数，就说明这个数是3的倍数呢？小组讨论一下。（图5）

学生小组讨论后汇报：百位上的100除以3以后余1，十位上的20除以3

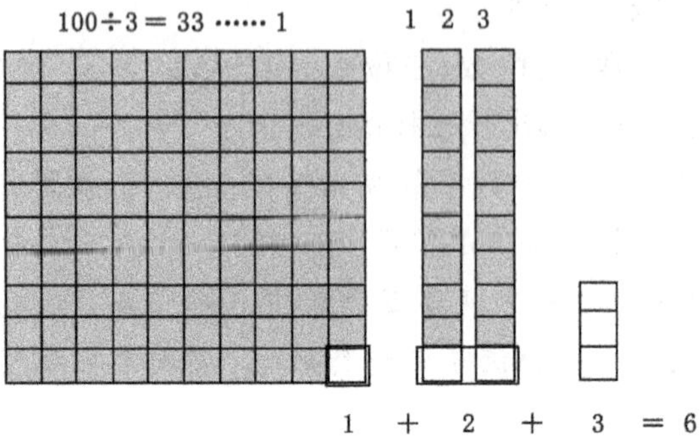

图 5

以后余 2，再加上个位的 3，一共是 6，是 3 的倍数，因此 123 是 3 的倍数。

师点拨：123，这里 1 指 100，但是当用 1 去加的时候，还指的是 1 吗？指的是什么？

生：指的是去掉 99 以后剩下来的数。

师：同样，用十位上的 2 加的时候，这个 2 指的是什么呢？

生：这个 2 指的 20 除以 3 以后余下的 2。

师：这就是为什么判断 3 的倍数要看各个数位上数字之和的原因。

【设计意图：3 的倍数为什么有这样的规律是本节课深度学习的核心内容，延续 2、5 倍数特征的证明方法，引导学生用数形结合的方式思考问题，学生基本能结合方格图说明为什么要用各数位上的数字之和加在一起。从数学证明的角度来看这一方法似乎不够严谨，但这就是儿童数学与抽象数学之间的区别，学生能通过形象的方式触摸到数学的本质，达到"非严谨"的理解。】

四、巩固规律，拓展延伸

(1) 及时巩固，压实基础。

做"练一练"第 1 题与第 2 题。

在 29、45、51、67、86、96 中，哪些是 3 的倍数呢？(组织学生把 3 的倍数圈出来)

(2) 你能很快说出哪几题的得数没有余数吗？

48÷3　56÷3　342÷3　567÷3　802÷3

提问：除数是 3，得数没有余数是什么意思？

引导学生得出 3 的倍数，除以 3 没有余数；不是 3 的倍数，除以 3 就有余数。

(3) 同学们报名叠罗汉表演，现已有 73 人报名参加了(三人一组)，这 73 人能不能都参加表演？至少再有几个报名，就都可以参加表演了？

(4) 从 0、5、6、7 中选出 3 个数字，组成是 3 的倍数的三位数，你能组成多少个？在这些数中哪些是 2、3 的倍数？哪些是 3、5 的倍数？哪些是 2、3、5 的倍数？

提问：756 是 2 的倍数，也是 3 的倍数，如果改变一下数字的顺序，它还是 2 的倍数吗？还是 3 的倍数吗？这说明了什么？

生：改动数位上数字的顺序不会影响它是 3 的倍数。

(5) 在每个□里填一个数字，使组成的数是 3 的倍数。你是怎样填的呢？有几种填法？

7□　　□12　　20□　　3□5

师：由 72、75、78 你找到了一个什么规律呢？

生：确定第一个数字以后，只要依次增加 3 就可以了。

(6) 优化拓展

师：如果是判断 137 是不是 3 的倍数？还要用 1＋3＋7 吗？

出示(图 6)：

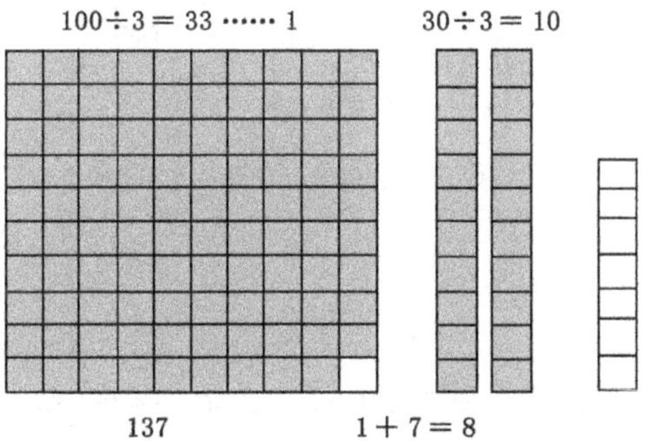

图 6

生：不需要了，因为十位是 30，已经是 3 的倍数了。

师：如果 3 放在百位上呢？是 317 呢？还要不要考虑呢？

师：是否一定要把所有数位上的数字加在一起呢？

生：这个 3 放在十位、百位或者个位，它所代表的数一定是 3 的倍数，不需要把所有数位上的数字加在一起。

师：请大家判断 653、96305363967 是不是 3 的倍数。

生:653 中数字 6 与 3 已经是 3 的倍数,只要看 5 就行了。

生:96305363967 中只要看数字"5 和 7"就行了。

【设计意图:通过层次练习使学生巩固了 3 的倍数的判断方法,再次结合方格图引起学生思考如果一个数位上的数字所代表的数已经是 3 的倍数,判断时不需要进行相加,优化了 3 的倍数的判断方法,使学生更进一步理解了 3 的倍数的特征。】

五、归纳概括、梳理总结

师:这节课你有哪些收获?这些收获是怎样获得的?(出示图 7)

		3			6			9	
	12			15			18		
21			24			27			30
		33			36			39	
	42			45			48		
51			54			57			60
		63			66			69	
	72			75			78		
81			84			87			90
		93			96			99	

在计数器上分别表示出几个 3 的倍数,看看各用了多少个珠。

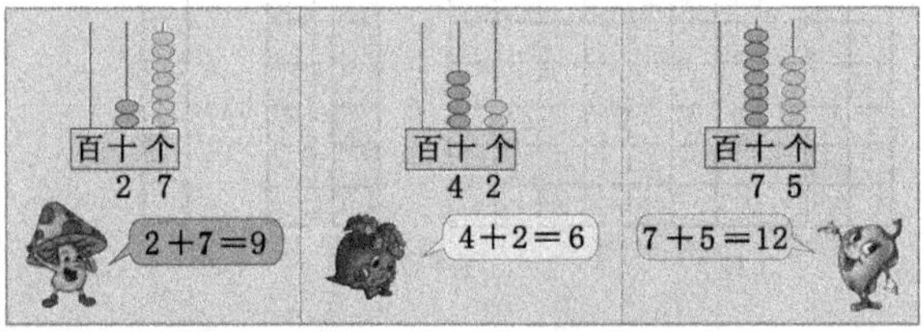

再找几个比较大的 3 的倍数,并在计数器上表示出来。算一算,每个数所用珠的个数各是多少?你有什么发现?

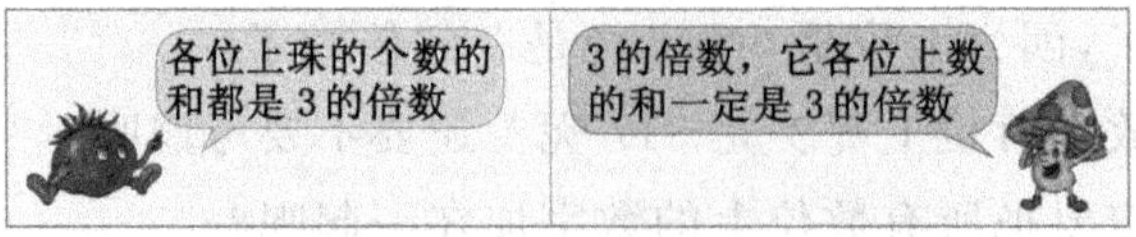

图 7

【教后反思】

关于“3的倍数”，苏教版教材是这样编排的，先是利用百数表，学生圈出3的倍数，然后组织学生观察3的倍数，发现这些3的倍数的个位从0到9各种情况都有，个位上的数字没有规律，然后利用计数器拨出3的倍数，引导学生发现各个数位上的珠子加在一起是3的倍数。但是这样做没有使百数表得到充分的利用，其实通过观察百数表上圈出的3的倍数，就可以非常自然地发现十位与个位上的数字之和是3的倍数。如果引入计数器，就显得有些突兀，多此一举了。充分利用百数表，组织学生观察，学生是能够探索出3的倍数特征的。学生在得出3的倍数特征后会提出这样一个问题：为什么2、5的倍数要用个位来判断，而3的倍数则要用各个数位上的数字之和来判断？如果仅仅用例子归纳出来去说明“本就如此”，对学生来讲就失去了一次探究知识本质的机会。如果从数的组成来讲，在这节课中执教者利用数形结合来说明其中道理，并且与2、5的倍数的算理沟通联系，有利于学生对于新知的深度把握、知识系统的构建。

激发"自主"才能培养自主

——六年级上册《百分数的应用——折扣》教学实录与评析

【教材简析】

本节课的教学内容是苏教版小学数学六年级上册教科书第99页的例9以及随后的"练一练"、练习十六第7～10题。在学习本节课之前学生已经认识了分数的意义，了解了分数中的相关知识，初步认识了百分数的意义，会用百分数描述部分与整体或两个同类数量间的倍数关系，在此之前学生还掌握了百分数与分数、小数的相互改写，能正确解决简单地求一个数是另一个数百分之几的问题。本节课其实质是通过应用百分数解决实际问题，使学生进一步理解百分数的意义，体会百分数的广泛应用。这个教学内容具体是解决生活购物中有关折扣的各类问题，包括设计折扣和根据折扣求现价或原价的问题，贴近学生的生活实际，因此较容易激发学生的学习兴趣。

【教学目标】

（1）通过联系百分数的意义认识折扣的含义，了解打折的含义，掌握折扣在日常生活中的应用，并能正确地计算。

（2）通过联系对"求一个数的百分之几是多少"的已有认识，学会列方程解答"已知一个数的百分之几是多少，求这个数"以及与打折有关的其他实际问题，进一步体会有关百分数问题的内在联系，加深对百分数表示的数量关系的理解。

（3）使学生在探索解决问题的过程中，体会生活中处处有数学，进一步培养学生独立思考、主动与他人合作交流、自觉检验等习惯。

【教学模式】

采用"翻转课堂"的教学模式，具体流程：课前自学—自主汇报—自学检测—进阶练习—协作探究。

【教学过程】

一、自主汇报

1. 教学例 9(图 1)

图 1

提问：同学们，学习本节课大家进行了自学，你是怎样解答的，有什么收获呢？

小组内先互相说说，然后再集体汇报。

生：我知道了打八折出售就是把商品按原价的百分之八十出售。

生：我是列方程来解答的。设原价是 x 元，$80\%x=12$，$x=15$，趣味数学的原价是 15 元。求《成语故事》的原价同样也是用方程的方法，得到的是 13 元。

师：为什么这两个问题都要用方程来解答呢？

生：因为这道题的原价是单位“1”，它们的数量关系是原价 $\times 80\%=$ 现价，而单位“1”是未知的，所以要用方程来解。

师：我们求出这两种书的原价，到底对不对呢？我们需要检验，这道题可以怎样检验呢？

生：用实际售价除以原价，看看是不是打了八折。

生：用原价去乘百分之八十，看看是不是等于现在卖的价格。

师：请同学们选择一种方式去检验。生汇报略。

师：同学们自学的很不错，还有什么问题要提出吗？

生：如果是七五折，那是多少呢？

师：这个问题谁来帮助解答一下？

生：通过自学，我们知道几折就是十分之几，也就是原价的百分之几十，七五折就是原价的 75%。

【评析：本例题是分数应用题知识基础之上的正向迁移，难度系数相对较小。充分相信学生，课前安排学生按预学单独立学习，课始汇报自己的学习收获，提出不懂问题，真正把学习的主动权放给学生，充分发挥出学生的学习自主性，实践证明学生大多能够正确解答，完成自学目标。】

2. 拓展例9

提问：这道题还可以提出怎样的数学问题呢？

生：《趣味数学》与《成语故事》便宜了多少钱？

师：谁来解答呢？

生：只要在原来列方程解答的基础之上，用原价减去现价就可以了。15－12＝3(元)，13－10.4＝2.6(元)，《趣味数学》便宜了3元，《成语故事》便宜了2.6元。

师：如果再加上一个条件《新华字典》原价是25元，便宜了多少元呢？

学生独立列算式解答：25×(1－80%)＝5(元)，25－25×80%＝5(元)。

师：谁可以加上条件再编出不同的题目呢？

生：《故事大王》原来卖8.4元，现在卖多少钱？

生：《三毛历险记》原来卖5.5元，现在便宜了多少钱？

师：谁还能编出一个与众不同的题目呢？

生：《趣味数学》原价是15元，现价是10元，打了几折出售呢？

师：这个问题很有新意！是个好问题，谁来解答一下呢。

生：10÷15≈6.7折。

师总结：几折就是现价占原价的十分之几，所以要用现价去除以原价。

【评析：引导学生根据题目的原有条件提出新的问题或是加上条件改编题目，这样就形成了训练题组，通过题组式的变式练习，培养学生思维的灵活性和深刻性。】

二、自学检测

(1) 在括号里填上合适的数。

七折＝(　　)%　八六折＝(　　)%　80%＝(　　)折　75%＝(　　)折

(2) 下面说法，正确的画"√"，错误的画"×"。

① 书店里《格林童话》打八五折出售，就是说实际售价是原价的85%。(　　)

② 某种电子产品打三折出售，是指这种电子产品的价格比原价便宜30%。

(　　)

③一件商品降价60%出售，就是打六折出售。(　　)

(3) 双“十一”期间，一辆自行车打八五折后售价是306元，这辆自行车原价多少元？

(4) 某商场的玩具类商品一律打折出售。一辆赛车原价75元，现价45元。这辆赛车打了几折？

学生先独立解答，然后快速校对答案。

【评析：此处安排的自学检测，多是基础性题目，主要是检测学生的课前自学效果，巩固基本的知识与技能，促进学生达到基本的教学目标，通过自学检测发挥学生的主观能动性，保证学习质量，提高学习效率。】

三、进阶练习

出示题(1)：小雨准备购买一套原价600元的运动服，A商场九折出售，使用商场贵宾卡，可以再打九折。小雨用贵宾卡买这套运动服，需要多少元？

学生读题理解题意。

师：A商场九折出售，再打九折是什么意思呢？

生：就在九折的基础上再打九折。也就是原价的百分之九十的百分之九十。列式就是600×90%×90%。

师：大家的理解是正确的，掌声送给自己！

出示题(2)：小雨在某品牌店购买一双运动鞋，打八五折花了510元。如果打七五折，需要多少钱？学生读题理解题意。

师：你是怎样想的呢？

生：要求打七五折需要多少钱，首先应当求出这双运动鞋的单价。

师：怎样解答呢？

生：解：设这双运动鞋是x元，$85\%x=510$，$x=600$。$600\times75\%=450$(元)。

生：也可以列综合算式$510\div85\%\times75\%=450$(元)。

【评析：进阶练习的目的是通过原有知识技能的拓展延伸，让学生通过独立思考，跳一跳得到思维的果实，提升学生的思维层次，为学生创设展示智慧、发挥潜能的空间。】

四、协作探究

学校准备购买50个足球，现在有甲、乙、丙3个体育用品店可以选择。3个商店的足球价格都是 25 元,但是每个体育用品店的优惠办法不同。

甲店:"满十送二";乙店:"九折出售";丙店:"满 100 减 20"。为了节省费用,学校应该到哪家用品店去购买呢?为什么?

师组织学生理解题意。

师:"满十送二"是什么意思呢?

生:每买 10 个足球,就赠送 2 个足球。

师:"满 100 减 20"是什么意思呢?

生:购物满 100 元,返还现金 20 元,如果满 200 元,就送 40 元……

师:同学们的理解是正确的。请同学们先独立解答,再小组内汇报,最后推荐一名同学进行全班交流。

组织学生交流,协作探究。

在甲店购买:满 40 个,可以送 40÷10×2=8 个,所以只要买 50－8=42 个,需要 25×42=1050 元。

在乙店购买:25×50×90%=1125 元。

在丙店购买:25×50÷100=12.5,可以返回 12×20=240 元,25×50－240=1010 元。

答:学校应该到丙店购买。

师:这节课你有什么收获呢?回顾解决问题的过程,你有什么体会呢?

生回答略。

【评析:本节课的学习内容与现实生活密切相关,数学来源于生活,还要服务于生活,利用所学知识解决现实生活情境中所蕴含着的数学问题,聚焦真实的问题或情境,实现知识的情境与应用情境的统一,培养数学的应用意识与实践能力,体验学习的愉悦感,树立学习的自信心。】

五、布置课外自主作业

(1)《补充习题》上的配套习题。

(2) 攀登题:某超市举行购物优惠活动,规定:如果一次购物超过 500 元,则其中 500 元以下部分(含 500 元)给予九折优惠,超过 500 元部分给予八折优惠。王荣到该超市购买了一台电脑,按规定优惠后共需付款 3 130 元。这台电脑原来的标价是多少元?

独立探索，理解方法

——五年级上册《小数乘小数》的教学

【教学内容】

苏教版小学数学教科书五年级上册第64～65页例7《小数乘小数》。

【教学目标】

（1）使学生基本掌握小数乘小数的计算方法，在探究小数乘小数计算方法的过程中体会转化思想，提高迁移类推的能力。

（2）掌握小数乘小数的估算方法，学会利用估算判断笔算结果的合理性，培养估算验证结果的习惯。

（3）让学生进一步体会数学知识间的内在联系，感受数学探索活动本身的乐趣，提高学生数学学习的兴趣。

【教学重点】

小数乘小数积的位数的确定。

【教学过程】

一、复习旧知，铺垫算理

（1）我们学过积的变化规律，下面这个表格你能填写完整吗？（表1）

表1

乘数	乘数	积
不变	×10	
×10	不变	
×10	×10	
×100	×10	

（2）3.6×10=（　　）　1.15×100=（　　）　0.045×（　　）=45

80÷100=(　　)　123÷1 000=(　　)　0.5 ÷(　　)=0.05

(3) 根据 82×4=328,请你直接写出下面各题的结果。

820×4=　8 200×40=　8.2×4=　82×0.04=

(4) 限时笔算

27×115=　35×0.24=　4.6×37=

【设计意图:积的变化规律是苏教版小学数学四年级下册“三位数乘两位数”第三单元中的学习内容,它是学习小数乘法的关键,到五年级上册学习小数乘小数,已间隔了较长时间。学生在学习小数乘整数时,教材安排判断小数位数的方式是通过计算器计算出结果,然后用不完全归纳的方式归纳出来的。教材在安排小数与小数相乘的教学例题之前,没有安排关于积的变化规律、整数乘法和小数点的移动引起小数扩大(缩小)10 倍($\frac{1}{10}$)、100 倍($\frac{1}{100}$)、1000 倍($\frac{1}{1000}$)等相应的复习,而这三方面是学习这节课的基础。实际教学中课初应当重点铺垫积的变化规律这一知识点,为下面学生自主探索并理解小数乘小数的计算方法打好基础。】

二、自主探索,合作交流

师:课件出示,小明与妈妈一起到阳光花园售楼处看房子,售楼人员给了一张宣传单,上面有房间的平面图。妈妈指着平面图中的一部分对小明说:看,我们如果买了这套房子,这就是你的房间(图 1)。

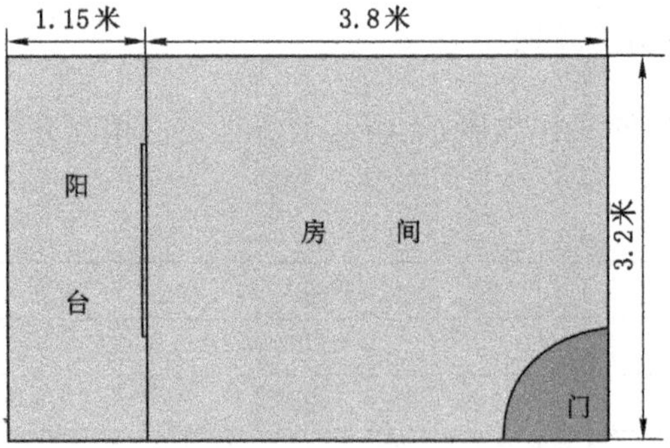

图 1

师:从图中,你能搜集到哪些信息呢?根据这些信息,你能提出哪些数学问题呢？

生：小明的房间长 3.8 米，宽 3.2 米，阳台长 3.2 米，宽 1.15 米。

生：小明房间的面积有多大？阳台的面积有多大？

师：下面我们先来求小明房间的面积有多大，怎样列式呢？

生：列式是 3.8×3.2。

师：我们不计算，先估计一下房间的面积吧，房间的面积在什么范围内？说一说你是怎样估计的呢？

生：把长与宽都看成整数，如果把 3.2 看成 3，3.8×3＝11.4 平方米，房间的面积应当大于 11.4 平方米。

生：把 3.8 看成 4，4×3.2＝12.8 平方米。房间的面积应当小于 12.8 平方米。

生：房间的面积应当在 11.4～12.8 之间。

师：这个房间的准确面积是多少呢？我们可以通过竖式计算。这道题是两个什么样数相乘呢？

生：小数乘小数。（板书课题）

师：这和我们前面学的小数乘法有什么不同呢？

生：前面学的是小数乘整数。

师：小数乘整数是怎样计算的呢？

生：先把小数看成整数，转化成整数乘法，再点上小数点。

师：那么，这道小数乘小数的题目，你想怎样算呢？请同学们先独立计算，然后再小组交流，说一说是怎样计算的。

生：把 3.8 看成 38，3.2 看成 32，相乘以后就是 1216，然后点上小数点就是 12.16。

师：根据积的变化规律，谁来说一说你的思考过程呢？

师：把 3.8 看成 38，就是把因数 3.8 扩大了 10，把 3.2 看成 32，就是把因数 3.2 扩大了 10 倍，两个因数都扩大了 10 倍，积就扩大了 100 倍。

师：为了得到正确的积，我们应当怎么办呢？

生：要使所乘出来的积缩小为原来的$\frac{1}{100}$，是 12.16。

师：这个结果与我们估计的面积相比较怎么样呢？

生：这个结果在我们的估计范围内：11.4～12.8 之间。

师：在小明卧室旁边还有一个小阳台，它的面积又是多少平方米呢？先独

立完成，再小组交流。（教师巡视指导）

师：你们是怎样做的呢？

生：把 3.2 看成了整数后，这个因数扩大了 10 倍，1.15 看成整数后，这个因数扩大了 100 倍，积就扩大了 1000 倍，要得到正确的积，应当从积的右边起数出 3 位，点上小数点，是 3.220，再把小数末尾的 0 舍去。

师：是先点小数点，再去 0，还是先去 0 再点小数点呢？

生：先点上小数点，再去掉 0。

师：通过自主计算这两道题，请同学们总结一下，小数乘小数该怎样计算呢？

根据学生的回答补充得到：

（1）先按整数乘法得出积是多少。

（2）看因数中一共有几位小数，再从积的右边起数出几位点上小数点。

【设计意图：在学习计算之前，让学生先估算两个数相乘的积，帮助学生掌握估算方法，形成估算意识，使学生能够使用估算方法来判断结果的合理性。】

师总结提问：小数乘小数是这节课的新知内容，一开始我们是不会做的，那么我们运用了什么策略呢？

生：我们把小数乘小数转化成了整数乘整数。

师：小数乘整数，我们转化成整数乘整数，小数乘小数我们也把它转化成了整数乘整数。这是一种化未知为已知的转化思想，以后我们在数学学习中还要经常用到这种思想。

师：小数加减法时小数点一定要对齐，那么小数乘小数，我们在列竖式时，要不要强调小数点一定要对齐呢？为什么呢？下面这两个竖式，我们选择哪一种呢？

$$\begin{array}{r} 2.36 \\ \times\quad 3.8 \\ \hline \end{array} \qquad\qquad \begin{array}{l} \quad 2.36 \\ \times\quad 3.8 \\ \hline \end{array}$$

生：我们选择第一种。不需要强调小数点一定要对齐，因为小数乘小数，是把它转化成整数乘整数。在列竖式计算时要像整数乘法一样末尾对齐。

【设计意图：在教学中通过师生点拨的方式，使学生体会到小数乘小数背后隐含着转化的数学思想，突显这一思想，有利于培养学生的数学核心素养；另外要通过比较的方式使学生认识到竖式的正确写法，及时预防小数加减法竖式写

法给学生带来的负面迁移。】

三、分层练习，夯实方法

1. 专项练习

(1) 以对口令的形式，做练一练第 1 题，教师出示题目，大家说出积的小数位数。

8.7×0.9　　72.9×0.04　　16.5×0.6

4.6×2.8　　0.64×7.5　　2.05×3.6

(2) 根据第一个积，快速说出其余的积。(表 2)

表 2

乘数	15	1.5	0.15	0.15	15	0.015
乘数	48	4.8	4.8	48	0.48	48
积	720					

(3) 口算练习

0.7×0.8=　　2.5×0.4=　　2.3×0.3=

0.05×2=　　1.7×0.5=　　1.25×0.8=

2. 基本练习

(1)笔算练一练的第 2 题：小数乘小数。

```
   4.6          0.64          2.05
×  2.8       ×  7.5        ×  3.6
------       -------       -------
```

在没有练习之前，先组织学生估计小数乘小数的结果。

生：4.6×2.8，把 4.6 看成 4，2.8 看成 3，结果大约是 12。

生：0.64 看成 0.5，乘 7.5，积大约是 3.75。

生：2.05 看成 2，3.6 看成 3.5，积大约是 7。

组织学生计算，然后对照自己的估计结果。

(2) 笔算练习十二第 1 题中的两道题：

9.8×0.3　　67.5×0.03　　2.96×0.5

师：观察 3 道算式中的乘数，你有什么发现呢？

生：每道算式中都有一个乘数小于 1。

学生笔算后，较对结果：

9.8×0.3=2.94　　67.5×0.03=2.025　　2.96×0.5=1.48

师：请同学先观察积与另一个乘数，你有什么发现呢？

生：积都比这个乘数小。

生：我发现越乘越小。

3. 估算练习

师：有一位同学计算了一题：2.96×0.6=7.76，不计算你能判断出积是否正确吗？

生：这个结果明显不对，把2.96看成3，0.6看成0.5，结果应当大约在1.5左右，而这个结果是7.76，因此可以确定这个结果是错误的。

请你用估算的方式判断下面3题的结果是否正确。

1.75×2.4=4.2　　7.24×2.8=10.272　　5.6×2.25=22.6

师引导学生总结：通过学习例题，以及刚才做的练习，谁来总结一下，小数乘小数的题应该怎样计算？小组讨论总结，然后全班交流。

总结：小数乘小数，先按照整数乘法的计算方法来计算，再数出乘数中一共有几位小数，就从积的右边数出几位，点上小数点。

4. 改错练习

下面的计算对吗？把不对的改正。

$$\begin{array}{r} 2.5 \\ \times\ 3.5 \\ \hline 125 \\ 75 \\ \hline 87.5 \end{array} \qquad \begin{array}{r} 16.4 \\ \times\ \ 4.5 \\ \hline 820 \\ 656 \\ \hline 7.380 \end{array} \qquad \begin{array}{r} 82.3 \\ \times\ 0.04 \\ \hline 32.92 \end{array}$$

师：第一道题错在哪里？

生：两个乘数的共有两位小数，积应当是两位小数。

师：第二道题错在哪里？

生：应当先点上小数点，再去掉小数末尾的0。

师：第三道题错在哪里？

生：这一题积的小数位数应当是三位数。

5. 解决问题

(1) 一种西服面料，每米售价58.5元。买5.2米这种面料，应付多少元？(先估计得数，再计算)

(2) 小新出生时身高 0.5 米，体重 3.4 千克。现在小新的身高是出生时的 2.8 倍，体重是出生时的 9.5 倍。他现在的身高和体重各是多少呢？

【设计意图：通过有针对性的专项练习与改错练习提高学生计算的正确率，夯实计算的基础，通过估算练习提高学生的验算与反思意识，在解决实际问题的过程中培养学生的应用意识。】

四、系统总结，延伸思考

师：这节课你有什么收获？在计算小数时应当注意一些什么呢？还有什么问题吗？(生回答略)

请同学们计算 0.05×0.12＝？

师：你有什么发现吗？这与我们今天学习的有什么不一样的地方吗？

生：乘数中有 4 位小数，而乘出来的积是 60，是一个两位数，如果点小数点，位数则不够。

师：该怎么办呢？这是下节课我们要探索的内容。

促使学生真正地理解

——六年级上册《比一个数多(少)几分之几的应用题》教学实录与意图

【教学内容】

苏教版小学数学教材六年级上册 31 页分数的乘法例 3。

【教材简析】

分数表示数量关系有两个方面，一个是表示部分与整体之间的关系，再就是表示两个同类量之间的关系。本节课是求一个数比另一个数多(少)几分之几是多少，其实质还是求一个数的几分之几是多少，可以纳入到部分与整体之间的关系内容之中。本节课的难点是深刻理解“谁比谁多(少)几分之几”这句话。学生要能通过观察思考理解比一个数多(少)几分之几其实就是一个数比另一个数多(少)多少占另一个数的几分之几。理解了这句话，学生也就会找到解题的思路，就不会出现单纯地模仿例题算式而不知其意的现象。因此在教学中要让学生多说自己的思考过程，不能仅仅满足于学生会列算式；否则学生只会简单地模仿解决问题的算式，而不去思考为什么这样来解决。

【教学目标】

(1) 使学生结合具体情境，探究用分数乘法解决“求一个数的几分之几是多少”的简单实际问题，丰富对用分数表示的数量关系的认识，拓展对分数乘法意义的理解。

(2) 使学生经历解决问题的探索过程，进一步培养观察、比较、分析、推理的能力，体会学习数学的价值，体验数学学习的乐趣。

【教学过程】

师：同学们，庆祝新中国六十华诞时，我们班买了 20 米彩带，用了 $\frac{4}{5}$ 去做花，用去多少米？(图 1)

生：$20\times\frac{4}{5}=\frac{\overset{4}{\cancel{20}}\times 4}{\underset{1}{\cancel{5}}}=16$(米)

买来20米的彩带做花，用去了$\frac{4}{5}$，用去了多少米？

图1

师：这里面把谁看作单位“1”，为什么是把20米的彩带看作单位1呢？

生：因为是把20米彩带平均分成了5份，用去的占其中的4份。

师：这个分数的分母是5，把总长度平均分成5份，因此总长度20米是单位“1”。

先把谁平均分，谁就是单位“1”。求单位“1”的几分之几是多少，可以用乘法来计算，这是我们上一节课所学习的内容。

师：我们的同学用这16米的彩带做了3种颜色的花。

生读：黄花、红花、绿花。

师：这三种颜色的花个数之间的关系可以用学过的分数来表示。

出示课件(图2)：

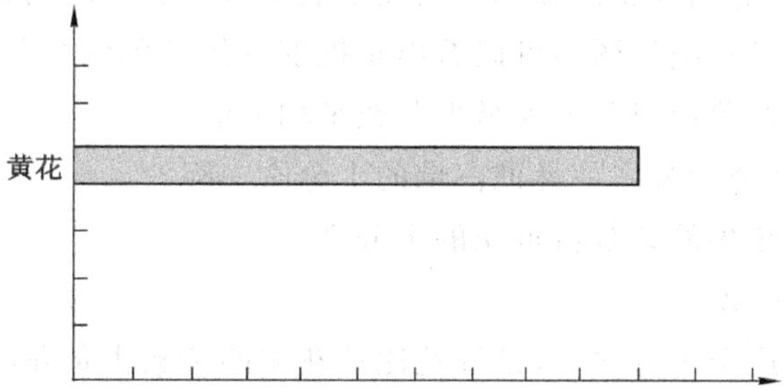

图2

师：这是一个条形统计图，黄花是多少朵，暂时不告诉你，从条形图中可以看出把黄花平均分成了多少份？

生：把黄花平均分成了10份。

师出示(图3)：

师：红花有这样的多少份？

生：红花相当于这样的11份。

师：如果以黄花为标准，你能用分数表示它们之间的关系吗？

【教学意图：黄花与红花之间的关系用分数来表示有许多种表达的方式，针

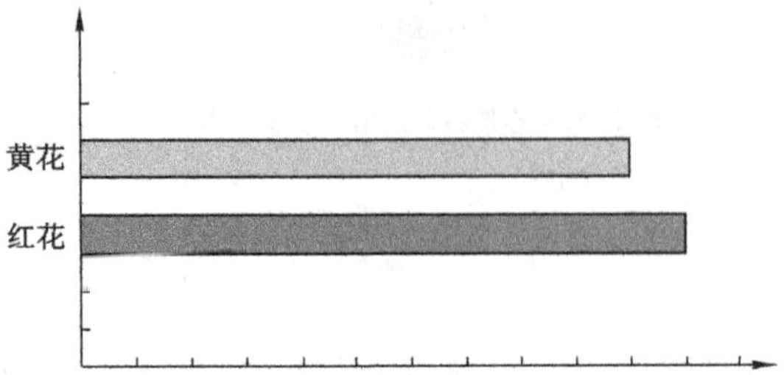

图 3

对本节课的教学需要，要确定一个标准。以往的教学设计中教师的提问多不规定以谁为标准，虽然学生可以有许多种不同的表述方式，比如黄花比红花少十一分之一，但这些表述使多数学生产生思维的混乱，反而不利于这节课教学目标的达成。】

生：红花是黄花的十分之十一。

师：还可以怎样表示呢？（提示：红花比黄花多几分之几？）

生：红花比黄花多十分之一。（师同时板书：红花比黄花多十分之一）

师：有创意，你能用谁比谁多几分之几来表示这两者之间的关系。

师：从这句话以及统计图中可以看出是把谁看作了单位"1"，为什么呢？

生：把黄花看作单位"1"，因为是把黄花平均分的。

师：那你说，这个十分之一是谁占谁的十分之一呢？

生：红花比黄花多的朵数占黄花的十分之一。

师：谁再来说一说。

师动画演示：这个十分之一，是红花比黄花多的朵数占黄花的十分之一。

【教学意图：通过课件演示，使学生形象地认识到红花比黄花多十分之一，指的是红花比黄花多的朵数占黄花的十分之一。这也是本节课的重点与难点。】

师：这个十分之一是谁的十分之一呢？

生：黄花的十分之一。

师：也就是单位"1"的十分之一。

师：这是红花与黄花之间的关系，再看一看绿花与黄花之间的关系.

师出示（图 4）：

师：怎样用分数来表示它们之间的关系？

生：绿花是黄花的十分之六。

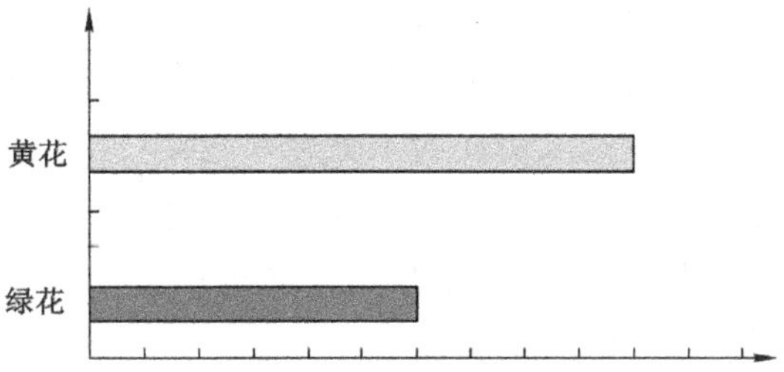

图 4

生：绿花比黄花少十分之四，也就是五分之二。

师板书：绿花比黄花少十分之四。

师：这里面是把谁看作了单位“1”？少五分之二是指谁占谁的五分之二呢？同位互相说一说。

生：把黄花看作了单位“1”，少五分之二指绿花比黄花少的占黄花的五分之二。

师动画演示同时表述：把黄花看作了单位“1”，平均分成了五份，少五分之二就是绿花比黄花少的占黄花的五分之二。

【教学意图：教学中仍然采用以黄花为标准，通过思辨与动画演示，再一次使学生认识到少几分之几就是绿花比黄花少的朵数占单位“1”黄花朵数的几分之几。】

师：同学们真不简单，能用多几分之几或少几分之几来表示两个数量之间的关系，而且知道这个几分之几是谁占谁的，这就是今天学习中最重要的内容。

师：今年新中国六十华诞，因此我们班同学做了 60 朵黄花，出示（图 5）：

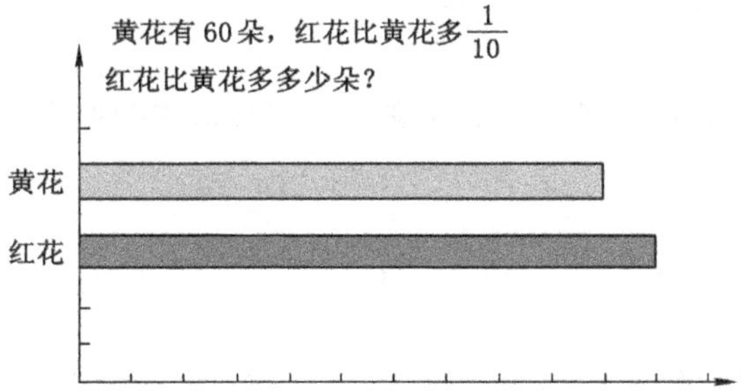

图 5

组织学生读题。

自己解答，给大家说一说你是怎么想的？

师相机引导：把黄花看作了单位“1”，多的十分之一是指红花比黄花多的朵数占黄花的十分之一，也就是求黄花的十分之一，就用六十乘十分之一。

同位互相指着说，然后组织三名学生到黑板前讲解。

师：说了这么多，很费口舌，其实用一个数量关系就可以表示出来，这个数量关系就像题目的骨架一样，谁能发现它呢？

生说完后，出示(图 6)：

单位“1”

黄花的朵数 × 红花比黄花多 $\frac{1}{10}$ ＝红花比黄花多的朵数

60 × $\frac{1}{10}$ ＝6(朵)

图 6

【教学意图：引导学生从题目中理出数量关系，不仅是对多(少)几分之几更深层次的理解，也为以后用算式或方程解决实际问题铺垫下基础。相当多学生以后出现解决问题的错误，多是对此关键句理解不到位造成的。】

师：我们班还做了一些绿花，绿花比黄花少五分之二，绿花比黄花少多少朵呢？

生独立完成。

师组织两个学生上前去讲解。

师：这道题里也有一个数量关系，你能找到它吗？

生找。

师出示课件组织学生读(图 7)：

单位“1”

黄花的朵数 × 绿花比黄花少 $\frac{2}{5}$ ＝绿花比黄花少的朵数

60 × $\frac{2}{5}$ ＝24 (朵)

图 7

【教学意图：促使学生把题中的数量关系与具体算式建立一一对应的关系。】

师：为了庆祝新中国六十华诞，我们班还买了一些气球，师出示(图 8)：

师：怎样用线段表示出黄气球比红气球多四分之一？

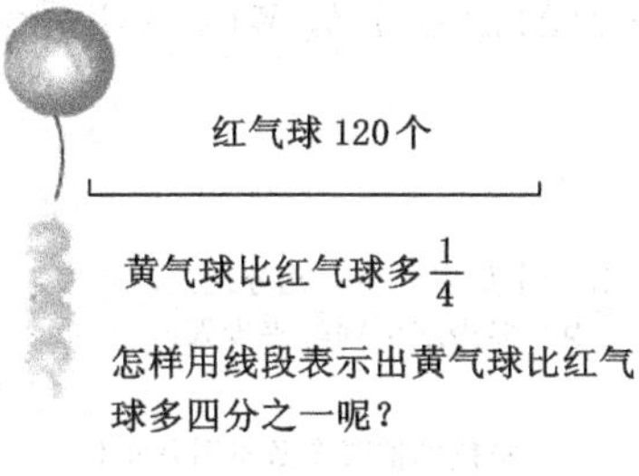

图 8

师：是任意随便地画一小段就能表示比红气球多四分之一吗？

生：先画一条线段与红气球与一样长，再把红气球的个数平均分成四份，然后把其中一份画到这条线段的后面。

师：（动画演示）这就是黄气球比红气球多四分之一。

师：从这里面可以看出这个多四分之一是谁的四分之一呢？

生：红气球的四分之一。

师：做一做，说一说你是怎样想的？

生个别回答自己的想法。

师：我们班的同学还买来了一些蓝气球，蓝气球比红气球少十分之三，怎样表示出蓝气球比红气球少十分之三呢？（图 9）

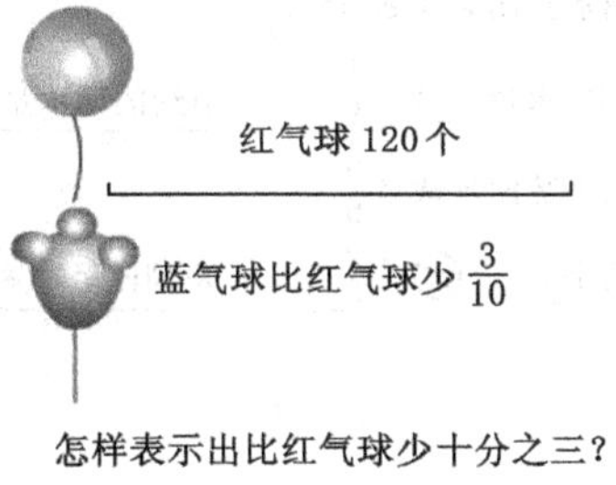

图 9

生个别回答：把红气球这条线段平均分成了 10 份，蓝气球比它少画三份。

师动画演示。

师：你是怎样解答的，又是怎样想的呢？

生个别回答。

【教学意图：营造现实情境，使学生在画线段图的过程中形象化地理解一个数比另一个数多（少）几分之几的实质含义。】

师:这就是今天我们学习的比一个数多(少)几分之几的应用题,同学们说一说怎样思考解答呢?

学生说后,师总结(图 10):

比一个数多(少)几分之几,求多(少)多少应用题解答步骤:

先找到把哪个数量看作单位"1",问题中的多(少)几分之几是谁占谁的,确定数量关系,然后解决问题。

图 10

【教学意图:在解题过程中,通过师生归纳总结,形成解题思路,有利于学生从"高处"看此类问题,摸准解决此类问题的脉搏。】

师组织学生完成练一练,师下位巡视,学生个别汇报反馈。

师:问题中多七分之二是什么意思呢?

师:刚才我们是借助条形统计图以及线段图来帮助理解多几分之几与少几分之几。下面加大一点难度。口答课本 44 页第 14 题。

先说说各个分数的意义,再把数量关系补充完整。(图 11)

实际用水量比原计划节约$\frac{1}{9}$

原计划用水量 ⊗ $\frac{1}{9}$ = 节约的用水量

皮球的个数比足球多$\frac{2}{5}$

足球的个数 ⊗ $\frac{2}{5}$ = 皮球比足球多多少个

图 11

谁来说一说,谁是单位"1",这里的几分之几是谁占谁的?

【教学意图:这是从分析关键句入手使学生能够从中抽象出数量关系,从而有助于正确地解决问题。】

师:在全运会开幕的时候,我们又一次回想起北京奥运会,女子获得金牌数与男子获得金牌数也是一个很有意思的数学问题。(图 12)

师组织学生自主解答。

提问:这两题之间有什么不同与相同的地方?这两题之间有什么联系呢?

1. 北京奥运会上中国男子获得24枚金牌，女子获得的比男子多$\frac{1}{8}$，女子获得的比男子多多少枚金牌？
2. 北京奥运会上中国男子获得24枚金牌，女子获得的是男子的$\frac{9}{8}$，女子共获得多少枚金牌？
这两题有什么不同与相同地方，有什么联系？

图 12

生：女子获得的比男子多八分之一，第二题女子获得的是男子的八分之九。问题不同。表面上看这两题中关键句是不同，实则是相同的。女子获得的比男子多八分之一实际就是女子获得的是男子的八分之九。

生：在解题的方法上，都是用乘法来解答。问题不同，实质上不论是多几分之几或少几分之几，求多多少，少多少，还是求一个数的几分之几是多少，用乘法来解答。

师评价：你看透了这类问题的本质。

师：让我们来看一看这两道题在解答上有什么相同的地方？（图 13）

男子获得金牌数 × 女子比男子多$\frac{1}{8}$ ＝女子比男子多多少枚

男子获得金牌数 × 女子是男子的$\frac{9}{8}$ ＝女子获得多少枚

图 13

【教学意图：充分发挥题组的比较、拓展的教学功能，引导学生思考女子获得金牌数与男子获得金牌数之间的关系，用分数来表示，有许多种表示的方法，但它们的本质含义是一样的，从而有效地构建了本节课的认知结构。】

师组织学生做课堂作业：44 页第 16、17 题。

师组织学生较对答案：

师：对于比一个数多（少）几分之几的应用题，你有什么收获呢？这些收获你是怎样获得呢？

学生谈自己收获。

生：先找到把谁看作单位 1，问题中的多几分之几与少几分之几是谁占谁的，确定数量关系。

师：这是你在解题方法上的收获，还有吗？

生：要透过现象看到问题的本质。

师：对一道数学题我们要透过现象看本质。其实何止是看数学问题呢，对一件事、一种社会现象，我们都不能停留于表面，要能透过现象看到问题的本质，不被外在的现象所迷惑。

【教学意图：谈收获的过程不仅是一个系统梳理解决方法的过程，也是从思想上提升问题解决方法的过程，这是课堂教学中不可缺少的环节。】

沟通关系　拓展延伸

——以五年级上册《多边形的面积复习》为例谈单元复习教学设计

单元复习是数学教学工作中的一个重要环节，单元复习的目的不仅仅是为了考试。单元复习是以一个教学单元为单位，在原有认知基础上的再认识、再创造的一种较高层次的学习过程。通过复习，教师让学生系统巩固所学知识，使之条理化、系统化，全面提高技能，深层次地培养和发展学生的思维能力。如何提高复习的效率，使学生对复习不至于产生惧怕厌烦心理呢？下面以“多边形的面积计算”这一单元为例来谈如何进行单元复习。

一、确定正确的复习目标

确定正确的单元复习目标，围绕这个复习目标进行教学设计，才能提高复习的效率，实际执行起来才不会误入歧途，陷入为考试而复习的怪圈。“多边形的面积”这一单元的复习目标是使学生熟练掌握平行四边形、三角形、梯形的面积计算方法，能利用这些公式去解决一些实际问题；进一步体会等积变形、转化等数学思想方法，发展空间观念和初步的推理能力；提高对空间与图形的学习兴趣，逐步形成积极的数学情感。

二、课前整理，形成系统

课前整理思考：① 我们已经学过哪些平面图形的面积计算？② 平行四边形、三角形、梯形的面积计算是怎样推导出来的呢？③ 等底等高的平行四边形与三角形的面积之间有什么关系呢？

课始：出示学生的整理结果，课件演示这三种图形面积的推导过程。师提问：平行四边形、三角形和梯形面积公式的推导过程有什么相同的地方呢？（都是把未知图形转化成已知图形。）

思考：单元复习不是对本单元所学习知识的简单回忆与再现的过程，更不是简单的题海训练过程，而是引导学生将本单元所学知识整理系统化的过程，将其“串成线、连成片”；不能仅仅停留于巩固双基的层次上，而是要让学生在知识结构上得以拓展延伸，并在数学思考、解决问题、情感态度价值观上得到发展。

三、分层练习，逐步提升

1. 基本练习

师出示以下图形，要求学生计算面积（图 1）。学生口答列式与结果。

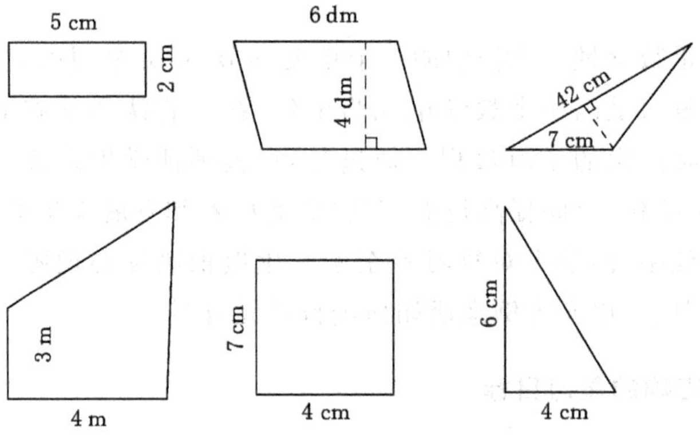

图 1

2. 沟通关系

师：有一个名叫“长方形”的小姑娘，要去参加一个化装舞会，她感觉自己太没有个性了，想把自己打扮成一个三角形，现在你们就是一个化妆师，你能把她打扮成一个三角形吗？（图 2）

学生借助方格图把这个长 4 厘米、宽 3 厘米的长方形变成一个与它面积相等的三角形。

预设：① 高 4 厘米、底是 6 厘米的三角形。② 高 8 厘米、底是 3 厘米的三角形。

师：这个长方形小姑娘被变成三角形，她感觉自己很难看，她又想把自己打扮成一个梯形，你能帮助她吗？

预设：① 上底是 1 厘米，下底是 5 厘米，高 4 厘米。② 上底是 2 厘米，下底是 4 厘米，高是 4 厘米。③ 上底是 1 厘米，下底是 3 厘米，高 8 厘米。

师：她还是不满意，干脆她把自己变成了一个平行四边形。

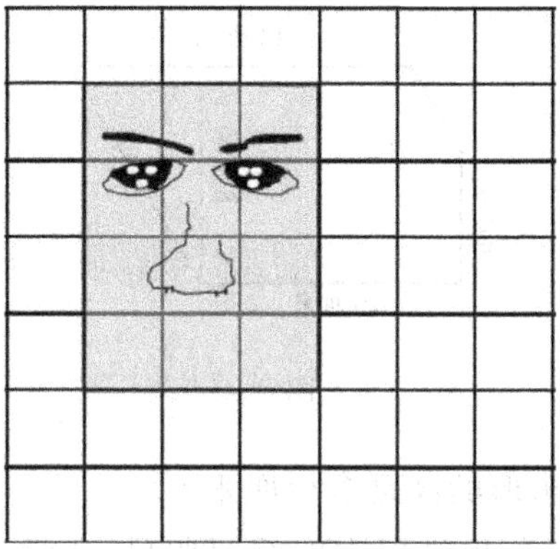

图 2

预设：① 底是 3 厘米，高是 4 厘米。② 底是 4 厘米，高是 3 厘米。

思考：在基本练习的基础之上，运用拟人化的情境串形式，系统组织复习素材，变换复习方式，引发学生的复习兴趣，提升复习参与度，提高复习效率。

3．各取所需，解决问题

组织学生根据自身的学习情况，会做的和已做过的就不用做了，选取相应数量的题目进行练习。

(1) 一块白菜地的形状是梯形，上底是 9 米，下底是 12 米，高是 18 米。如果平均每棵白菜占地 9 平方分米，这块地一共可以种白菜多少棵？

(2) 一个三角形的花圃，底 25 米，高 22 米。如果平均每平方米产鲜花 50 枝，这个花圃一共可以产鲜花多少枝？

(3) 一个桃园的占地面积是 9 公顷。如果每棵桃树占地 6 平方米，每棵桃树能收获 30 千克桃，这个果园一共能收获多少千克桃？合多少吨？

(4) 把一个平行四边形割补后得到一个正方形，正方形的周长是 16 厘米，这个平行四边形的面积是多少平方厘米？

(5) 一个长方形的果园，把它的一组对边增加 50 米后，形状变成了正方形，面积增加了 1 公顷。这个果园原来的占地面积是多少公顷？

(6) 小娟按如图所示的方法，把一张平行四边形的纸片折进去了一个角，现在这张纸的面积是多少平方厘米？（图 3）

(7) 一个直角梯形，它的下底缩短 8 米后，就变成一个正方形，且面积减少了 24 平方米，求原梯形的面积。（先画图，再解答）

(8) 一个三角形和一个平行四边形面积相等，底也相等。如果平行四边形

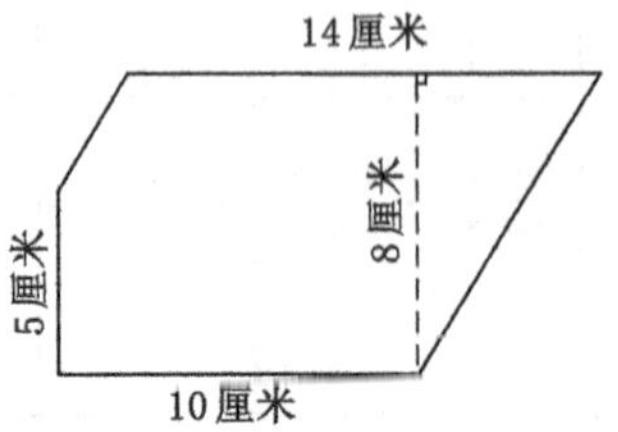

图 3

的高是 12 厘米，那么三角形的高是多少厘米？

思考：给学生提供各种思维层次的练习题目，让学生根据具体的学习情况选择相应数量的练习题目，各取所需，提高学生运用知识解决实际问题的能力，发展学生的思维能力，使各种水平的同学都能够得到发展。

四、独立作业，检测复习效果

下发独立作业练习纸，要求学生在限定时间内完成。

(1) 一个平行四边形果园，底长 500 米，高 60 米，果园面积是多少公顷呢？如果每棵果树平均占地 6 平方米，这个果园可以种多少棵果树？

(2) 一块大白菜地的形状是三角形，它的底是 80 米，高是 30 米，如果每平方米可种大白菜 8 棵，这块地一共可以种多少棵大白菜？

(3) 用 50 米长的篱笆，在靠墙的地方围一块长方形菜地，这块菜地的最大面积是多少平方米？

(4) 如图，一块长方形草地，长方形的长是 16 米，宽是 10 米，中间铺了一条石子路。那么草地部分面积有多大？(图 4)

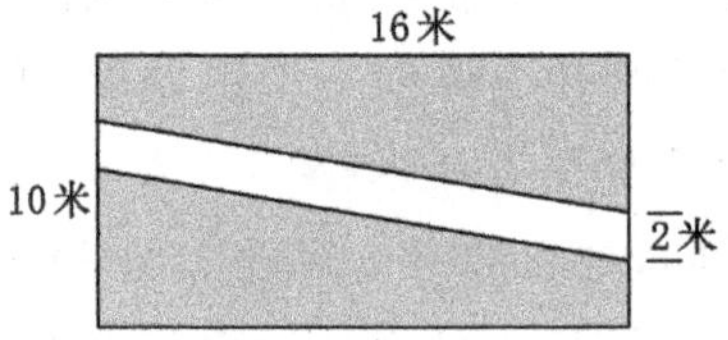

图 4

(5) 实验小学校园里有一个由 8 个等腰直角三角形组合成的花坛，每个三角形的腰长 8 米。求花坛的面积。(图 5)

(6) 有一块梯形的广告牌，上底是 14 米，下底是 16 米，高是 4 米。如果要

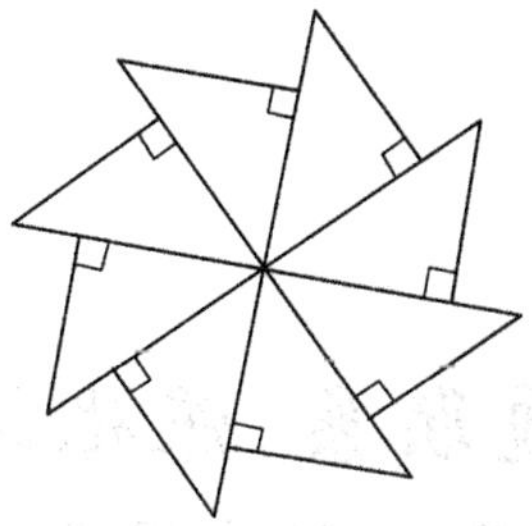

图 5

用油漆涂这块广告牌(单面),每平方米需要用油漆 600 克,一共需要油漆多少克? 施工队准备了 30 千克油漆,够不够呢?

【教学思考:在复习的基础上,安排有层次的独立练习,使学生在解决问题的过程中不断提升思维的深刻性。不经过独立性地检测,就无法使学生知道自己掌握知识技能的程度。通过独立性地检测,可以及时反馈复习效果,矫正复习行为,充分发挥学生的积极主动性,提高复习的实效。当然,设计检测题目要充分考虑到对于知识点的覆盖,有层次有坡度,充分照顾到各个层次学生的需要。】

沟通联系，深化认知

——六年级上册《分数应用题总复习》教学谈

【教学内容】

苏教版六年级上册第七单元整理与复习113～114页《数的世界》。

【教学目标】

通过学期末的整理与复习，使学生能够从问题信息中找到数量关系，正确解答各种类型的分数应用题，理解它们之间的关系，提高解决实际问题的能力以及应用意识，提升数学素养。

【教学过程】

一、知识梳理，认知构建

1. 提问

同学们，今天这节课，我们一起来复习分数应用题，回顾一下，解答分数应用题的关键是什么？

生：找准单位“1”，列出数量关系。

2. 引入例题

找出下列关键句中的单位“1”，并列出数量关系。

(1) 美术组男生人数占女生人数的 $\frac{4}{5}$ 。

(2) 一根绳子，剪去全长的 $\frac{1}{3}$ 。

(3) 一本书，已经看了 $\frac{1}{2}$ 。

(4) 柳树棵数的 $\frac{2}{3}$ 正好是杨树的棵数。

总结：以“谁”为标准，把“谁”进行平均分，“谁”就是单位“1”。单位“1”的位置一般在关键句中“的前或者比后”。找准单位“1”以后，搞清楚数量与分率之间的对应关系，列出数量关系。

【设计说明：找准单位“1”，能正确地列数量关系是分数应用题解题的关键。通过复习与总结，使学生具备相应的知识与能力，为后面的分数应用题解题打下良好的基础。】

3. 交流展示整理过程

谈话：关键句不同，所求数量不同，那么分数应用题也各不相同，但是在千变万化的题目中，有没有不变的关系呢？课前，我们已经对本学期所学的分数应用题进行了回顾与整理，大家都有了很多的思考与感受，请大家拿出自己整理的知识回顾，在小组或者同桌之间交流一下。（学生相互交流展示）

出示两位同学的整理：这两位同学的整理思路，谁看懂了，能来说明一下吗？（图略）

4. 系统梳理展示过程

师：在本学期所学的分数应用题中，最基本的是这样两种类型，一类是简单应用题，另一类是稍复杂应用题。按照所求结果不同，可以分为三类：一类是“求一个数是另一个数的几分之几”，另一类是求“单位 1”的几分之几是多少，第三类是求“单位 1”。解答这三类分数应用题的基本关系式是什么呢？我们借助一组题目来归纳一下。

（1）简单的分数应用题。

① 某班有女生 10 人，男生 40 人，女生人数是男生人数的几分之几？

② 某班有男生 40 人，女生人数是男生 $\frac{1}{4}$，女生有多少人？

③ 某班有女生 10 人，是男生人数的 $\frac{1}{4}$，男生有多少人？

这三道题是最基本的分数应用题，请独立思考并解答，同时概括数量关系式。

师：谁来说一下，这三道题你是怎样解答的呢？（学生交流解答过程。）学习要善于总结，那你现在能概括一下，这三种类型的题目该怎样解答吗？

生：一个数÷另一个数＝分率；单位“1”×分率＝具体量；具体量÷分率＝单位“1”。

（2）稍复杂的分数应用题。

① 某班有学生 50 人，男生占全班人数的 $\frac{2}{5}$，女生有多少人呢？

② 某班有学生 50 人，男生有 20 人，女生占全班人数的几分之几呢？

③ 某班有女生 30 人，男生占全班人数的 $\frac{2}{5}$，全班有多少人呢？

组织学生分析：观察题目，同学们，这里的 $\frac{2}{5}$ 也是分率，为什么求女生人数不直接用 $50\times\frac{2}{5}$ 呢？根据学生的回答得出：分率要与所求的具体量相互“对应”。

师：这三道题和上面的三道题相比，有什么相同点和不同点呢？

总结：看来解答稍复杂的应用题，基本数量关系是不变的，需要的数据没有直接告诉，需要我们先思考解决。

【设计说明：通过学生自主复习整理，交流讨论后形成对各类分数应用题的整体认识，结合变式使学生能够正确地解题。】

二、分类练习，自主提升

1. 专项练习

(1) 先圈出单位“1”的量，再把数量关系式填写完整。

① 苹果的千克数是梨的 $\frac{2}{3}$。

$$(\qquad)\times\frac{2}{3}=(\qquad)$$

$$(\qquad)\div(\qquad)=\frac{2}{3}$$

② 实际烧煤量比计划烧煤量节约了 $\frac{1}{5}$。

$$(\qquad)\times\frac{1}{5}=(\qquad)$$

(2) 下列各题，只列式不计算。

一个班级男生 23 人，女生 25 人。

① 男生人数是女生人数的几分之几？

② 女生人数是男生人数的几分之几？

③ 男生占全班人数的几分之几？

④ 女生占全班人数的几分之几？

学生思考后口答算式，说说数量关系式。提问：这些题目解答时你是怎样想的？

（3）说出数量关系并列式。

① 图书馆有故事书 120 本，借出 $\frac{1}{4}$，借出多少本？

② 图书馆有一些故事书，借出 $\frac{1}{4}$，正好借出 30 本，图书馆有故事书多少本？

③ 图书馆有故事书 120 本，文艺书比故事书多 $\frac{1}{4}$，图书馆有文艺书多少本？

④ 图书馆有故事书 120 本，文艺书比故事书少 $\frac{1}{4}$，图书馆有文艺书多少本？

2. 对比练习

① 一根铁丝长 $\frac{5}{8}$ 米，用去 $\frac{1}{4}$，用去多少米？

② 一根铁丝长 $\frac{5}{8}$ 米，用去 $\frac{1}{4}$，还剩多少米？

③ 一根铁丝长 $\frac{5}{8}$ 米，用去 $\frac{1}{4}$ 米，还剩多少米？

④ 一根铁丝长 $\frac{5}{8}$ 米，用去 $\frac{1}{4}$，还剩几分之几？

3. 综合练习

把问题与列式连起来。

① 某厂要生产 2000 台电脑，第一周完成任务的 $\frac{1}{5}$，第二周完成任务的 $\frac{1}{4}$。

第二周生产多少台？	A. $2\,000\times(\frac{1}{4}-\frac{1}{5})$
两周一共生产多少台？	B. $2\,000\times(1-\frac{1}{4}-\frac{1}{5})$
第二周比第一周多生产多少台？	C. $2\,000\times\frac{1}{4}$
还剩多少台没有生产呢？	D. $2\,000\times(\frac{1}{4}+\frac{1}{5})$

② 某用户三月份用电 100 度，四月份比三月份节约用电 $\frac{1}{10}$。

$100\times\frac{1}{10}$　　　　四月份用电多少度？

$100\times(1-\frac{1}{10})$　　　　两个月一共用电多少度？

$100\times(1-\frac{1}{10}+1)$　　　　四月份比三月份少用电多少度？

学生口述，集体订正，比较异同。

【设计说明：通过三个层次的练习，使学生能够对各种类型的分数应用题正确解答，触类旁通，举一反三，提高学生解决实际问题的能力。】

三、反思总结，课外拓展

同学们，通过今天的复习，你对分数应用题有了哪些进一步的了解？有什么收获吗？

拓展练习：

任选两个条件，求钢笔的单价。

① 每支圆珠笔 2 元；② 钢笔的单价比圆珠笔贵 $\frac{4}{5}$；③ 一支钢笔比圆珠笔贵 1.6 元；④ 钢笔的单价是毛笔的 $\frac{7}{5}$ 倍。⑤ 圆珠笔的单价是钢笔的 $\frac{5}{9}$ 。

你选了哪两个已知条件？怎样列式呢？

画图比较，理解实质

——六年级上册《求一个数比另一个数多(少)百分之几》教学实录及意图

【教学内容】

苏教版小学数学六年级上册 93～94 页《一个数比另一个数多(少)百分之几》。

【教材简析】

“求一个数比另一个数多(或少)百分之几”的实际问题，是学生在学会“求一个数是另一个数的几分之几”的基础上进行教学的。学生在本学期的《分数乘法》这一单元还学习了求比一个数多(少)几分之几是多少的实际问题，学生对于一个数比另一个数多(少)几分之几已经有了比较深入的认识。由于比较标准的变化，一个数比另一个数多百分之几，另一个数比这个数少百分之几不一致，与学生原有的认识结构相冲突。虽然学生有了一定的知识基础，但由于知识本身比较抽象，因此学生理解起来仍然存在一定的困难。

【教学过程】

一、思维铺垫，辅助理解

说一说下面分数所表示的意思。

(1) 一堆煤，运走了 $\frac{1}{5}$；

(2) 红花的朵数比黄花多 $\frac{1}{10}$；

(3) 男同学比女同学少 $\frac{1}{4}$；

(4) 一个长方形，宽是长的 $\frac{2}{3}$。

生 1：把一堆煤平均分成 5 份，运走的是这堆煤中的一份。

生 2：红花的朵数比黄花多 $\frac{1}{10}$，把黄花的朵数平均分成 10 份，红花比黄花多的朵数相当于这样的 1 份。

生 3：男同学比女同学少 $\frac{1}{4}$，就是把女同学的人数平均分成 4 份，男同学比女同学少的人数相当于这样的 1 份。

生 4：把长方形的长平均分成 3 份，宽相当于这样的 2 份。

师：你能用线段图表示出这些关键句中的数量关系吗？（学生用线段图来表示。）

【设计意图：一个数比另一个数多（少）百分之几是建立在一个数是另一个数的几分之几和一个数比另一个数多（少）几分之几的基础之上的，组织学生说一说、画一画这些分数所表示的意义，有利于学生迁移类推，突破本节课的学习难点。】

二、几何直观，设疑导学

出示例题：东山村原计划去年造林 16 公顷，实际造林 20 公顷。实际造林比原计划造林多百分之几？

师：你能用线段图表示出题目中所呈现的文字信息吗？应当先画什么呢？

生：因为是以原计划造林为标准进行比较的，因此应当先画原计划的造林面积。

学生用下面的线段图来表示（图 1）：

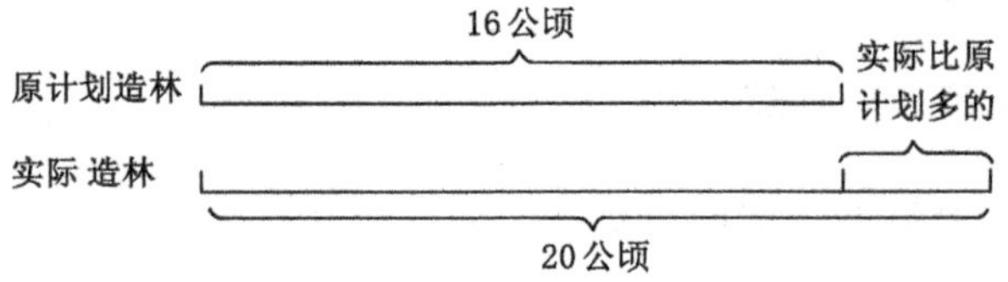

图 1

师提问：百分数表示的是一个数是另一个数的百分之几，实际造林比原计划造林多百分之几是什么意思？谁能结合线段图来说一说呢？

生：实际造林比原计划造林多百分之几是指实际造林比原计划造林多的面积占原计划造林的百分之几。

师：请你填一填，实际造林比原计划造林多百分之几表示（　　　　　　）

是（　　）的百分之几。学生填写，汇报结果。

师：怎样列式解答这个问题呢？你能试着解决这个问题吗？

生1：20－16＝4（公顷）；4÷16＝0.25＝25％。

生2：20÷16＝125％；125％－1＝25％。

师：这样解答，你是怎样想的呢？

生1：第一种方法是先算出实际造林比原计划多4公顷，再求4公顷是16公顷的百分之几。

生2：第二种方法是先算实际造林是原计划的百分之几，再求实际造林比原计划多百分之几。

师：对于这道题，你还可以提出怎样的数学问题呢？

生：原计划造林比实际造林少百分之几？

师：实际造林比原计划造林多4公顷，原计划造林就比实际造林少4公顷，那么实际造林比原计划造林多25％，是不是原计划造林面积就比实际造林少25％呢？

学生中间出现了两种意见：一是认为实际造林比原计划造林多25％，原计划造林面积就比实际造林少25％；二是认为可能不对，但又说出不出为什么。

师：请同学们画出线段图并列式尝试解答，并说出自己的理由。

生1：由于是以实际造林为标准进行比较的，因此应当先画实际造林面积，原计划造林比实际造林少4公顷，然后用4公顷去除以实际造林面积20公顷，4÷20＝20％。（图2）

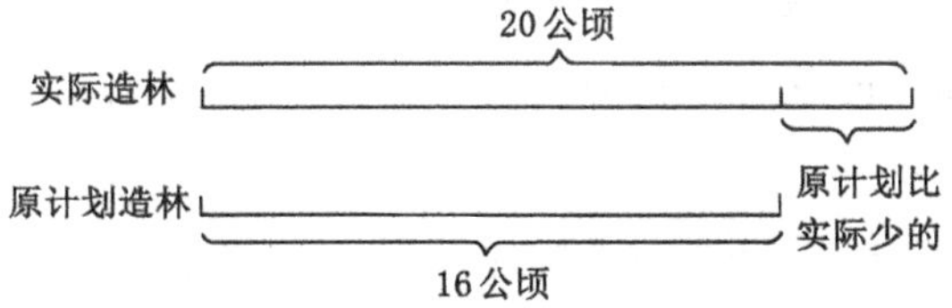

图2

生2：先求原计划造林是实际造林的80％，再用单位“1”实际造林面积减去原计划造林相当于实际的80％，就得到原计划造林比实际造林少20％。列式为：16÷20＝80％；1－80％＝20％。

【设计意图：组织学生借助线段图理解关键句中分数所表示的含义，自主解答“实际造林比原计划造林多百分之几”与“原计划造林比实际造林少百分之

几”这两个问题，找到不同解法，在教学中注重让学生结合线段图来解释列式的理由，促进学生理解。】

三、比较分析，突破难点

师：比较这两个问题的结果，你有什么发现呢？

生：实际造林比原计划造林多25%，原计划造林就比实际造林少20%。多的与少的不一样。

师：为什么不一样呢？请同学小组讨论后汇报。

生：因为比较的标准不一样，一个是以原计划造林面积为标准进行比较的，一个是以实际造林面积为标准进行比较的。

【设计意图：组织学生比较“一个数比另一个数多百分之几”与“这个数就比另一个数少百分之几”为什么不一样，导致不一样的原因是什么，组织学生通过小组讨论，成功突破学习难点。】

四、多层练习，突破障碍

1. 基本练习

练一练：鸵鸟蛋的孵化期大约是42天，鸽蛋的孵化期大约是18天，你能提出哪些百分数问题呢？

鸵鸟蛋的孵化期是鸽蛋的百分之几？

鸽蛋的孵化期是鸵鸟蛋的百分之几？

鸵鸟蛋的孵化期比鸽蛋多百分之几？

鸽蛋的孵化期比鸵鸟蛋少百分之几？

2. 针对练习

（1）根据图中的信息，补充填空。（图3）

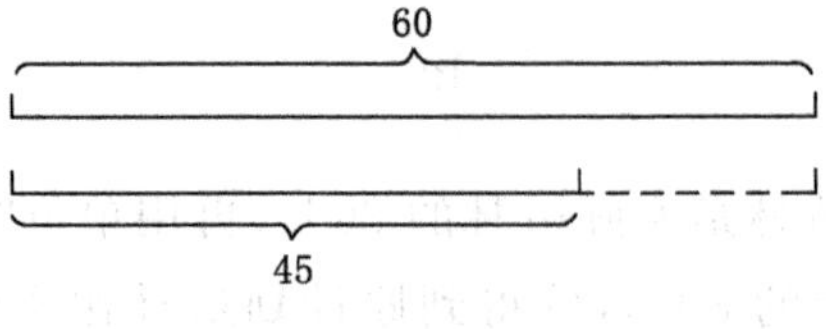

图3

（　　）比（　　）多（　　）%

（　　）比（　　）少（　　）%

(2) 根据算式提出相应的问题。(图 4)

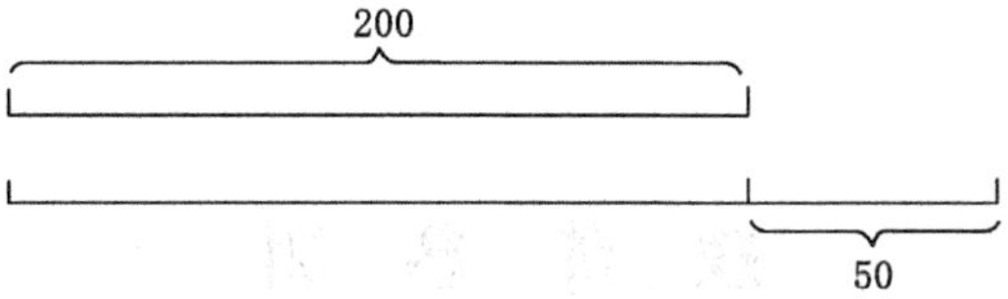

图 4

50÷200：________________。

50÷(200+50)：________________。

(200+50)÷200：________________。

200÷(200+50)：________________。

3. 综合练习

六(1)班男生有 20 人，女生有 22 人，女生与男生的比为(　　)，男生占全班的几分之几？女生占全班的百分之几？男生比女生少几分之几？女生比男生多百分之几？

【设计意图：基础练习中引导学生提出问题并自主解决，培养学生提出问题与分析问题的能力。针对性练习 A 中，学生会发现信息表述的形式不同，但所表示的数量实质是一样的。通过练习培养了学生读图识图的能力，拓展了学生的思维空间。针对性练习 B 中则是让学生通过算式想所求的问题是什么，进行逆向思维，促进理解。综合练习则是让把两个数的比、一个数是另一个数的几分之几、一个数比另一个数多(少)百分之几合并在一起进行练习，沟通问题之间的联系，逐步加深理解。】

理、练、思、测

——六年级上册《认识比》单元总复习 教学实录与设计意图

【教学内容】

苏教版小学数学六年级上册《认识比》单元总复习。

【教学目标】

通过复习使学生系统掌握认识比这一单元的相关知识，以及比与百分数、分数等实际问题的联系，进一步提高运用相关知识解决实际问题的能力。

【教学程序】

整节课采用理—练—思—测这样四个程序进行操作。

【教学过程】

一、梳理建构

师：在《论语》中有这样一句话：子曰："温故而知新，可以为师矣"。猜一猜，这句话是什么意思呢？

生：温习学过的知识进而又能从中获得新的理解与体会，就可凭此做老师了。

师：现在新课基本结束了，如何进行温故呢？你感觉怎样来温故呢？

生可能的想法：多做题，多思考，多请教。

师：我送给同学们四个字"理、练、思、测"。下面我们结合具体的学习活动来展开。今天我们来复习数的世界中关于认识比这个单元的内容。请大家快速浏览教材第68～75页，理一理通过这一单元的学习你知道了哪些知识呢？注意是快速浏览，时间3分钟。

师：谁来说一说？

学生说自己对这个单元的学习情况。

师根据学生的回答出示，整理出这个单元的3个内容(图1)：

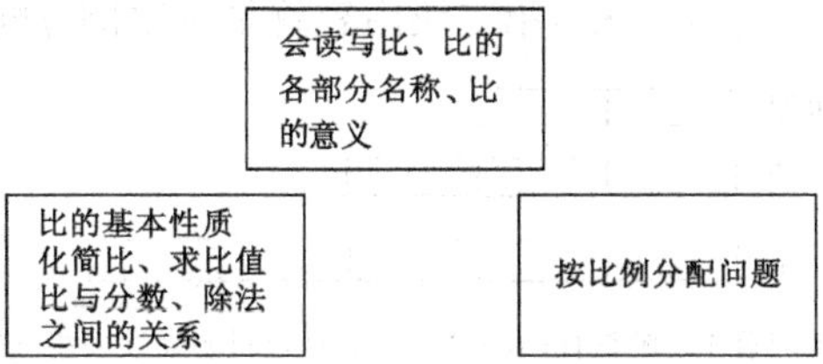

图 1

【教学意图：学生的整理毕竟是一种不够系统的整理，在学生自己整理的前提下，以组块的形式呈现这一单元的学习内容，有利于学生识记，形成知识系统。在这个过程中，学生习得整理的方法，为以后的复习积累复习经验。】

师：下面我们结合具体的例子来理一理。出示(图 2)：

化简比，并求出比值

$1.32 : 3.3$　　　　$\frac{3}{8} : \frac{9}{10}$

图 2

谁来读一读 1.32∶3.3 这表示这两个数之间有什么关系？怎样求比值？你能根据求出的比值说一说化简比的结果吗？求比值与化简比有什么不同？如果是$\frac{3}{8}$∶0.9 你会化简吗？如果是$\frac{3}{8}$∶90%，你会化简吗？如果同样一段路程，老师走需要 30 分钟，小明走需要 1 小时，所走的时间比是多少呢？30 分钟∶1 小时，现在这个比的前项与后项都带单位，那怎样进行化简呢？

师：比与分数、除法之间有什么关系？还是来一个例子吧。出示下题：

$5 : 4 = \frac{(\quad\quad)}{(\quad\quad)} = (\quad\quad) \div (\quad\quad) = 125\%$

师：通过这题可以看出比的前项相当于分数的什么？相当除法中的什么？还可以怎样填？此处运用了什么规律？说明了什么呢？

生：这说明比的基本性质、分数的基本性质、商不变规律有怎样的关系？

二、基本练习

师：下面是课本第 73 页的题目，请同学们化简比并求比值。

师巡视中注意搜集典型的错误，展示出来，引导学生反思自己错在哪里。

师(出示课本第 77 页第 8 题):第三块内容就是按比例分配的实际问题。(图 3)

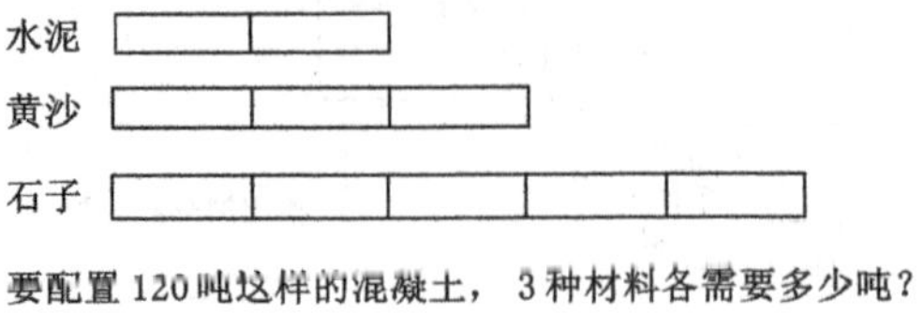

图 3

学生口答,汇报自己的想法。

师出示第二个问题:如果这 3 种材料都有 18 吨,当黄沙全部用完时,水泥还剩多少吨? 石子又增加了多少吨?

学生独立思考解决。

师:你是怎样想的呢? 这 3 种材料都有 18 吨,也就是这 3 种东西都给提供了几份? 黄沙用了 3 份,水泥只要用这样的几份? 还剩几份? 石子用这样的几份? 还需要几份?

生列式计算。

师巡视中注意搜集典型的错误,展示出来,引导学生反思自己错在哪里。

【教学意图:课初的复习仅仅是一种知识整理,如何转化为能力则需要通过例子来引一引。引出的这些例子应是典型的问题,能够反映出这一单元的所有知识点,有效提高学生能力。在例子引出后,要注重引导学生及时练习,即时展示学生的典型错误,促进学生进行自我反思,剔除错误认识,完善认知结构。】

三、反思提升

师:到目前为止,我们已经学习了分数、百分数、比,它们都可以表达数量之间的关系。它们之间有什么联系呢? 请看下一个问题:

桌子 100 元,椅子 60 元,桌子与椅子的价钱有怎样的关系呢?(图 4)

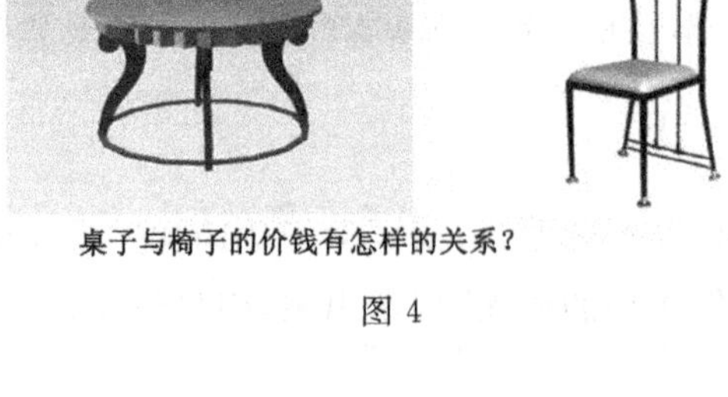

图 4

学生可能的回答：桌子与椅子的价钱之间的比是 5∶3；

椅子与桌子的价钱之间的比是 3∶5；

桌子的价钱是椅子的$\frac{5}{3}$；

椅子的价钱是桌子的$\frac{3}{5}$；

椅子的价钱是桌子的 60%；

桌子的价钱占到椅子与桌子总价钱的$\frac{5}{8}$；

桌子的价钱比椅子多少$\frac{2}{3}$；

椅子的价钱比桌子少$\frac{2}{5}$。

师：这些说法虽然各不相同，但它们最本质还是桌子与椅子的价钱之间的比是 5∶3，一个 5 份，一个 3 份。

师：老师选择了这样 5 个说法（图 5），再给一个条件：桌子与椅子的价钱一共是 160 元，就可以编出各式各样的应用题，请来编一编？

桌子与椅子的价钱比是 5 ∶ 3　　**椅子是桌子价钱的 60%**

椅子是桌子价钱的$\frac{3}{5}$　　**椅子的价钱比桌子少$\frac{2}{5}$**

椅子是桌子与椅子总价钱的$\frac{3}{8}$

图 5

生编出 5 道应用题后。

师：这 5 道应用题你是怎样列式计算，你有什么发现？

生：虽然这五道应用题的说法不一样，但桌子与椅子之间的关系是一样的，桌子与椅子的价钱比是 5∶3，因此都可以用同一样种方法来解答。

师：如果椅子的价钱是 90 元钱，那么桌子价钱是多少呢？你能说一说编出的 5 道应用题是什么吗？说一说你的列式是怎样的？

师：如果椅子与桌子的总价钱是 160 元，选用其中的一个关键句，椅子与桌子各是多少钱？

【教学意图：此道练习题的目的是打通百分数、分数与比之间在表述数量关系方面的“隔膜”，使学生能深刻理解不同表述方法所表达的数量关系的实质，从而达到一通百通的效果。】

四、独立测试

师:复习的第四招就是自我测一测,请大家在限定的时间内完成下面的练习。

《认识比》总复习课堂测试题

(1) $4\div5=\frac{(\quad)}{(\quad)}=16\div(\quad)=(\quad)\div75=(\quad)$(百分数)

(2) 化简下列比,并求出比值

63:54　　$\frac{3.6}{9}$　　$\frac{11}{18}$∶3　　250立方分米∶0.5立方米

(3) 西善桥小学有学生900人,男生与女生人数的5∶4,西善桥小学男生比女生多多少人?

(4) 用来消毒的碘酒是把碘和酒精按1∶50的比混合配制而成的,现在有20克碘,可以配制这种碘酒多少克?

思考题:一种长方体饼干盒子的棱长总和是72厘米,长、宽、高的比是4∶3∶2。这个长方体的长、宽、高各是多少厘米?它的体积是多少立方厘米?(图6)

图6

学生在限定时间内完成并校对答案,引导学生反思自己的错误。

五、畅谈收获

师:这节课我们主要复习认识比这个单元,温故而知新,你感觉自己有什么新的收获呢?

第三部分
“无限相信”教育主张的形成过程

师恩难忘，母校永芳

手握烂漫年华，编织七彩之梦。欢颜笑语情如旧，蓦然回首已今秋。母校桃李誉天下，无限辉煌在后头。

——值母校八十华诞，谨以此文奉献，以作纪念。

20年前不知道“师范”为何意的我懵懵懂懂地进入了运河师范学校，非常有幸地成为董玉环老师的学生。他在给我们上的第一节课上，激昂地告诉我们读书有这样三种境界：“昨夜西风凋碧树。独上高楼，望尽天涯路。”“衣带渐宽终不悔，为伊消得人憔悴。”“众里寻他千百度，蓦然回首，那人却在灯火阑珊处。”这一课在我的脑海中留下了不可磨灭的印象，至今仍历历在目。老师的话语在时刻地提醒着我作为一名教师首先应当是一个读书人，一个努力拼搏的人，一个永不放弃的人。

在成为一名教师后，我在课堂上谨言慎行，课余积极阅读教育教学书籍。因为我从自己的体验中深刻地认识到教师是一个与明天对话的人，作为教师不经意间的一句话语很可能会决定一个人的一生。教师一句鼓励的话语可以拓宽一个孩子的人生之路，一句不负责任的言语也可以把一个孩子引向偏激与固执。十多年来，恩师的话语时时在耳旁回响，母校的教诲在心中不停回荡，使我丝毫不敢懈怠。我不断地锤炼丰富自己，摸索着教育教学的艺术。一个木材加工厂老板的儿子在课堂上故意违反纪律，我找来这名孩子询问，这个孩子满不在乎，轻蔑地对我说：“学习有什么用？我爸爸一个月挣的钱是你的10倍，我们家有的是钱！”虽然怒火在心底里升腾，但我对自己说：孩子是在错误中长大的，他们需要关爱，但更需要智慧的点拨与唤醒啊。我于是在纸上写下这样一行大大的字，亮在了这个孩子的面前：“离开了你爸爸，你长大了自己一个月能挣多少啊？”这个孩子被我的这句话问得哑口无言，刚才那飞扬跋扈的神情一扫而光。我深情地说：“老师把这张纸送给你，每天看一看吧。”孩子接过纸，默然离去。望着他远去的背影，我自言自语：“孩子，你能原谅老师刚才的态度吗？能理解老师的一片苦心吗？”这个孩子接下来的表现让我很是欣慰，想不到这个

“激将”的方法竟起了作用。我在教育日记里写下这样的感慨：教育是一种唤醒，一种激励，一把钥匙开一把锁啊。

作为一名农村一线教师，所处的乡镇地域偏僻，我清醒地认识到如果不注重思考学习，不注重与外界交流，很容易成为一名满身“匠气”的教师，很容易在教坛里销声匿迹，庸庸碌碌地走过自己的教育人生。为了使自己的课堂教学更加有深度，教育研究更加有厚度，我找准一切机会提高自己。从 2002 年以来，我连续参加了许多次的演讲与公开课教学活动，有成功也有失败，但每次我都是全力以赴。有的人不理解：你都参加了这么多次了，评职称早就够了，还有参加的必要吗？参加比赛不是目的，提高自己的语言表达和应变的能力，获得与别人交流的机会才是我真正的追求。多年来，我自费订阅多种教育期刊，读自己能够涉猎到的各类书籍。读书让我目光锐利、心灵丰盈、咀嚼到工作中的诗意，品味到教育中的甜蜜。感谢母校在我的心灵深处种下了一颗热爱读书的种子。

记得我们班是当时运河师范唯一的师陶班，班级的门口挂着一个匾额，上面书写着陶行知的每日三省吾身：“今天我的身体有没有进步？今天我的学习有没有进步？今天我的工作有没有进步？”当时年龄尚小，没能感受到其中的深意。现在回想起来，老师用意深远啊。如果一个人能照着这三句话每日反省自身，我相信即使是愚钝至极的人也会成功的。只可惜，我至今才意识到这些，回想从教后的岁月，自己浪费了多少金子般的年华啊，真有些追悔莫及。朝闻道，夕死可矣。好在今天终于领悟到了一些，我想还为时不晚，只要求自己在以后的人生旅途中每日反省，永远实践每日三省吾身，走出更加精彩的教育人生之路，也不辜负老师的一片良苦用心。于是我从 2001 年开始每天坚持写教育日记来，每天反思自己的教育教学行为，用心调整教育教学对策。在坚持写日记的过程中，我实实在在地发现自己变得愿意思考了，善于思考了，勤于思考了，教学行为不再是盲目随意的了，教学工作有意思起来了，每天的教育生活成了我源源不尽的写作源泉。在做中思考，在思考中做，我认识到自己过去把小学教师这个职业看得太简单了，越来越感觉教育教学中值得探究的东西太多了。我把每天写下的教育日记整理整理，向一些教育报刊积极投稿。令我想不到的是这些较随意的文章却得到了编辑老师们的重视，到目前我已在《数学大王》《小学生数学报》等省市级报刊上发表教辅类文章 80 余篇。在《江苏教育》《中国教师报》《中国教育报》《小学数学教学》等报刊上发表论文 300 余篇，2006 年我出版了个人教育专著《行走在教育的边缘》一书。现在我是“小学数学教学网”论坛中的积极分子，由我发起的教学研究帖子总会在论坛上引起大讨论。在与天南海北的同行切磋教学的过程中，我明显感觉自己眼界大开，对所任学科的教学有更加敏锐的认识。我多么感谢挂在班级门前的那块匾额啊，是你让我找到了工作的幸福、生存的意义，你会永远挂在我的心里。

最难忘的是学校安排我们班去陈楼大顾小学见习一周的学习过程。我记得那时每顿饭吃的都是豆芽菜，睡的是一间教室。条件虽艰苦，但每天的学习生活安排得丰富多彩，有听课、上课、听讲座、到陵园缅怀烈士等。我对那里的一切充满了好奇，对将要成为一名教师满怀着渴望。还清楚地记得在大顾小学我上了一节不太成功的二年级语文课《我要的是葫芦》，当时的心情懊恼极了，但是现在回想起来，一切都是那么美好而甜蜜。在与这个学校学生一起搞的联欢会上，我还与高清国、王志华等人表演了抢板凳的游戏，引起了大家的喝彩。往事如在昨日，但已是20年前的故事了，怎能不让人唏嘘感叹呢。毕业后的岁月里，寂寞时我会把毕业照捧在手上，真是思绪万千啊。百年修得同船渡，毕竟人生在世两万多天，大家能聚在一起度过人生最美好的一段时光就说明很有缘分啊。我在心灵深处珍放着那一段段美好回忆，珍藏着那一份份纯真情谊。2002年8月，我们班的同学们组织了一次毕业十年相聚的活动，我与众多的同学们度过了酣畅淋漓的一天。那次相聚对于我来说就像是一次人生旅途中的加油站，让我更加坚定了做好一名小学教师的决心。

也许没有人会像我这样对在母校生活的记忆如此刻骨铭心。我在上运师时第二年因脚患恶疾，停学了一年。王志华、张华等同学在学校的组织下，捐了二百多元钱亲自送到我家，当时我真是万般滋味在心头，有感激、有辛酸、有难过、也有高兴。我多么想与同学们一起学习啊，但病情逐渐加重，让我只能在家坐等青春年华的流逝，还要承受着病痛的折磨。在我最艰难最痛苦的时候，母校的老师与同学们拉了我一把，让我在漆黑的道路上看到一丝光亮，他们让我对生活充满了感激，让我对母校眷恋不舍。截肢以后，我曾一度有“破罐破摔”的想法，但一想到我的父母、老师、同学对我的恩情，我就会羞愧难当：我怎会有如此愚蠢的想法呢？我怎能对自己的生命如此不负责任呢？我对得起帮助我、支持我的这些亲人吗？于是，我选择了站起，选择了幸福地行走，选择了执着的坚守。在从教后的岁月里，我努力地工作，坚强地拼搏，迅速地成长为一名业务骨干，被评为了徐州市学科带头人、邳州市青年名教师、徐州市德育先进工作者、邳州首届“教育骄傲”人物，但我深深地知道这里面融合着老师的鞭策，父母的养育，领导的栽培，同事的帮助。生活就是一面镜子，你对他笑，它就对你笑。

心灵就是一架照相机，镜头对准什么，照到的也就是什么。人世间有冷漠与世故，但我认为更多的是良知与温情。学会感恩、学会理解，学会报答，这也许就是母校在我身上留下的深深烙印吧。

而今离开母校已经 17 年的我，老老实实地在小学教师的讲台前站了 17 年。从教的时间越长，我对母校眷恋之情益浓，越来越能感觉到小学教师身上重大的责任，因为我深深地知道自己的手心每天捧着 60 多颗水晶般的童心，他们对未来充满着好奇，他们的人生观价值观的确立在时刻受着我的熏染。他们的目光会因为我的努力而远大起来，他们的头脑会因为我的辛劳而睿智起来，他们的身体会因为我的奉献而强壮起来，他们的灵魂会因为我的宽容而温暖起来。每天走进课堂，就好像走进自己的一块庄稼地，看着孩子们幸福地成长，抚摸着他们挺拔的节杆，心中平和而又激动，我就会从内心升腾起一种幸福感。董玉环、郭凤清等老师的背景在我脑海里清晰起来，高大起来，我相信在他们的心中也曾经涌动着同样的幸福感。我越来越能体验到师者的辛劳、师者的喜悦、师者的伟大……如果说原先在教育岗位上是出于好胜心、为了生存而努力工作，现在则是对教育充满了热爱，对孩子们充满了喜爱，而这些又融化为一种责任，在我的身上流淌。不把课备好就觉得对不起学生，没有把课上好就觉得对不起自身。这些是不需要领导去督促的，是不需要别人去提醒的。我感谢母校在我的内心种下了一颗热爱教育的种子。

母校的许多老校长、老教师从教学岗位上退下来后，或笔耕不辍，或四处奔走，为教育呐喊，为教师加油。其实他们完全可以过清闲自在的退养生活，而为师者的责任感在激励着他们，母校沉淀在他们身上的文化在召唤着他们。在他们身上，洋溢着教育者的快乐，流动着为地方教育事业奉献一生的激情。也许“捧着一颗心来，不带半根草去”是对他们最贴切的写照。母校老师们精神深深地影响着我，家乡基础教育的现状牵挂着我，在从教后的 17 年的岁月里，虽然有很多次调离或是改行的机会，但我都选择了坚守。当有的同学同事选择了做兼职保险、直销代理、做生意、炒股票，纷纷改变了自己的生活际遇，我选择了坚持，因为课堂的美丽在深深地吸引着我，母校在我心上烙下的印迹在提醒着我，恩师们的奉献精神在支撑着我，对教育的热爱在燃烧着我。

2004 年 10 月，我作为第九届师德报告团的成员再一次来到母校做工作汇报，目睹了母校的巨大变化，感慨万千。走在那昔日的紫藤架下，看着身旁三三两两穿梭而过的校友身影，我仿佛又一次看到了少年时的我，看到了我与同学们在树荫下漫步读书的美好情景。在吃饭的时候，户校长这样说：“运师培养出来的人才支撑起了邳州的半边天。70～90年代从运师毕业出来学生的要么从教，要么从政，都为家乡做出巨大的贡献，而真正大学毕业的学生却大多数留在了外地……”听了他的感慨之词，我再一次用崭新的目光打量我的母校，打量我的老师们，我的内心升腾起从来没有过的自豪感。虽然您没有百年大校的雍容华贵，没有现代高中的伟岸雄健，但您所培育出来的学子却支撑着苏北基础教育的天空。我为您骄傲，我的恩师！我为您自豪，我的母校！

2005年，当得知母校升格为高等师范学校，我欣喜良久，眼泪夺眶而出。母校啊，我的思想在您的呵护下发芽，我的伤痛在您的抚摸下愈合，我的理想在您感召下起航，我的勇气在您的鼓励下激荡。您珍放着年轻师者们的激情与梦想，您是万千学子们永远的心灵港湾。八十载风雨兼程，几百度日夜耕耘，师恩难忘，母校永芳！

（2009年10月写于邳州市八义集镇中心小学）

调离·感伤·奋斗·感激

——回望我的2010年

18年前我18岁，还是个毛孩蛋的时候，带着伤痛与颓丧，拄着拐杖分配到邳州市八义集镇中心小学。这是我的母校，老家也在这里，本打算这辈子就厮守在这里。2010年8月，由于县城一所学校需要改造提升，需要一批相对比较优秀的教师，自己在这一年评上了江苏省特级教师，组织要调我去那所学校加强师资队伍。虽然能够调入县城是许多农村教师的梦想，但我却十分不愿意。一是近20年在农村教学一线工作让我的根已深深地扎进了农村教育这块沃土。我原先工作的学校虽然是一所农村中心小学，但多年的积淀已形成了非常浓厚的教研氛围，在那里工作得心应手，并且距离家比较近，生活工作很方便，我真得舍不得离开这所学校。二是进了城以后，要面临着买房、生存等更大的经济压力，仅靠自己这点微薄的收入恐怕会更加捉襟见肘。虽说是调离，但不过是一种借调性质的调离。为了正调进城，我参加了教育局招考师资进城的笔试与面试，自己出现了非常矛盾的心理，希望自己考得高，否则有负所谓"特级教师"声誉，但同时在潜意识里强烈希望自己不要考好，这样我会给自己留下来找个借口。笔试与面试的成绩都获得了第一，短暂的高兴之后我知道自己把留下的退路封上了，我再没有任何借口留下来了。当真要离开，收拾这个待了十多年办公室的时候，我的心头突然掠过浓重的伤感：伤感年华的流逝，伤感人生命运的不可捉摸。一些美好的东西总想抓住，但总在不经意间从指缝间溜走了。在这个地方我抛洒了自己最美好的年华，最苦涩的汗水。这里有我的挣扎，有我的困惑，有我的无奈，有我最美好的回忆，有我与孩子们最美好的往事。这儿有我太多的留恋。我留恋那个我连续教了四年的班级（本想把这个班一直带到毕业，已经是不可能了），我留恋那个我坐了十多年的板凳，我留恋这所学校里孩子们的喧闹。我想不论我走到哪里，不论活到多大的岁数，这所学校将永远是我心灵中最温暖的地方，永远是我甜甜酣睡的港湾。

2010年8月5日，到福州路小学报到的那一天，从实验小学调过来的韩召龙校长指着这座很普通的教学楼坚定地对我说:“运胜,看,这就是我们的学校,咱们是来创业的。”我也豪情万丈:“我们可以一试身手了!”创业,虽意味着更多的付出,较少的回报,但这同时也给我一个表现自我的舞台、从零开始的机遇、提升薄弱学校的机会。成就了学校,也成就了学生;成就了学生,也就成就了我自己。只能教优秀学生的老师不是好教师,只能守业不能创业的管理者不是优秀的管理者。我相信能力只有在实干中才能练就,才干只有在克服困难中才能锻造。

自来到福州路小学,我就开始了马不停蹄的工作,一切工作按省级实验小学的标准实行。强烈的个人感受就是工作压力大,因为自己是作为所谓的“人才”招考入这所学校,负责这所学校的教学业务。这所学校由于过去许多工作没有积淀,许多表格、制度、资料的建立需要从零开始,白天忙上课、批改作业,晚上整理资料,由于长时间地面对电脑,有时直想干呕。福州路小学的基础不容乐观,前身是运河镇二庙小学,师资水平参差不齐,虽地理位置优越,但长期的村级小学模式管理,使周围不少人对这所学校失去了发展信心,即使是本校教职工也把孩子送到其他学校就读,周边施教区的家长们宁愿多花钱到实验小学去就读,也不愿意在这所学校上学,可见原学校的管理水平及教育质量。自己来到这所学校就是来卖力干活的。由于新来,自然想要证明自己的能力与工作态度,做任何工作都要带好头,社会及其教育同行对这所学校很关注,抱以厚望,容不得自己有丝毫的懈怠,因此在工作中多是把自我这颗“螺丝”拧紧、再拧紧。在忙碌的同时,自己又有一种迎接挑战的快乐,心情也很舒畅。一个学校从头开始,没有羁绊,没有墨守成规的消极文化,可以按照自己心目中的理想学校开展工作,这也许就是忙碌并快乐着吧。新来县城没有房子,也还没有稳定,就没有让妻子跟来。在忙碌中,自己没有想家的感觉。我想更多是因为儿子始终在我的身边。儿子就是我的家,我想我也是儿子的家吧。除了有要购房的强大心理压力,自己完全会适应这里的一切。与一位同事(高修军)合租一个套房,各做各吃,各带着一个男孩,每天都“打地铺”睡在一张大垫子上。这儿像一个大家庭,时不时也会有欢声笑语。由于每天还要买菜做饭,照顾儿子,所以更加忙碌了。这种忙碌是一种幸福的忙碌。2010 年 10 月开始,我在工作中隐隐感到腰疼,自己的身体一直很不错,所以没有太在意,学校各方面的工作百废待兴,每天都要加班到很晚,实在抽不出时间去检查。腰疼越来越加剧,白天我咬牙坚持上课、组织各种业务活动,晚上我就让儿子给按摩按摩减轻一下疼痛。我不愿意告诉别人,更加不敢告诉父母与妻子,我不想让他们为我担心。父母是极力反对我进城的。娘对我说：二啊，你已经吃了太多的苦头了，家里虽不好，但总算有个窝吧，不需要花钱租房子，到县城工作工资又不多拿一分，把身体糟蹋了，到老了还是要自己受罪的。妻子从儿子那里知道了，一个劲地催我去医院检查。身为医生的同学的话也让我直冒冷汗。CT 检查结果出来表明身体没有大碍，原来是长时间在冰冷潮湿的地铺上睡觉受凉导致患上了腰脊椎膜炎。花去近千元，病终于好了。我是多么高兴，原来以为自己可能患上了非常严重的疾病，想不到命运如此眷顾我，自己仍能够健康地工作学习了。父母亲催我赶紧买床，为了能省点钱在邳州买房安家，更有利于工作，我最终还是放弃了。看到与我一起来的同事在县城里纷纷买了房子，我自然也羡慕不已。自己多年积攒的那点家底连最低的房屋首付也不够，看着飞涨的房价，我只有望洋兴叹了。但我告诉自己绝不能自惭形秽，我相信困难是暂时的，生活会越来越好的。新年之际，我的内心没有自怜自怨，而是盛着满满的感激。感谢上苍，还能让年迈的父母如今身体尚可。感谢父母，在我已是成年人了，还给我以浓浓的爱。感谢儿子，能平安快乐地成长，让我没有多少牵挂。感谢妻子，给我以默默的支持。比起那些命蹇时乖的人，我的生活不知要幸福多少倍。比起过去，我现在的生活一直在稳步提高，还有什么不满足的呢？丢掉“给多少钱，干多少活”的想法，调整好心态，奋力工作，用心生活，才能对得起年迈父母，对得起帮助过我的同事，对得起对我寄予厚望的领导，对得起这似金年华，对得起自己往日的苦难与不懈的奋斗。

我的 2010 年，在调离、感伤、奋斗、感激中远去了，永远地一去不复返地远去了，可能在若干年后，衰老的我会呆呆地坐在藤椅上，回想品味着属于我的 2010 年……

（2010 年 12 月 31 日写于邳州锦江小区出租屋内）

福小，再见……

——致在福州路小学辛勤工作播撒汗水的全体同事们

当我做出决定要离开福小的那一刹那，我的心一阵阵地疼痛。这种疼痛似曾相识。5 年前，当我要离开八义集镇中心小学时，也是这般疼痛。5 年前，当我来到福小这所学校，操场还是一片乱草泥地，而如今已全然大变样。现在的学生人数是 5 年前的 5 倍还要多，学校的各项工作都已进入了快速发展的轨道，教学质量有了明显的提高，在社会上留下了比较好的口碑。这些是全体福小人努力奋斗的结果。当看到自己的辛劳与汗水在学校的发展中能够有所体现，这种欣喜、满足与自豪激荡着我的心田。

离开并不是我不再爱这所学校了，离开是恰恰是因为我太爱这所学校了。流水不腐，户枢不蠹。我的离开会给更多年轻有为的同志让开通道和施展自己能力才华的机会，这样这所学校才会成长为一棵常青树。我这样说，不是矫情，不是为了所谓的“高尚”，因为事物的发展规律本就是如此。一片叶子当它发挥了光合作用，给树干输送了养料后，它的使命也就要结束了。不需等待疾风骤雨被吹落，最理想的方式还是按时令自主挣脱，随风飘落，去自己想去的地方，去自己该去的地方，零落成泥碾作尘，只有香如故……

在来到福小的第二年，就有朋友邀我离开邳州，说实话，真的动心过，但是当时学校正处于发展的关键期，责任感使我感觉应当留下来，因为这里是生我养我的土地，我有责任和义务回馈她。以此理由婉转拒绝，友人不解，哂笑，最后恍然大悟：你是不是还想在仕途上有所发展？我也笑，苦笑，而后又大笑……

5 年来，自己最大的遗憾，就是在自己孩子身上花费的时间太少太少了。人至中年，我想我需要为自己的孩子做一点事情了。如果用我的辛苦与疼痛能换来孩子眼界的开阔，我又怎能逃避辛劳呢？今年上半年我参加了苏州市工业园区的教师招聘考试，通过了相应的考核程序，成为苏州市工业园区学校的一名普通老师。离开邳州不是为了金钱与待遇。我粗略地计算了一下，提高上去的工资减去租房、生存成本上涨等开支后与邳州这边基本持平。感谢沙局长、韩校长以及几位同事促膝长谈式的盛情挽留，对我将要面对的艰辛生活进行了深入分析，为留下我而做出的一些承诺让我非常感动，但开弓没有回头箭，对于生活的艰辛，我已有充分的思想准备，再说逃避艰辛追求安逸不是我的风格。到了异乡不如意我可能会后悔一阵子，但这一步我如果不迈出我可能会后悔一辈子。再说世界这么大，我想去看看。各种条件的学校这么多，我想去试试。少年的一段遭遇让我产生了强烈的自卑心，不自信使我绕了很长时间的弯路，年至四十，我才慢慢克服了这些障碍，只可惜这个自我克服的时间太久太久了，整整耗费了大半个人生。人生就像坐火车，早下晚下都得下，我不想在两鬓斑白时，再去哀叹人生的琐屑、无聊、暗淡与平庸，我不想在人生谢幕时，还会留下遗憾，我想给自己平凡的人生带来一些挑战。

人离乡贱，不过，我也给了自己一次清零的机会，再一次做回一名普通的老师，因为我本就来自于老师，定然还要回归为老师。从此，可以老老实实地做一名纯粹的数学教师。从此，可以不必被一些琐屑繁杂的事务缠绕。从此，可以气定神闲地忙碌。这个过程一定会带来一些疼痛，一定会有许多不舍，因为多年的努力，有所谓“主任、副校长、优秀教师”等称号戴在头上，我很可能会以此卖卖老资格，为贪图安逸找寻借口。来到异乡，我什么也不是，我需要再一次从头开始，再一次整装出发，再一次踏上征程。这种再度出发的感觉真的很好。但是，当这些慢慢变成现实的时候，我的内心又充满了矛盾、惆怅与恋恋不舍。我慢慢收拾着办公桌里准备带走的东西，慢慢地。我多么希望时光慢些儿，再慢些儿，让我静静地在这间办公室里再待一会儿。这里有我处理教务匆匆忙忙的身影，这里有我面对电脑挑灯夜战苦苦修改的面容。我一一走过自己任课班级的教室，抚摸着讲台，曾经多少次在这儿我与孩子们激扬文字、书生意气、指点江山。一想到以后很难再有机会为这里的孩子上课了，鼻子便酸楚起来，心中涌起了莫名的忧伤。我走遍校园的角角落落，走遍这个我播撒青春汗水的地方。回想在国旗下自己给孩子们慷慨激昂式的演讲，回想自己在开会安排工作时絮絮叨叨的演说，回想月明星稀时，我离开校园时疲惫不堪的步伐，回想6年中在这里发生的一切一切，我不由得泪眼婆娑……

2015年8月21日晚10时，我踏上了去往苏州的火车上。在飞驰的列车上，我思绪万千、辗转反侧。8月20日上午10:20，我做完对一年级的新生补报名工作，笑嘻嘻地对老沈与修军说：到此时此刻，我在福州路小学的工作该画一个句号了，就此别过罢。话未说完我就转过脸去，我怕引起在场家长的莫名其妙。人生无不散的筵席，没有不到站的火车。只要能在这排筵席上纵情高歌，只要我们在这趟火车上能够欢声笑语，纵有再多的辛苦操劳，又何惧哉？5年来，在福小这一列火车上，遇见了勤勤恳恳、任劳任怨的老胡、老沈、李艳、周恒梅、冯海云、魏辉，对教学充满热爱有个人思想的修军、闫颖、汤虹飞、刘苏杭、王薇，一心向上的新路、杜倩、邹学玲、曹秀梅，工作风风火火的晓丹、徐艳，敢于承担能担大任的可锐、吕强、徐虎，认认真真一丝不苟的杨庆侠、庄伟老师、王秋艳、庄海芹……我在福小人的身上看到了敬业，看到了责任，看到了大度，看到了担当。在福小我收获了友谊，收获了感动，收获了幸福。福小将永远是我继续奋力前行的力量。

临走了，没有面向全体教师一诉衷肠的机会了，只有用文字来表达自己的内心想法，我想说：福州路小学取得今天的进步着实不易，我们应当倍加珍惜。福州路小学明天要想争得更大的发展，需要每个人都以一颗奉献之心来支持她的发展。虽然这是一个金钱大行其道的社会，但我始终相信催动一位教师奋力工作的动力之源仍然是内心沉甸甸的良知与责任。最后我想说，在这6年的教学与管理中，我开会时的话语可能有些生硬，冒犯了一些老师，在工作执行上可能犯过错误，在事情安排上可能有一些不足与疏漏，给各位同事带来了一些困扰与烦恼。在此只能深深一躬：对不起，真的对不起！我绝无妒人忌人害人之心，原谅我在工作中的无心之过。如果能听到您的一声“没关系”，这应当是我听到的最美好的临别赠言了。让我们记住彼此的好，相互祝福。有了您的祝福，我相信我以后的道路会走得更加坚实。人走了，心还在，如果福小的同事们对我还有什么需要，是我能力范围内的事情，我定当不辞辛劳，尽力而为，好在网络会让我们“天涯若比邻”。

故人江海别，几度隔山川。乍见翻疑梦，相悲各问年。也许若干年以后，我会再次来到福小，物是人非，门卫师傅会警惕地打量我这个陌生人，厉声喝问：“你找谁！有什么事情吗？”如果您恰巧走过校门，盼望着您能说上一句：“这个人曾经是我们这儿的老师，让他进来吧。我猜——他是想他的同事了，他是想这所学校了，他是想回家来看看了……”

福小，不想说再见。福小，该说再见了。福小，再见……

（2015年8月21日写于去往苏州的火车上）

老婆，我带你回家

——谨以此文悼念亡妻向玲

2016年1月5日，这一天让我刻骨铭心。上午9:49，我刚上完第一节课，你打来电话，我没有听见。9:50，你又打来电话："翟运胜，你快点来，我怎么这么难受呐!"我一下子慌了起来，连忙让同事李信霖帮忙开车送我回去。

到出租房后，你躺在床上。"你哪儿难受?"我焦急地问。"我头痛，这次痛得和过去的不一样。这一关我可能闯不过去了。"这时候，你还是清醒的。我要搀你起来，准备把你背下楼去，你摆摆手，不能动弹。我于是到楼下喊同事上来，要把你抬下去。等我再回来时，你已不省人事。我与信霖一起用毯子把你架上他的车。一路上我不断地呼唤着你的名字：向玲，你不要吓我啊。我眼睁睁地看着你停止了呼吸，脸上逐渐没有血色，瞳孔在逐渐放大，不祥之感涌上我的心头。

我们以最快的速度把你送到九龙医院的急诊室，你的主治医生神经外科的陈主任已接到了我的电话，提前安排好了抢救人员。5分钟的抢救，你恢复了心跳，但是不能自主呼吸。CT结果显示，你的小脑出了血，压迫中枢神经，导致心脏骤停，呼吸停止。神经外科的医生建议我等你稳定一下后，要再给你动一次手术，但是你的大脑已经动过两次手术了，我一想到你上次动过手术后痛不欲生的样子，这个决断我真的好难下。还没等我回过神来，重病监护室的医生找我谈话：你的心脏骤停已远超过6分钟，大脑早已受到不可逆的损伤，即使动了手术，也不可能自主呼吸了，没有动手术的价值与必要了，这种情况复苏率几乎为零。并且现在血压不稳，外科医生也没有人敢给你做手术，抓紧通知家人，来看你最后一面吧。

我脑袋空空的，在重症监护室外漫无目的地走着，眼泪在眼眶里打转。老婆，你可知道，小敏赶来了。老婆，你可知道，你妈你姐，还有我娘接到电话后就从老家邳州坐高铁匆匆向这儿赶。你可知道她们惊慌失措、心急如焚？晚上7:00，你妈她们三人还没有赶到，小敏去接她们去了，重症监护室的医生又找我谈话，说你已经发生了两次心脏房颤，恐怕今晚很难挺过去了。我赶紧打给小敏电话问她们到哪儿了，电话里我再也忍不住了情绪，哽咽哭泣起来。

晚上8:00，你妈、大姐，还有我娘都赶到了，念龙从学校也赶来了。我们轮流到重症监护室里去看你，我们呼唤你，你闭着眼睛一动不动。重症监护室的医生又把你的情况给妈和大姐说一遍，让我们早做决断，如果在医院去世，遗体要火化后才能带走。你妈痛哭起来，剧烈地咳嗽，差点背过去气去。

小敏婆婆家的几个人劝我趁你还有一口气，把你拉回家。我再也控制不住自己的情绪：向玲还没走！她不会走的！我把她往哪儿拉？我拿头撞墙，放声恸哭起来。“现在还不是哭的时候，还有很多事要你处理。”大姐劝我。我停止了哭泣，对！老婆，咱们不在这儿待了，我知道你最讨厌这里的消毒水气味了。你自来苏州后就嚷着要回家，国庆十一假你的身体不允许，现在咱们能回家了。我知道你绝对不愿意再上一次手术台，你曾经说过就是死也要死在自己家里。老婆，我带你回家。老婆，咱回家，回家。这儿没有咱的家，回到咱们贫寒却温暖的家。

匆匆办好各项手续，晚上10:00，我们把你抬上一辆私人救护车。一路上，我与念龙就坐你的身旁，不断向你的喉咙里挤进氧气。我抚摸着你的脸颊，不断地和你说话：向玲，咱们回家了，你不是早就想回到八集老家，看一看家后你种的小菜园吗？咱没有病，咱不治了，咱们回家，我带你回家，咱任命闯吧……你平静地睡在那里。有我与念龙一路陪着你，我想你一定很欣慰，一定很高兴。家越来越近了，咱们快要到家了。

早上6点多钟，咱们到家了，我还给你准备好了氧气、电热毯、取暖器，咱们的家暖洋洋的。你要在家里好好养病，等你的病好了，咱们养一群小鸡和一只小狗。我知道你特别喜欢在春天的早晨给小鸡拌好饲料，然后静静看它们吃。我哪儿都不去，就陪你在家。我知道这是你最想要的生活。可是当我们把你从车上架下来，送到咱们的家后，不到5分钟，你突然动了一下，眼睛睁开了一下，然后慢慢地合上了。我向你的喉咙里挤着氧气，可是再也挤不进去了。你走了，你狠心地撇下我与儿子走了。你是不是感觉这个病让自己太累了，好不容易挨到了家，你就想匆匆而去。你为什么就不能多挺一会儿，让我陪你好好说会儿话。

老婆，你可知道，你的五妹最早赶来，她俯在你的身上哭得死去活来。你可知道你妈和大姐给你买来了你最喜欢穿的衣服，大红色的内衣，暗红色紧身棉袄，还有皮靴呢。我、你妈、大姐、三姐，我们四人为你亲手穿上衣服，你就像个耍赖的孩子，就是不听话，胳膊也不知道伸一下，身子也不知道抬一下。“俺妹，听话，咱穿衣服。”“向玲，别睡了，穿衣服起来了。”我的眼泪不断流淌下来。穿上新衣服，你真的是很漂亮，我仿佛看到新婚时你的样子。你静静躺在那里，像睡着了一样。当把蒙脸纸给你盖上时，我知道你真的走了，我们阴阳相隔了。

在为你守灵的三天里，老婆，你可知道，我与念龙每天都在你的身边。你每天都躺在那里，我感觉你就在我身边。每天早晨，我都试图叫醒你，我想会不会是我搞错了，你只是暂时昏睡过去了，还会醒过来的。念龙把饭菜端在床前：“妈，吃饭了。”可你就是不愿意起来吃，是饭菜不可口吗，还是我俩的声音不够响亮，你听不到？每天我都会把蒙脸纸掀开，端详着你。娘说：这样不吉利，别打扰她，让她好好睡吧，但是我不听，醒醒，哎，醒醒，别睡了，我还有好多话没与你说呢？我知道，这样机会以后不会再有了。

老婆，你可知道，你的大哥大嫂，你的三姐五妹、侄子、外甥与外甥女来看你了，你的师弟师姐来看你了，福州路小学的老师同事们来看你了，八小的老师来看你了，潘颖来看你了，可你就是死赖着不起来，你起来了呀，哪怕动一动也行啊……

1 月 9 日，是你的遗体火化的日子，大雾弥漫，乳白色的浓雾裹挟着我的悲伤。我们把你抬上火化车，在过桥时，念龙大声提醒你：“妈，过桥了……妈，过桥了……”老婆，你可知道当我听到儿子的这些话语，我的心都要碎了。遗体告别时，我再也压抑不住心中的悲伤，我冲上去，抚摸你的脸庞，放声痛哭起来。八小的几个同事硬是把我架开。儿子念龙这几天一直很沉默，当拿着 11 号牌把你骨灰领出来时，儿子受了巨大刺激，可能看着妈妈真的变成一把灰，悲痛欲绝。你知道，你狠心一走，给念龙的心灵带来巨大的创伤，留给我们爷俩无尽的悲伤，以后让我们爷俩怎么过呢？没有了你，这个家还能叫作家吗？

1 月 11 日是给你送丧的日子，天空飘起了雪花，也许老天爷也感觉你太年轻了，走得太不应该了。凄冷的风雪打在我的脸上，我眼睁睁地看着本族的亲朋把你的骨灰送入坟墓，我已无泪可流。

强撑着把你的后事办完，在家里收拾了两天，念龙还要上学，1 月 14 日，我准备返回苏州。我与念龙来到你的墓前，给你烧一大串金子：向玲，我与念龙要回苏州了，你在天之灵一定要保佑我与念龙平平安安，保佑念龙健康成长，五七时我再来看你……

1 月 14 日晚上 6 点多钟，我们爷俩又来到了咱们租住的地方。快要到时，我对念龙说：“你妈会不会根本没有去世，还在房子里。”但当锁簧被拧动的声音响起，我知道这一切都是奢望。我多么希望这是一场梦啊，梦醒了，你还在我们租住的家里等着我，等着我下班回家。“平时，你妈这个时候在看电视，一定会问我怎么回来得这么晚。”“平时，你妈这个时候一定会把稀饭熬好的。”……我喃喃自语，泪水顺着腮边无声滚落。念龙坐在地板上也抽泣起来。我以为你已经恢复得差不多了，元旦还给我与念龙包一顿饺子。1月4日晚，咱们还一起看电视剧《芈月传》。那你为什么要走得那么早、那么突然，不给我抢救你的机会呢？《芈月传》还没有看完，你还不知道最后的大结局呢。我把手机里你的照片打开，来，今晚咱俩把一起把这部电视剧看完……

咱俩在一个村，自小却很少接触，你不嫌弃我的脚是假肢，嫁给了我，我想你的内心也一定很憋屈。结婚以来，你勤俭持家，舍不得花钱在自己身上，好吃的好喝的总是尽想着我们爷俩。这些年你苦着自己，全心全意打理这个家。这些年，咱们的生活磕磕绊绊，不够顺利，但是你总是激励我一路前行。你总会对我说：“你与别人不一样，我相信你。”正是你的相信让我由自卑变得自强，让我无论在什么时候，回到家总是感觉暖暖的。我们一起度过了最困难的时光，这也是我人生中美好快乐的时光。我们的好日子才刚刚要开始，你就走了。我在工作中有什么高兴与烦恼的事情总会与你分享，以后这些事情我又将说与谁听呢？谁又能真正理解我的苦楚呢？别人家结婚都有金项链金戒指，而你一样也没有。你也抱怨过我不给你买，我答应给你买，我以为我们在一起还有很长的路要走，以后会找机会兑现的，谁想到会成为此生的遗憾。是我太自私，我不该不顾你的意愿把你带到苏州。是我无用，在你前期动手术时没有足够的经济基础带你去更好的医院。是我无知，在你治病的这4个月里对你照顾不周。

老婆，你的人生时钟永远停止在了43岁。你可知道，念龙永远没有妈了。你这么狠心，你就不担心念龙以后没人来照顾吗？好在念龙快要长大了，也很懂事，但是你却看不到他成家立业了。老婆，我一定会竭尽所能把儿子抚养成人。既然你想走，那你就放心地走吧，每年节气时，我都会来看你。你长眠的地方就是咱家的祖坟，有咱们的爷爷和二婶。终有一天，我也会来陪你的。

老婆，我带你回到家了，你安心地睡吧，老婆，安息吧……

（2016年1月17日写于苏州斜塘莲香新村出租屋内）

能走多远就走多远……

初为人师，没有人会与我相同

27年前，我17岁，在江苏运河师范上二年级。在一次体育锻炼中，我不小心把脚趾骨摔裂了，由于少年的好强与无知，没有及时治疗，再加之又参加了比较艰苦的军训，导致病情恶化成了骨结核，长达一年半的病痛折磨，在求治无门，也无钱医治的两难情境中，万般无奈地做了截肢手术。自此，我的天空灰蒙蒙的……

没能参加实习，我就毕业了。由于所分配到的八义集小学急缺老师，我还没到装假肢的时间，学校就安排我任教数学。就这样，1992年8月我拄着拐杖走上了讲台。记得上讲台的第一天，我鼓足勇气，蹒跚地进入四(2)班的教室时，学生们用异样的眼光齐刷刷地看着我，就像看一个怪物似的。在慌乱和自卑中我终于熬完了第一节课。回到宿舍，我一头扎进被子里，眼泪夺眶而出。男儿有泪不轻弹，只因未到伤心处……但随后，我迅速地止住了泪水，我对自己说，翟运胜，是条汉子你就站起来。没有跨不过的壕沟，没有渡不过的险滩。接下来的日子，我认真地备课、上课，对于任何人的可怜的、同情的、异样的、好奇的等等形式的目光不再顾忌。我昂起来了头颅，挺起了胸膛。也许是自信点燃起我的热情，勇气掩盖了我的缺陷，我镇定自若地给他们讲故事、吹口琴、拉二胡……我感觉到孩子们开始喜欢起我来，在他们眼中我好像无所不知，无所不通。孩子们也很愿意和我交朋友，我也从他们那里找到了失落许久的快乐。这时候我才感觉到原来天空依然还是那么灿烂！

由于行动不便，在别人玩的时候，我就埋头于书本，不仅补习完在治病期间落下的功课，我还读了许多本教育期刊，写了几大本读书笔记。回想起那段日子，虽有些苦涩，但充实而满足。转眼到了该去上海装假肢的日子。为了给我治病，家里已负债累累，父亲也去外地打工了。母亲想找一个知近的人带我去上海，为了省些路费，我对母亲说：“娘，让我一个人去吧，我会应付的。”我母亲的伟大之处就是始终相信自己的儿子什么时候都能行，也就答应了。揣着700多块钱，拄着拐杖，18岁的我独自一个人踏上了去往上海的火车。列车上连厕所里都站满了人，在两节车厢的接头处我一手扶着拐杖，“金鸡独立”式地站着，整整5个多小时。车过了南京以后，火车上的人少了些，我才终于混到了一个座位。当坐下去的一刹那，我竟有无比幸福的感觉。下火车时，人比较多，我一手拿着包，一手拄着拐杖，被后面人一挤，从高高的车厢出口处摔了下来，包与拐杖也撒手扔到了一边，幸亏没有被摔伤。火车站的一个服务人员把我从地上扶了起来，我的心一阵阵地温暖，这个世上还是好人多啊。几经周折，我还算比较顺利地装上了假肢。当我丢掉了拐杖，像一个正常人一样走进教室，孩子们发出一阵阵的欢呼声。他们那一双双祝福的目光，一声声问候的话语让我欣慰，让我感动，我也有一种小鸟冲出笼子的感觉。我珍惜与孩子们的这份情意，我珍惜这份工作，我珍惜生命中的每一天。我以更大的热情投入工作与学习中去，在毕业统考中，我所带那个班的考试成绩在全镇获得了第一名。

伪装有勇气，是会为了克服自卑

30年前的八义集镇偏远闭塞，交通不便。正值青春年少，我却要拖着笨重的假肢，每天重复着昨天的事情，难免灯下自怜，敏感自卑，常常感叹命运不公，脑袋里充满着“破罐子破摔”、干脆潦倒一生的想法，有时又会产生“仰天大笑出门去，我辈岂是蓬蒿人”的莫名激动。我在日记中反复问自己：我该怎么办？难道就这样过一辈子吗？我想我应该先克服内心深深的自卑情结。

在这样一个偏僻的农村小学工作，让我十分珍惜外出学习的机会。在听讲座时，我有意识地坐到前几排。如果有提问的机会，我总是高高地举起了手，争取到向专家请教的机会。我还记得在淮海堂参加一次科研活动中，我一连举了3次手，郑飞所长小声对我说：“运胜，你给别人一次机会吧。”其实，我那绝不是在逞一时之勇，而是在有意识地清除内心的自卑障碍呢！一次在参加江苏省优质课观摩活动中，连续听了14节课后，我有了许多想法与困惑。在这样一个省级会议中，很少人会有勇气主动发表自己的想法。在互动交流阶段，我又一次第一个高高地举起了手，发表自己的意见，引起了大家的强烈共鸣。会后与我一起去的几个同事说，其实我们也有类似的想法，但是我们没有你那么自信、那么有勇气。我说：我那是装出来的。伪装的次数多了，胆子可能也就大了。伪装自己有勇气，让我逐渐清除了内心的自卑，恢复了自信。就这样，个人资质不太好的我，身体不太方便的我，跌跌撞撞地竟也在公开课上获了奖，得到了学生的喜欢，同事的认可。

文章应为谁而写?

外出学习的机会毕竟很少，农村学校可供学习的资源很是稀缺，对于教育教学研究也多停留于教研部门的指令与安排上，我像一只蜗牛一样曲折慢行，在新课程改革的大潮中等待、顾盼、迷茫、彷徨。虽有强烈的探索欲望，但独学无友，孤陋寡闻。2003 年 2 月 25 日，这是我在“教育在线”注册“云生”的日子。自踏入教育在线，网站旺盛的人气，缤纷的内容，激进的理念，似火的热情，如同磁石一样紧紧地吸引着我，影响着我，改变着我。在朱永新教授“写教育日记成功保险”的感召下，我也开始写起教育日记来。通过写教育日记，我突然发现自己变得愿意思考，善于思考了。自己在课堂上是那样的“神清气爽”，变得温和理性、不焦不躁了，看待学生的表情也与以前不一样了，教育生活丰富充实起来。

我把自己的教育日记整理一下，积极投稿，几乎每个星期都能有一篇文章发表。随着我在教育报刊上发表文章的逐渐增多，学校也给予了一些的奖励，可以说名利双收。同事们半开玩笑地说：“运胜成了发稿专业户了，稿费让你挣了不少吧。”我开始有一点自鸣得意，每天着急地书写，然后心急火燎地投寄。这时，我读到了朱永新老师的一段文字：真正优秀的教师不在于你写了多少篇论文，而在于他写了多少篇让人记住的文章，并且这些文章能真正地改变教育现实。这句话犹如在我耳边响了一声炸雷：是啊，我是要成为一名虚伪的论文写手呢，还是要成为一名真正为孩子们发展服务的人民教师呢？从看到那篇文章以后，我就不再急于写作所谓的教育论文，而是要求自己慢慢地俯下身来做事，静下心来读书，耐下性子来书写。我在日记本上写下这样一句话：“运胜文章写得好，不如运胜做得好。”我在努力地实践着这句话，我要让大家看到我做的的的确确比我写的还要好！

读书，让我喜欢上教学

没有教学理论的指导，在教育教学上的实践犹如“盲人骑瞎马，夜半临深池”。初为人师时，我也曾凭着一腔热情，完全按照内心的想法进行教育教学，学生的考试成绩也不错，但我知道那考试成绩的背后是自己用大剂量的试卷“轰炸”而得到的，学生在课堂上呆滞的眼神分明告诉我，他们学得并不快乐。我知道自己这样持续做下去会对不起学生，对不起良心的。于是，每年我都自费订阅《人民教育》《江苏教育》等刊物，购买书籍。读书让我目光锐利、心灵丰盈、灵魂安定，让我充分咀嚼到教学中的诗意，品味到教育中的甜蜜。

我在农村学校整整工作了19年，这是我在农村学校长期浸泡，缓慢成长的19年，也是经济拮据的19年。家属没有稳定的工作，身体一直不好，儿子在小时候体弱多病，还出过两次意外。我只能配置低端笨重的假肢，每5年要换一次，在课堂上站久了腿部会很不舒服，残肢有时会有炎症，甚至溃烂。1999～2004年这一段时间，父亲也连年患上了大病，导致家庭经济一直是比较拮据。曾经从医院里出来时身上就剩下两个硬币，不够回家的路费，然后拼命地挤上车四处躲藏逃票。曾经在过春节的时候整个家底就40多元钱，感叹命运多舛，倍感人生凄凉。不过，这些都没有使我放弃对教学研究的追求，反而让我更能让我俯下身来做事，静下心来思考。这一漫长的过程，让我从对教育工作的懵懂无知到逐渐产生喜欢，从对人生的无所谓到逐渐意识到身上沉甸甸的责任。

每当我回想农村小学工作的日子，那一幕幕情境都让我激动不已。日暮黄昏时，我和孩子们一起迎着如血的残阳齐声朗诵：“何当金络脑，快走踏清秋！”望着孩子们涨红的小脸，我满怀激动。出差的车上，昔日教过的几个孩子争着给我让座买票，和我一起回想他们儿时上学的情景，感谢我当年的教导之情，畅谈别后的思念之情。看着他们诚挚的双眸，我泪眼蒙眬。回家的途中，自行车的链子断了，佩戴假肢的我一筹莫展，一个孩子主动上前，与我的儿子一起在后面推着自行车送我回家。坐在这辆盈满爱心的“人力车”上，听着后面两个孩子气喘吁吁的说笑声，我泪流满面。我一遍遍地问自己：天底下还有比这更让人幸福、更让人快乐、更让人感到光荣的事业吗？我深深地爱上了这份职业，它带给我愉悦的满足、无上的荣光。假如有来生，我还愿意做一名教师，一名喜爱学生的教师，一名让学生喜爱的教师！一名自强的教师，一名引导孩子们踏上自强之路的教师！

从农村来到县城：6年改造一所薄弱学校

2010年暑期，为了平衡县区的教育资源，市教育局选调我到福州路小学负责教学业务工作。虽然能够调入县城是许多人的梦想，但我却十分不愿意。一是因为我的“根须”已深深扎进了农村教育这块沃土。二是进了城以后，要面临着巨大的经济压力，自己这点微薄的收入会更加捉襟见肘。但是那所要提升改造的学校急需人员。思考掂量再三，我还是服从了组织上的安排。但是这种选调还只是以借调的名义，我不愿意做这种无名无分的事情，于是报名参加了教师进城考试，以总分第一名的成绩考入县城。福州路小学是一所地理位置非常优越的学校，原来这所学校的老师素质都很优秀，只不过由于长期村级小学的管理模式，使周围群众对这所学校失去了发展信心，即便是本校教职工的子女也都送到其他学校就读。踏入这所学校，我就马不停蹄地开始了忙碌。这所学校由于过去许多工作没有积淀，许多制度、表格、资料的建立需要从零开始。我就白天忙上课、批改作业，晚上忙着整理资料，由于长时间地面对电脑，有时直想干呕。为了省钱，我与一位同事合租了一套房子。出租房里没有床，我就买了一个厚垫子，每天在地铺上休息。儿子也随我转到了这所学校，我每天还要买菜做饭，照顾儿子，所以更加忙碌了。身体虽然在满负荷地转动着，但我的内心却很平静，我清楚自己来到这所学校的责任与使命。我深刻地反思自己每天的教育教学行为，思考学校的发展路径，协助校长制订学校特色发展规划，积极地给老师上观摩课，做讲座，高标准地做好各项业务管理工作，组织高质量的教学研讨活动，学校师生的精神面貌迅速焕然一新。

2010 年 11 月开始，我在工作中隐隐感到腰疼，学校各方面的工作百废待兴，每天都要加班到很晚，实在抽不出时间去检查。腰疼也越来越剧烈了，白天我咬牙坚持上课，组织各种业务活动，晚上我就让儿子帮助按摩以减轻疼痛。我不愿意告诉别人，更加不敢告诉父母与妻子，我怕他们担心。他们是极力反对我进城的。娘对我说：二啊，你已经吃了太多的苦头了，家里虽不好，但总算有个窝吧，不要花钱租房子，到县城工作工资又不多一分钱，把身体糟蹋了，到老了还是要自己受罪的。妻子从儿子那里知道了，一个劲地催我去医院检查。医生的话也让我直冒冷汗。CT 检查结果出来表明身体并没有大碍，只不过是长时间在地铺上睡觉受凉导致患上了腰脊椎膜炎。花去近千元，病终于好了。我是多么高兴，原来以为自己可能患上了非常严重的疾病，想不到命运如此眷顾我，仍然能够健康地工作了。

通过 6 年来呕心沥血的工作，学校在硬件建设、规范管理、教学质量、特色发展等方面得到了飞速提升，由于原来不足 500 名学生，后来达到了 3 800 名学生，同事们的脸上洋溢着自豪的笑容，纷纷把自己的子女从别的学校转过来，社区的老大妈感慨地说：这所学校真的变了！对我和我们福州路小学这个教师团队来讲，没有比这更好的奖励了。金杯银杯，不如老百姓的口碑啊。

苏州，梦魇的开始，还是幸福的起航？

随着学校走上良性发展的轨道，我慢慢发现自己的精力被琐碎的教学管理工作所占据，失去了读书研究的时间，逐渐蜕变成一个事务主义者，感觉到自己必须寻求自我突破。带着对苏南发达教育的向往，2015年8月，经过应聘，我成为了苏州市工业园区学校的一名普通老师。离开福州路小学，离开家乡，并不是我不再爱这所学校了，不爱自己的家乡教育事业了，离开是恰恰是因为我太爱这所学校了。流水不腐，户枢不蠹。我的离开会给更多年轻有为的同志让开通道和施展自己能力才华的机会，这样这所学校才会成长为一棵常青树。我这样说，不是矫情，不是为了所谓的“高尚”，因为事物的发展规律本就是如此。同时，我也想给自己一次清零的机会，再一次做回一名普通的老师，因为我本就来自于老师，定然还要回归为老师。从此，可以老老实实地做一名纯粹的数学教师。从此，可以不必被一些琐屑繁杂的事务缠绕。从此，可以气定神闲地忙碌。这个过程一定会带来一些疼痛，一定会有许多不舍，因为多年的努力，有所谓“副校长、特级教师”等称号戴在头上，我很可能会以此卖卖老资格，为贪图安逸找寻借口，我已经觉察到自己有了这些想法。来到异乡，我什么也不是，我需要再一次从头开始，再一次整装出发，再一次踏上征程。这种再度出发的感觉真的很好。

带着对崭新生活的憧憬，2015年8月22日，我与妻儿一家赶赴苏州。可是生活总是残酷无情地考验我，刚从苏州下车，妻子却突发脑血管动脉瘤破裂，急送到医院抢救做开颅手术，然后开始了漫长的治疗。人生地不熟，我感觉自己似乎一下子陷入深渊。学校给我安排了两个班的数学教学工作，人员十分紧张，如果我不去的话，这两个班级孩子的学习将会受到很大的影响，我决定去上班。每天一下班我就赶往医院，照顾妻子。妻子在医院里恢复得很慢，我把她接回到租住的地方。我把手机给她放在桌头，嘱咐她难受就打电话告诉我。让人心酸的是老婆在工作时间里从没有给我打过一个电话，她再难受都是自己忍着，怕影响我的工作，担心我刚来到苏州，不能把工作干好。我有时候也在怀疑自己的决定，学校也并不是离开你不可的，到底是班级学生的学习重要，还是家人更重要？父母年迈，兄弟姊妹都在为生计而奔波，各家有各家的事情。每当打来电话询问病情,我都说:正在好转……正在好转……我不希望让亲人在老家担心受累。2016年1月5日,这一天让我刻骨铭心。妻子的病再度复发,抢救无效离开人世。巨大的悲伤裹挟缠绕着我,我捶打自己的头颅,是我太自私,我不该不顾她的意愿把她带到苏州。是我无用,在她前期动手术时没有足够的经济基础带她去更好的医院。是我无知,在她治病的这4个月里对她照顾不周,有时只顾着在学校里工作。然而,祸不单行,父亲于4个月后也突发疾病去世。亲人的离去让我对人生又有一种更深一步的感受,让我认识到热爱教育教学工作,但也不要做一个工作狂,要把工作与生活,要把自己的业务发展与照顾家人统一起来,这样才能真正成为一个有责任感的、大写的人。人至中年,种种遭遇让我强烈地意识到唯有坚忍与奋斗,才能跨过险滩,不论是面对生活上的挫折还是工作中的困难。

无限相信教育的力量

离开母校已经28年的我,老老实实地在小学教师的讲台前站了28年。从教的时间越长,就越能感觉到小学教师身上重大的责任,因为我深深地知道自己的手心每天捧着60多颗水晶般的童心,他们对未来充满着好奇,他们的人生观价值观在时刻受着我的熏染。他们的目光会因我的努力而远大起来,他们的头脑会因我的辛劳而睿智起来,他们的身体会因我的奉献而强壮起来,他们的灵魂会因我的宽容而温暖起来。我知道"课比天大",应时刻保持敬畏之心,在课堂上谨言慎行。教师是一个与明天对话的人,一句鼓励的话语可以拓宽孩子的人生之路,一句不负责任的言语也可以把孩子引向偏激与固执。

妻子在世时总对我说:你与别人不一样,我相信你。我不断地告诉我自己,我的身上具有无穷的能量与智慧,想做就去做。正是这种"无限相信"的力量让我成功地挣脱了身上沉重的"自卑壳",成为了邳州市农村的第一位数学特级教师。虽屡遭打击磨难,但始终生活得阳光快乐,逐渐形成了"灵动洒脱,睿智大气"的教学风格。2011~2015年,我先后被新沂、睢宁、邳州等地学校邀请做"走行知之路,做幸福教师"讲座30余场,引发强烈共鸣,成为农村小学数学骨干教师培训班特聘讲师,在徐州、无锡、苏州等地执教公开课并做学术讲座等20余次,受到一致的好评。我深深地知道这些邀请与好评是对我的鼓励与鞭策。

28年的教学实践与人生历练,让我逐渐明晰了自己的教育主张,那就是"无限相信儿童的潜能,无限相信师者的智慧,无限相信教育的力量"。有不少教师对这样的一句话心怀不满:“没有教不好的学生,只有不会教的老师。”其实如果辩证地看,这句话是成立的。只要老师心怀这样的信念,即使是再差的孩子,他们也会在原有的基础上,在思想品德、行为习惯、思维能力、劳动技能等方面有所提高,哪怕是一点点的进步也是教师辛苦工作的反映。从这一点来讲,可以说“没有教不好的学生”。无限相信儿童的潜能,能让面对学生的缓慢进步少一些不耐烦与怨恨,多一些宽容和等待。无限相信教师的能量,能让我们充分发挥出自己潜能,充分发挥教师团队的力量。无限相信教育的力量,能让我们对待教育事业始终充满自信与荣光。

沈从文曾对他的弟子这样说:摔倒了就要赶紧爬起来,不要欣赏你砸出来的那个坑,充满了爱去对待一切;死死抱住自己的业务,不要放松。我一遍遍地问自己,今生今世我能走多远?“无限相信”让我认识到自己的思想能走多远,行动就能走多远;我自己能够走多远,我所教的孩子才会走得更加远。我将继续丰盈自己的教育主张,创造“适合每一位儿童”的数学教育,能走多远就走多远……

(2018 年 3 月写于苏州斜塘莲香新村出租屋内)

后　记

当我正在修改这本书稿时，手机上突然弹出了著名主持人李咏因癌症去世的消息，一时间各种媒体弥漫着对他英年早逝的惋惜，以及对人生无常、万望珍惜的虚无感慨，我自然也是其中的一员。当虚无感泛上心头时，我开始思考我的人生意义到底是什么呢？正好在读《哲学家都干了些什么》这本书，里面写道：所谓人生的意义，就是当你直面死亡时，你怕死的理由是什么？思虑良久：我怕死的理由是什么呢？第一是最不想让我所爱的人伤心；第二是我曾经浪费了那么多青春年华，许多事情还没有来得及去做，我想知道自己到底能够走多远。这两点就是我活着的意义。想明白这些，我不再有人生的虚无感。

命运让我在很长的岁月里一直自卑着，自卑的背后其实是不相信自我。而这个世界是“因相信而看见”，我想引导我的学生与孩子无限地相信自己的潜能，因相信而看见自我，因相信而成就自我，我想影响周围更多的人因相信自我而成就精彩人生。这也就是我集合自己过去所写的部分文字成书的原因。由于人生阅历尚浅，顿悟太迟，水平太低，经验不足，本书难免有一些不当与错漏之处，敬请读者谅解。感谢中国矿业大学出版社侯明老师对书稿中错漏之处的细心指出与修改，让此书逐渐有了点“样子”。

最后要感谢父母多年来默默的关爱，感谢儿子念龙给我带来的人生快乐，感谢张家港合兴小学的李春娟老师，在我人生的低谷期给予我的安慰与力量，感谢邳州市八义集镇中心小学杨连福、曹春果夫妻俩的无私帮助，感谢韩召龙、高修军、周有利、姜磊、曹希伟等同事对我的大力援助，感谢福州路小学的刘静、沈春昕、李艳、闫颖、胡汉华、汤可锐、魏辉、李晓丹等同事在我遭遇家庭变故时的鼓励，感谢胡军与孙敏夫妻俩、李桂秋与李晓磊姐弟俩的帮助，感谢方洲小学的尤佳校长等领导、李信霖等同事，是他们让我刚至苏州遭遇“疾风暴雨”式的考验时，仍然能够继续支撑下去、振作起来。感谢学生倪巧玲在我来苏州后的热情招待，感谢来苏州后我所教的孩子们，他们送来的金嗓子含片以及贴心问候，使我深深感到工作的幸福，是他们让我的心逐渐安定下来，慢慢地融入集体，不再孤单寂寞。

感谢命运让我成为那只被咬了一口的“苹果”，让我因“不完整”而有机会去品味人生的酸甜苦辣各种滋味，看到了常人所看不到的风景，逐渐确立了相信自我的意识，找寻到人生的意义。

翟运胜

2018 年 11 月 24 日写于苏州斜塘